Leah Carola Czollek | Gudrun Perko | Corinne Kaszner | Max Czollek
Praxishandbuch Social Justice und Diversity

E-Book inside

Mit dem unten stehenden Download-Code erhalten Sie die PDF-Version dieses Buches.

So laden Sie Ihr E-Book herunter:

1. Öffnen Sie die Website: http://www.beltz.de/ebookinside
2. Geben Sie den unten stehenden Download-Code ein und füllen Sie das Formular aus.
3. Mit dem Klick auf den Button am Ende des Formulars erhalten Sie Ihren persönlichen Download-Link. [Für den Einsatz des E-Books in einer Institution fragen Sie bitte nach einem individuellen Angebot unseres Vertriebs: vertrieb@beltz.de. Nennen Sie uns dazu die Zahl der Nutzer, für die das E-Book zur Verfügung gestellt werden soll.]
4. Beachten Sie bitte, dass der Code nur einmal gültig ist. Bitte speichern Sie die Datei auf Ihrem Computer.

Download-Code

YKNLBVYE4U

Pädagogisches Training

Leah Carola Czollek | Gudrun Perko |
Corinne Kaszner | Max Czollek

Praxishandbuch Social Justice und Diversity

Theorien, Training, Methoden, Übungen

2., vollständig überarbeitete und erweiterte Auflage

BELTZ JUVENTA

Dieses Buch ist erhältlich als:
ISBN 978-3-7799-3845-3 Print
ISBN 978-3-7799-4948-0 E-Book (PDF)

2., vollständig überarbeitete und erweiterte Auflage 2019

Herstellung und Satz: Ulrike Poppel
Druck und Bindung: Beltz Grafische Betriebe GmbH, Bad Langensalza
Printed in Germany

Weitere Informationen zu unseren Autor_innen und Titeln finden Sie unter: www.beltz.de

Inhalt

Einleitung

Es gibt keine Orte und keine Zeiten, die uns zwingen (dürfen), die tiefste Anerkennung der radikalen Verschiedenheit von Menschen (Diversity) und der Bejahung einer demokratisch-pluralen Gesellschaft aufzugeben. Und es gibt keine Orte und keine Zeiten, die uns zwingen (dürfen), das eigenständig-kritische Denken aufzugeben. Die Unverletzlichkeit und Würde eines jeden Menschen sind der Referenzrahmen.

(Institut Social Justice und Radical Diversity)

Dieses Zitat ist das Motto des *Institutes Social Justice und Radical Diversity*. Damit möchten wir an etwas sehr Einfaches erinnern: Menschen sind unterschiedlich, vielfältig – und sie gleichen sich in ihrem Mensch-Sein. Mit Hannah Arendt gehen wir von dieser Gleichzeitigkeit von Gleichheit und radikaler Verschiedenheit aus und fordern die Umsetzung einer Anerkennungs-, Verteilungs-, Befähigungs- und Verwirklichungsgerechtigkeit für alle. Dem steht nicht zuletzt eine Reihe von Formen *Struktureller Diskriminierung* entgegen, die, eingebettet in Macht- und Herrschaftsverhältnisse, gesellschaftlich wirksam sind. Diskriminierung führt dazu, dass bestimmten Menschen aufgrund ihnen zugeschriebener Eigenschaften die Möglichkeit gesellschaftlicher Inklusion und Partizipation verwehrt wird. Daher bildet eine Analyse und Kritik Struktureller Diskriminierung die Grundlage für das diskriminierungskritische Bildungs- und Trainingskonzept *Social Justice und Diversity*.

Pluralität bedeutet nicht Beliebigkeit. Sie anzuerkennen meint nicht, dass wir alles, was Menschen tun oder sagen, gutheißen oder begrüßen. Vielmehr vollzieht sich die Bejahung von Pluralität immer innerhalb des normativen Referenzrahmens der UN-Menschenrechtscharta (der Allgemeinen Erklärung der Menschenrechte vom 10.12.1948), also unter Anerkennung der Freiheit und Gleichheit aller Menschen an Würde und Rechten und im Rahmen von Gewaltfreiheit. Für Pluralität einzutreten bedeutet, Menschen in ihrer Verschiedenheit als Individuen anzuerkennen. Es bedeutet auch, inklusive und partizipative Politiken und Praxen gegen Formen Struktureller Diskriminierung zu fokussieren. Hier ist kritisches Denken und Mündigkeit gefordert: d. h. sich nicht vereinnahmen zu lassen, sondern selbst kritisch zu denken, zu entscheiden und für das eigene Sprechen und Handeln Verantwortung zu übernehmen.

Eine Haltung im Sinne des Social Justice und Diversity verweist auf das *Verbündet-Sein* als spezifische Form von Solidarität mit den jeweils Anderen. Gegen polarisierendes Denken, Vereinfachungen und festgezurrte – zumeist von außen bestimmte – (Gruppen-)Identitäten oder ein identitätspolitisches ‚Wir' setzt das Social Justice und Diversity Konzept den anerkennenden Umgang miteinander und die Vision neuer Bündnisse zwischen denjenigen, die von Diskriminierung getroffen sind, und all jenen, die gegen Diskriminierung aufbegehren wollen. In diesem Sinne trägt das diskriminierungskritische Bildungs- und Trainingskonzept zu einer Inklusion und Partizipation aller Menschen bei – ungeachtet der ihnen zugeschriebenen Diversitykategorien.

Strukturelle Diskriminierung verstehen wir als Ineinandergreifen von individuellen, institutionellen und kulturellen Diskriminierungspraxen. Wir konzentrieren uns dabei auf diejenigen Diskriminierungsformen, denen Menschen hierzulande ausgesetzt sind, wobei die einzelnen Diskriminierungsformen auch hinsichtlich ihrer wechselseitigen Verwobenheit (*Systemische Intersektionalität*) und ihrer jeweiligen historischen Verankerung (*Diskriminierungsmatrix*) reflektiert werden. Auf diese Weise vermittelt das Bildungs- und Trainingskonzept einen Eindruck von der Komplexität von Diskriminierung in der gesellschaftlichen Gegenwart.

Ziel der kritischen Analyse Struktureller Diskriminierung ist die partizipative Anerkennung von Menschen im Sinne eines *Radical Diversity* – unabhängig von der jeweiligen sozialen oder geographischen Herkunft, Religion, Aussehen, Sprache, Alter, Geschlecht, Geschlechterrollen, sexuellem Begehren, Klasse, psychischer oder körperlicher Verfasstheit, aber auch unabhängig von der vermeintlichen Nützlichkeit und Leistung des jeweiligen Menschen. Die Auseinandersetzung mit Struktureller Diskriminierung erfolgt in einem Social Justice und Diversity Training dabei immer auch unter der Maßgabe, Handlungsoptionen gegen jede Form von Diskriminierung auszuloten.

Zur Entwicklung des Bildungs- und Trainingskonzeptes *Social Justice und Diversity*

Das Konzept Social Justice und Diversity wurde im Jahr 2001 von Leah Carola Czollek, Gudrun Perko und Heike Weinbach entwickelt. Gemeinsam führten wir in den darauffolgenden Jahren zahlreiche Trainings im Bereich der Jugend- und Erwachsenenbildung durch. Während unser Ansatz sich zu Beginn noch stark an das in den USA entwickelte Konzept *Teaching for Diversity and Social Justice* (Adams/Bell/Griffin 1997) anlehnte, nahmen wir im Zuge der langjährigen und intensiven Beschäftigung mit der Thematik viele Veränderungen, Spezifizierungen und vor allem Aktualisierungen im Kontext der Bundesrepublik Deutschland (BRD) vor.

Die zunehmende Eigenständigkeit des Konzeptes wurde durch die Gründung des Institutes Social Justice und Diversity im Jahr 2005 sowie das Erscheinen des *Praxishandbuches Social Justice und Diversity* (Czollek/Perko/Weinbach 2012) unterstrichen. In diesem Zeitraum konzipierten wir außerdem eine Trainer_innen-Ausbildung für Social Justice und Diversity, die zwischen 2006 und 2012 in Kooperation mit dem Informations- und Dokumentationszentrum für Antirassismusarbeit (IDA e. V.) und der bundesweiten Weiterbildungsorganisation des Deutschen Gewerkschaftsbundes (DGB Bildungswerk BUND) angeboten wurde. Seit 2012 wird der zertifizierte Weiterbildungskurs Social Justice und Diversity an der Zentralen Einrichtung Weiterbildung der Fachhochschule Potsdam (ZEW) in Kooperation mit unserem Institut jährlich bis halbjährlich durchgeführt. Auch die Neuauflage des *Praxishandbuches Social Justice und Diversity* unterstreicht, dass sich das Konzept in den vergangenen Jahren im deutschsprachigen Raum etabliert hat.

Eine Arbeit über knapp zwei Jahrzehnte kommt nicht ohne personelle Veränderungen und Umorientierungen aus. So musste Heike Weinbach das Institut aus beruflichen Gründen vor einigen Jahren verlassen. Gleichzeitig kamen 2011 Max Czollek und 2013 Corinne Kaszner als Ausbildner_innen dazu, die seitdem intensiv an der konzeptionellen Weiterentwicklung mitarbeiten. Im Kontext der Erstellung der nun vorliegenden Neuauflage haben wir jedes Kapitel zu viert intensiv diskutiert und durchgearbeitet – im Modus der Mahloquet, versteht sich. Das Erscheinen des Buches geht zugleich einher mit der Umbenennung des Institutes in das Institut Social Justice und Radical Diversity (www. social-justice.eu).

Vollständig überarbeitete und erweiterte zweite Auflage

Der Weg zu der nun vorliegenden Neuauflage ist gesäumt von zahlreichen Artikeln und Beiträgen, in denen wir einzelne Aspekte des Social Justice und Diversity Trainings entwickelt, konkretisiert und weiterentwickelt haben. Diese sind in der Neuauflage aufgenommen und in das Gesamtkonzept eingearbeitet worden, ohne sie je eigens zu zitieren (siehe für eine Übersicht den Teil „Wissenschaftliche Beiträge" im Anhang).

Das vorliegende Praxishandbuch ist das Desiderat dieser siebenjährigen Weiterentwicklung als eine vollständig überarbeitete und erweiterte zweite Auflage. Dies betrifft die konzeptuellen und theoretischen Grundlagen des Social Justice und Diversity Ansatzes, unter anderem durch die Einführung des Diskriminierungskritischen Diversity, des Radical Diversity und einer Aktualisierung des Konzeptes Verbündet-Sein. Darüber hinaus erfolgte eine Überarbeitung der Begriffsdefinitionen von Macht- und Herrschaftsverhältnissen und Struktureller Diskriminierung. Schließlich haben wir die Trainingsmodule um ein Modul zum Thema Antiromaismus/Antisintiismus und eines zu Perspektivenverschiebung und Empowerment sowie die Darstellung der Theoriebezüge mit den Konzeptionen von Martha C. Nussbaum und Pierre Bourdieu erweitert.

Weiterhin haben wir einige Aktualisierungen in der Analysemethode vorgenommen: Mit dem Begriff der Diskriminierungsmatrix beziehen wir die historische Dimension von Diversitykategorien nun auch konzeptuell in die Analyse Struktureller Diskriminierung mit ein, während der Begriff der Systemischen Intersektionalität den Blick auf die gegenseitige Stabilisierung von Diskriminierungsformen schärft. Die Aktualisierung der Trainingsmodule betrifft außerdem Begriffe, die bei der Erstauflage noch als nicht-diskriminierende aufgefasst, inzwischen aber durch andere Termini ersetzt worden sind. Da sich Sprache und das Bewusstsein über Diskriminierung über die Zeit verändern, ist diese Arbeit für die kommenden Jahre nicht abgeschlossen. Vielmehr müssen die Begriffe in den jeweils angebotenen Trainings und Ausbildungen immer wieder überprüft und gegebenenfalls aktualisiert werden. Das gilt auch für die kritische Analyse von gesellschaftlich verankerten Diskriminierungsformen, die immer wieder neu vorgenommen werden muss.

Handhabung des Buches

Mit diesem Praxishandbuch geht es uns darum, zugleich ein Verständnis vom Bildungs- und Trainingskonzept Social Justice und Diversity zu ermöglichen und einen Eindruck von seiner Praxis zu vermitteln. Dabei beziehen sich die einzelnen Kapitel aufeinander, sodass sich das Konzept in seiner Gesamtheit erst durch die Lektüre aller Teilabschnitte erschließt. Gleichzeitig können einzelne Abschnitte, insbesondere die jeweiligen Trainingsmodule, auch je einzeln zurate gezogen werden. Um den Einstieg an unterschiedlichen Stellen zu erleichtern, wiederholen sich zentrale Konzepte und Gedanken in den einzelnen Kapiteln; für weiterführende Erklärungen wird außerdem an den gegebenen Stellen auf andere Abschnitte des Buches verwiesen.

In einem ersten Kapitel stellen wir zunächst überblicksartig die zehn Besonderheiten des Konzeptes vor (Kapitel 1) und führen im Anschluss in die konzeptuellen und theoretischen Grundlagen des Social Justice und Diversity Ansatzes ein (Kapitel 2). Der Fokus liegt dabei auf Social Justice als Anerkennungs-, Verteilungs-, Befähigungs- und Verwirklichungsgerechtigkeit sowie auf den Begriffen Diskriminierungskritisches Diversity, Strukturelle Diskriminierung und Systemische Intersektionalität. Darüber hinaus diskutieren wir die Bedeutung von Diversitykategorien vor dem Hintergrund der Diskriminierungsmatrix, formulieren das Radical Diversity als konkrete Utopie und das Verbündet-Sein als spezifisches Solidaritätsmodell.

Die dem Konzept zugrunde liegende Methode der Mahloquet, die als Gesprächsmethode und dialogische Haltung einen Grundpfeiler des Trainings bildet, sowie weitere methodische Prämissen (Maximen des Arbeitens, anerkennende Sprache, Reflexion von Lernzugängen, Perspektive der Pluralisierung) werden in Kapitel 3 erläutert. Im Zentrum des vorliegenden Praxishandbuches steht das Kapitel 4, das die einzelnen Trainingsmodule zu den von uns aufgegriffenen Diskriminierungsformen vorstellt. In diesem Kapitel finden sich typische Trainingsabläufe, untergliedert in Inputs, Biographiearbeit, Übungen zum Verständnis von Struktureller Diskriminierung, Systemischer Intersektionalität sowie Handlungsoptionen gegen Diskriminierung.

Im Sinne eines Einblickes in unser Selbstverständnis als Trainer_innen und einer Erfahrungsweitergabe ist das Kapitel 5 dem Komplex der Trainer_innenrolle gewidmet. Die Fragen, in welchen Praxisbereichen das Konzept Anwendung finden kann und welche rechtlichen Bezüge für die Antidiskriminierungsarbeit in der BRD von Relevanz sind, werden in Kapitel 6 aufgegriffen. Kapitel 7 befasst sich noch einmal ausführlicher mit den theoretischen Traditionen, auf denen das Social Justice und Diversity Konzept beruht. Da die Auseinandersetzung mit Struktureller Diskriminierung stets auch eine Reflexion darüber erfordert, welche Diskriminierungsformen zu einem bestimmten Zeitpunkt die Realität von Menschen prägen, regt Kapitel 8 schließlich im Rückgriff auf aktuelle Studien dazu an, sich für ein Training immer wieder einen Überblick über aktuelle Diskriminierungsrealitäten in der Bundesrepublik Deutschland zu verschaffen. Nach der Literatur und den Quellennachweisen findet sich im Anhang eine überblicksartige Präsentation in Bezug auf die Weiterbildung Social Justice und Diversity. Darauf folgt eine Auflistung zentraler wissenschaftlicher Beiträge, anhand derer die Entwicklung des Konzeptes nachvollzogen werden kann.

Wen sprechen wir an?

Mit dem Bildungs- und Trainingskonzept sind jene angesprochen, die in ihren Arbeitskontexten Trainings und Workshops gegen Diskriminierung anbieten oder gegen Diskriminierung aktiv werden wollen: zum Beispiel Mitarbeitende in sozialen Projekten, Mitarbeitende in Einrichtungen der politischen Bildung, Trainer_innen im Jugend- und Erwachsenenbildungsbereich, Lehrende an Schulen, Fachhochschulen, Hochschulen, Universitäten, Schüler_innen und Studierende sowie Kultur- und Kunstarbeitende. Mit der Neuauflage sprechen wir aber auch Trainer_innen an, die bereits eine Ausbildung zum_r Social Justice und Diversity Trainer_in absolviert haben und mit dem vorliegenden Buch die neuesten Entwicklungen in ihre Trainings aufnehmen möchten. Zudem richten wir uns an Multiplikator_innen, die sich für einen diskriminierungsfreien Umgang zwischen Menschen einsetzen wollen.

Das vorliegende Buch bietet dabei zweierlei: Es dient erstens der praktischen Anwendung, insofern es konkrete Perspektiven und Methoden zur Durchführung von Social Justice und Diversity Trainings in unterschiedlichen Praxisbereichen vermittelt. Diese Perspektiven und Methoden können sowohl in der Durchführung von Trainingsmodulen als auch durch die Übernahme ausgewählter Elemente für die jeweiligen Trainingskontexte wirksam werden. Das Praxishandbuch präsentiert zweitens, die von uns im Zuge langjähriger Reflexion und praktischer Arbeit entwickelten theoretischen Grundlagen für unsere Perspektive auf das Thema Diskriminierung, Diversity und Social Justice. Auf dieser Basis formulieren wir nicht zuletzt das Radical Diversity als Entwurf für eine inklusive und partizipative Gesellschaft. Das Social Justice und Diversity Konzept ist damit auch ein Beitrag zu einer gesellschaftlichen Gegenwart, die neuer Konzepte bedarf, um ihre eigenen Ansprüche auf Gerechtigkeit und Diskriminierungsfreiheit einzulösen.

Danksagung

Wir bedanken uns bei allen, die uns zum Verfassen dieser Neuauflage angeregt haben: bei allen bisherigen Teilnehmenden an unseren Social Justice und Diversity Ausbildungen, die uns wichtige Denkanstöße gegeben haben, sowie bei Studierenden, mit denen wir immer wieder einzelne Übungen durchführen konnten. Wir haben viel dabei gelernt. Unser Dank gilt außerdem Heike Hellen Weinbach, mit der wir 2001 die Grundpfeiler des Bildungskonzeptes legten und mit der wir über einen langen Zeitraum gemeinsam Ausbildungen durchführten. Bedanken möchten wir uns auch bei Birgit Jagusch und Stephan Bundschuh, die als damalige Mitarbeitende bei IDA e. V. zu den ersten gehörten, die das Trainingskonzept institutionell unterstützten. Bleibt noch, all jenen Dank zu sagen, die unser Bildungs- und Trainingskonzept in ihren jeweiligen Kontexten heranziehen und dabei helfen, die konkrete Utopie des Radical Diversity zu realisieren.

1 Die zehn Besonderheiten des Trainingskonzeptes

Die Besonderheiten des Konzeptes Social Justice und Diversity liegen in folgenden Momenten:

1	Spezifische Theoriebezüge und eigene Theoriebildung
2	Fokus auf *Strukturelle Diskriminierung* und Begriff der *Diskriminierungsmatrix*
3	Verständnis von Diversity als *Diskriminierungskritisches Diversity*
4	*Systemische Intersektionalität* als spezifischer Intersektionalitätsbegriff
5	*Radical Diversity* als konkrete Utopie einer inklusiven und partizipativen Gesellschaft
6	Die *Mahloquet* als eigens entwickelte Methode und zugrunde liegende Haltung
7	*Verbündet-Sein* als spezifische Form von Solidarität
8	*Positionierung in der Nicht-Positionierung* als Konzept gegen eindeutige Identitätsmodelle
9	Einbezug historischer und ideengeschichtlicher Kontexte
10	Anschließen an exiliert-marginalisierte Perspektiven

Diese Besonderheiten unseres Trainings- und Bildungsansatzes haben wir seit dem Erscheinen der ersten Auflage des Praxishandbuches im Jahr 2012 stark weiterentwickelt. Sie werden in Kapitel 2 der vorliegenden Auflage des Buches ausführlich dargestellt und in die konzeptuellen Grundlagen eingebettet. Im Folgenden werden die zehn Besonderheiten des Trainingskonzepts in kurzen Übersichten skizziert.

1 Spezifische Theoriebezüge und eigene Theoriebildung

Das Konzept Social Justice und Diversity basiert auf unterschiedlichen theoretischen Traditionen: auf Gerechtigkeitstheorien (Iris Marion Young, Martha C. Nussbaum), auf Pluralitäts- und Handlungstheorien (Hannah Arendt , Cornelius Castoriadis), auf Feld- und Habitustheorien (Pierre Bourdieu), auf Theorien des Dialogischen (Martin Buber, Emmanuel Lévinas, Franz Rosenzweig) sowie auf philosophischen und sozialwissenschaftlichen Zugängen, die Gegenwärtiges auch in seinem historischen Gewordensein begreifen (Cornelius Castoriadis). Gleichzeitig beziehen wir uns in jedem Trainingsmodul auf spezifische thematische Fachliteratur, die wir am Ende der jeweiligen Abschnitte exemplarisch anführen (siehe Kapitel 4). Das Training beruht außerdem auf eigenen Theoriebildungen zu den Themen Diversity, Diskriminierung, Intersektionalität, Verbündet-Sein und zur Methode der Mahloquet. Dies betrifft auch die Theoriebildung für einzelne thematische Module wie Antisemitismus oder Gender/Queer.

Dialogische Auseinandersetzungen mit Theorien und Texten bilden einen wichtigen Baustein des Trainings. Der Bezug auf theoretische Traditionen bedeutet dabei jedoch nicht, dass wir einzelne Theorien heiligsprechen. Vielmehr verstehen wir Theoriebezüge als Angebote zum vertiefenden Verständnis der jeweiligen Themenbereiche – sie dienen der weiterführenden Reflexion. Wir gehen davon aus, dass jede Person sich auf ihre Weise einer Theorie oder einem Text nähern kann; die Beschäftigung mit Theorie ist für uns also nicht an ein bestimmtes Vorwissen oder einen bestimmten Bildungsgrad geknüpft, sondern stellt eine Möglichkeit des reflektierenden und dialogischen Zugangs zur Welt dar (siehe Kapitel 3.2).

2 Fokus auf *Strukturelle Diskriminierung* und Begriff der *Diskriminierungsmatrix*

Im Konzept Social Justice und Diversity richten wir den Blick auf Strukturelle Diskriminierung. Das Adjektiv *strukturell* bezeichnet die Verwobenheit individueller, institutioneller und kultureller Dimensionen von Diskriminierung: Die individuelle Ebene von Diskriminierung verweist auf diskriminierendes Sprechen und Handeln von Einzelpersonen. Die institutionelle Ebene verweist auf diskriminierende Politiken und Gesetze, rechtlich verankerte Praxen sowie Regeln, Normen und Sitten, die von Institutionen durchgesetzt und durchgeführt werden. Die kulturelle Ebene verweist auf diskursive und epistemische Aspekte, d. h. Wissen, Normen, Werte und Sprach-/Bilder, die in öffentlichen Diskursen sowie in Musik, Literatur, bildender Kunst (und anderen Künsten) vermittelt werden und in denen sich ausdrückt, dass eine soziale Gruppe über einer anderen steht, in denen bestimmte Positionen sichtbar und hörbar sind und andere nicht. Diese drei Dimensionen von Diskriminierung – individuell, institutionell und kulturell – sind ineinander verwoben und stabilisieren sich gegenseitig (siehe Kapitel 2.2).

Strukturelle Diskriminierung entsteht nicht ‚aus dem Nichts' oder auf Grundlage sich willkürlich ausbildender Diskriminierungsformen. Vielmehr basiert sie auf einer historisch gewordenen und gesellschaftlich tief verankerten Diskriminierungsmatrix, die das Koordinatenfeld bereitstellt, innerhalb dessen Diskriminierungsformen reproduziert und aktualisiert werden (können). Die Diskriminierungsmatrix bildet damit die Grundlage für die Herausbildung gegenwärtiger Diskriminierungsformen und deren *Systemische Intersektionalität*, also ihre Verschränkung und wechselseitige Stabilisierung (siehe Punkt 4). Im Konzept Social Justice und Diversity werden Diskriminierungsformen nicht hierarchisiert und bei der Analyse der Komplexität von Diskriminierung geht es nicht um die Addition von Diskriminierungserfahrungen. Der Fokus der Analyse liegt darauf, die historische Verankerung, gegenwärtige Phänomene und die Verwobenheit Struktureller Diskriminierung zu verstehen und die damit verbundenen *Stereotype* (verstanden als vereinfachende Verallgemeinerung, die Menschen und sozialen Gruppen bestimmte Eigenschaften, Verhaltensweisen und Fähigkeiten zuweisen) zu reflektieren (siehe Kapitel 2.5).

3 Verständnis von Diversity als *Diskriminierungskritisches Diversity*

Mit dem Diskriminierungskritischen Diversity (siehe Kapitel 2.4) formulieren wir eine Perspektive, aus der gesellschaftliche Realitäten im Hinblick auf Strukturelle Diskriminierung im Kontext von Macht- und Herrschaftsverhältnissen (zur Definition siehe Kapitel 2) wahrgenommen werden. Hintergrund dieser Perspektive ist – gegen jede Form von Struktureller Diskriminierung – die Betonung der grundlegenden gesellschaftlichen Pluralität und radikalen Verschiedenheit von Menschen. Wir verstehen Diversity im Kontext des Diskriminierungskritischen Diversity nicht als ‚die Vielfalt, die mich bereichert', sondern als Antwort auf Strukturelle Diskriminierung, die es zugunsten einer Vision des *Radical Diversity* – der konkreten Utopie einer für alle Menschen in ihrer radikalen Verschiedenheit offenen Gesellschaft – zu überwinden gilt (siehe Punkt 5).

Diversity wird im Konzept Social Justice und Diversity nicht romantisiert im Sinne einer Suche nach Möglichkeiten der optimalen Verwertbarkeit von Menschen oder einer Leistungssteigerung in Institutionen und Organisationen. Diversity wird erst dann zu einem relevanten Gegenstand diskriminierungskritischer Praxis, wenn Menschen aufgrund bestimmter Eigenschaften von gesellschaftlicher Partizipation ausgeschlossen werden. Im Sinne von Social Justice und Diversity bezieht sich dies immer auf die Frage, wie wir in einer pluralen Gesellschaft inklusiv, partizipativ und diskriminierungsfrei miteinander leben können. Pluralität ist dabei nicht beliebig, sondern bewegt sich innerhalb eines normativen Referenzrahmens: der Allgemeinen Erklärung der Menschenrechte (UN-Menschenrechtscharta; unter anderem Freiheit und Gleichheit aller Menschen an Würde und Rechten) und der Gewaltfreiheit.

4 *Systemische Intersektionalität* als spezifischer Intersektionalitätsbegriff

Diskriminierungsformen haben ihre je eigenen Geschichten und Erscheinungsweisen. Gleichzeitig wirken sie zusammen und sind miteinander verwoben. Systemische Intersektionalität bedeutet, dass sich sowohl innerhalb der verschiedenen Diskriminierungsformen als auch zwischen ihnen ähnliche Mechanismen und Prozesse aufzeigen lassen, die zu einer Stabilisierung gegenwärtiger Diskriminierungsrealitäten beitragen. Ein Beispiel hierfür ist der Prozess des *Othering*, bei dem Menschen mittels Stereotypisierung zu Anderen gemacht werden. Die Stereotype wiederum gewinnen ihre konkreten Inhalte im Koordinatenfeld der Diskriminierungsmatrix. Sie haben mit den tatsächlichen Verhaltensweisen, Eigenschaften und Fähigkeiten jener Menschen, die mit Stereotypen belegt werden, nichts zu tun, sondern sind verallgemeinernde Zuweisungen und Zuschreibungen.

Systemische Intersektionalität im Sinne von Social Justice und Diversity erfordert, das Zusammenwirken von Diskriminierungsformen als Gleichzeitigkeit und Verschränkung wahrzunehmen: So wird eine Person nicht als Frau (Sexismus) *und* als Lesbe (Homomiseoismus) diskriminiert, denn sie bewegt sich in der Welt nicht einmal als Frau, ein anderes Mal als Lesbe. Vielmehr liegt die Diskriminierungserfahrung gerade in der Verschränkung des Frau- und Lesbe-Seins, in der das eine vom anderen nicht getrennt werden kann, und beruht auf Bildern und Zuschreibungen, die sich für jede intersektionale Verschränkung spezifisch ergeben (siehe Kapitel 2.5).

Zugleich richtet ein Verständnis von Systemischer Intersektionalität den Blick darauf, dass von Diskriminierung getroffene Menschen wiederum diskriminierende Mechanismen, wie z. B. den Mechanismus des Othering, verinnerlicht haben (können), insofern sie nicht außerhalb einer Gesellschaft sozialisiert wurden. Im Sinne von Social Justice und Diversity kann man also von Struktureller Diskriminierung auf einer Ebene getroffen sein und sie auf einer anderen Ebene mit herstellen. Vor dem Hintergrund der Analyse der Systemischen Intersektionalität von Diskriminierungsformen ergibt sich folglich ein Bild des Individuums, das auf komplexe Weise in Diskriminierungsrealitäten verortet ist.

5 *Radical Diversity* als konkrete Utopie einer inklusiven und partizipativen Gesellschaft

Radical Diversity bezeichnet die konkrete Utopie, in der Social Justice (als Anerkennungs-, Verteilungs-, Befähigungs- und Verwirklichungsgerechtigkeit, siehe Kapitel 2.1 und 7.1) gesellschaftlich realisiert wäre – ein Entwurf also einer inklusiven und partizipativen, für alle Menschen in ihrer radikalen Verschiedenheit offenen Gesellschaft. Während das oben ausgeführte Diskriminierungskritische Diversity unterstreicht, dass gesellschaftliche Pluralität durch Strukturelle Diskriminierung erheblich eingeschränkt ist, verweist der Begriff des Radical Diversity auf die Realisierbarkeit einer Gesellschaft ohne Diskriminierung.

Mit Radical Diversity beschreiben wir die Zielsetzung des Trainings als eine kritische Praxis, der es um die Veränderung homogener Institutionen und Praxen hin zu einem Mainstream der radikalen Verschiedenheit und gesellschaftlichen Pluralität geht (siehe Kapitel 2.8). Diese konkret utopische Praxis wird im Training nicht zuletzt durch das Ausloten von Handlungsoptionen immer wieder in den Blick genommen, bei denen für unterschiedliche Arbeits- und Lebensbereiche Projekte und Handlungen gegen Diskriminierung erarbeitet werden können. Ansatzpunkte dafür bilden wie bei der Analyse von Diskriminierung die individuelle, institutionelle und kulturelle Ebene als mögliche Handlungsfelder.

6 Die *Mahloquet* als eigens entwickelte Methode und zugrunde liegende Haltung

Mahloquet bedeutet ‚dialogisches Streitgespräch' und liegt dem Social Justice und Diversity Training als Methode zugrunde. Die Mahloquet basiert auf einer spezifischen ethisch-dialogischen Haltung, die in ihrem Kern darauf gerichtet ist, dass im dialogischen Gespräch mit Menschen nicht das Eigene gesucht wird, sondern das Andere, das Ich nicht bin. Fragend und zuhörend wird die Perspektive der Anderen dabei nicht innerhalb des Schemas der eigenen Erfahrungen interpretiert, sondern ein Raum für die Andersheit der Anderen eröffnet. In ihrer Anwendung ermöglicht die Mahloquet, die Unterschiedlichkeit von Perspektiven wahrzunehmen und damit Abstand zu gewinnen von einem Denken, das die je eigene Meinung als die einzig richtige setzt. Sie verlangsamt den Dialog bewusst, um Denkräume zu eröffnen, die die Auseinandersetzung als nachdenkliches und themenbezogenes Reflektieren ermöglichen. Wie für das gesamte Training gelten als Referenzrahmen dieser vielperspektivischen Gespräche die UN-Menschenrechtscharta und die Gewaltfreiheit. Der Mahloquet selbst ist kein einzelnes Trainingsmodul gewidmet, sondern sie wird im Verlauf des Trainings vermittelt und immer weiter geübt (siehe Kapitel 3.5 und 7.4).

7 *Verbündet-Sein* als spezifische Form von Solidarität

Verbündet-Sein ist eine spezifische Form der Solidarität, eine Art der politischen Freundschaft, bei der die Anliegen der Anderen zu den je eigenen Anliegen werden. Wie in der Mahloquet stellen Verbündete nicht das eigene Ich ins

Zentrum, sondern jene Menschen, die von Struktureller Diskriminierung getroffen sind. Verbündet-Sein meint also, sich im Hinblick auf eigene Privilegien und vorhandene Ressourcen für diskriminierte Menschen einzusetzen, ohne dabei paternalistisch zu sein oder identitätspolitische Homogenität vorauszusetzen (siehe Kapitel 2.7).

8 *Positionierung in der Nicht-Positionierung*: ein Konzept gegen eindeutige Identitätsmodelle

Die Positionierung in der Nicht-Positionierung entzieht sich identitätspolitischen Zu- und Festschreibungen. Sie ist eine Haltung, die ihre Berechtigung, über Strukturelle Diskriminierung zu sprechen, nicht von identitätspolitischen Merkmalen abhängig macht, sondern von einer grundlegenden Ablehnung jeder Form von Diskriminierung. Die Betonung dieser Haltung ist auch eine Reaktion darauf, dass eine identitätspolitische Positionierung selbst noch nicht auf die ethisch-politische Perspektive der jeweils Sprechenden schließen lässt. Die Positionierung in der Nicht-Positionierung verabschiedet sich also von der Annahme, ich könne nur ‚als Frau' gegen Diskriminierung von Frauen aktiv eintreten; zugleich impliziert diese Haltung nicht, dass ich damit *für* Menschen spreche, so als könne ich ihre Situation als von Diskriminierung Getroffene nachempfinden. Vielmehr verweist sie direkt auf das Konzept des Verbündet-Seins als Form der nicht-identitätslogisch fundierten Solidarität (siehe Kapitel 2.7). Im Training wird die Positionierung in der Nicht-Positionierung aufgenommen, insofern es bei der Analyse von Diskriminierungsformen stets um den Bezug auf das Thema und nicht um die eigene identitätspolitische Positionierung geht.

9 Einbezug historischer und ideengeschichtlicher Kontexte

Gegenwärtige Diskriminierungsphänomene lassen sich ohne den Einbezug historischer und ideengeschichtlicher Kontexte kaum angemessen analysieren. Ein gesellschaftlich-geschichtlicher Blick vergegenwärtigt Kontinuitäten, Paradigmenwechsel oder Veränderungen von Diskriminierungsformen und hat damit zugleich die Beständigkeit und Dynamik diskriminierender Praxen im Blick. Auf diese Weise können außerdem Stereotype und diskriminierende Sprach-/Bilder und ihre Veränderungen, Re-/Produktionen und Verfestigungen in unterschiedlichen historischen Kontexten nachvollzogen werden. Im Training werden historische und ideengeschichtliche Vertiefungen zu den einzelnen Modulen in Form von eigens ausgearbeiteten Inputs oder unter Rückgriff auf Filme und Texte vermittelt und diskutiert (siehe die entsprechenden Übungen in Kapitel 4).

10 Anschließen an exiliert-marginalisierte Perspektiven

Das Konzept Social Justice und Diversity rekurriert in vielfacher Hinsicht auf exiliert-marginalisierte Perspektiven. So beziehen wir uns auf Theorien, die territorial gesehen oftmals aus den USA kommen, aber von Menschen entwickelt wurden, die aus vielen verschiedenen Ländern, nicht zuletzt im Zuge der Flucht vor dem Nationalsozialismus, emigriert waren und an eine jüdische Denktraditionen anknüpften. Die jüdischen Denktraditionen waren in ihren Ursprüngen (auch im Hinblick auf Pluralitätsansätze) im arabischen Raum angesiedelt. Auch die für das Bildungs- und Trainingskonzept entwickelte Methode der Mahloquet greift auf Dialogtraditionen zurück, die wesentlich von jüdischen Autor_innen geprägt worden sind. Die Vertreibung und Vernichtung von Juden_Jüdinnen während des Nationalsozialismus hat dazu beigetragen, dass diese Denktraditionen in der Bundesrepublik Deutschland wenig rezipiert wurden. Und auch heute noch wird der jüdische ideengeschichtliche Hintergrund zahlreicher Theorien und Methoden oft übergangen.

Im Trainingskontext der BRD geht es im Sinne des Social Justice und Diversity Konzeptes auch darum, diese historischen Zusammenhänge zu reflektieren. Neben jüdischen exilierten Perspektiven werden in allen thematischen Modulen weitere marginalisierte Perspektiven mit einbezogen (siehe bei den einzelnen Modulen in Kapitel 4). Dabei legen wir nicht zuletzt Wert darauf, neben akademisch-wissenschaftlicher Literatur auch marginalisierte wissenschaftliche Literatur einzubeziehen, also jene, die außerhalb des akademischen Betriebes auf Blogs, in Magazinen etc. veröffentlicht wird. Gleichermaßen werden im Training Perspektiven sozial-politischer Bewegungen und Diskurse jeweils themenbezogen aufgegriffen.

2 Konzeptuelle und theoretische Grundlagen des Social Justice und Diversity Trainings

In diesem Kapitel beschreiben wir die konzeptuellen und theoretischen Grundlagen des Social Justice und Diversity Trainings, die wir im Vergleich zur ersten Auflage des Buches aus dem Jahr 2012 aktualisiert und stark erweitert haben. Die nachfolgend dargestellten Grundlagen basieren einerseits auf den in Kapitel 7 beschriebenen Theoriebezügen und gehen andererseits auf eigene Theoriebildungen zurück, welche in Teilen bereits in Aufsätzen und Artikeln publiziert wurden (siehe für eine Übersicht den Teil „Wissenschaftliche Beiträge" im Anhang).

Die Analyse der Herstellung *Struktureller Diskriminierung* sowie die Entwicklung von Strategien, um dagegen vorzugehen, stehen im Zentrum des Social Justice und Diversity Trainings. Ziel dieser Auseinandersetzung ist die Realisierung von *Anerkennungs-*, *Verteilungs-*, *Befähigungs-* und *Verwirklichungsgerechtigkeit* für alle Menschen ungeachtet ihrer vermeintlichen Nützlichkeit oder Leistung. Strukturelle Diskriminierung wird auf Grundlage unterschiedlicher, historisch wandelbarer *Diskriminierungsformen* hergestellt, die wiederum mit bestimmten *Diversitykategorien* korrelieren. Die Zuordnung von Menschen zu diesen Kategorien bildet eine Voraussetzung dafür, dass einige Menschen Privilegien und andere Diskriminierung erfahren. Kategoriale Zuordnungen und die damit zusammenhängenden Diskriminierungsformen basieren auf einer gesellschaftlich tief verankerten *Diskriminierungsmatrix*. Die jeweilige Position der Diskriminierungsformen im Koordinatenfeld dieser Matrix macht sie zu eigenständigen Phänomenen, die gleichzeitig durch *Systemische Intersektionalität* miteinander verbunden sind und sich gegenseitig stabilisieren. Ihren strukturellen Charakter erhält Diskriminierung dabei durch das Zusammenwirken diskriminierender Praxen auf individueller, kultureller und institutioneller Ebene.

Im Konzept Social Justice und Diversity gehen wir von der Analyse gesellschaftlicher *Macht- und Herrschaftsverhältnisse* aus, um Diskriminierungsrealitäten zu beschreiben. Dies bedeutet, dass wir uns nicht für die ‚Vielfalt um der Vielfalt willen' einsetzen. Vielmehr setzen wir uns für die radikale Verschiedenheit von Menschen angesichts gesellschaftlicher Realitäten ein, in denen ihnen aufgrund bestimmter, strukturell verankerter und institutionell wirkmächtiger Diskriminierungsmechanismen die gesellschaftliche Anerkennung und Partizipation verweigert werden. Für unser Verständnis von **Macht- und Herrschaftsverhältnissen** lehnen wir uns an Iris Marion Youngs Begriff der „structural oppression“ an (Young 1990; siehe Kapitel 7.1.1), mit dem sie unterstreicht, dass sich „Unterdrückung“[1] nicht nur in individuellen und intentionalen Handlungen und Entscheidungen von Einzelpersonen ausdrückt, sondern sich auch in weniger wahrnehmbaren alltäglichen kulturellen Praxen, institutionellen Abläufen, Gesetzen oder auch kapitalistischen Marktmechanismen manifestiert. Mit dem Begriff Macht- und Herrschaftsverhältnisse drücken wir aus, dass Strukturelle Diskriminierung auf einem Zusammenspiel von individueller Machtausübung und institutionalisierter Herrschaft beruht, die sich in unterschiedlichen gesellschaftlichen Feldern zu (instituierten) Strukturen verfestigen können.[2] Diese Perspektive ist auch Grundlage unserer Betrachtung von Vielfalt, weshalb wir im Konzept Social Justice und Diversity von *Diskriminierungskritischem Diversity* sprechen. Damit stellen wir auch konkrete politisch-okonömische Strukturen kritisch in Frage, wie den gegenwärtigen Kapitalismus, insofern er Diskriminierungsrealitäten erzeugt, wie beispielsweise Klassismus (u. a. Armut und Wohnungsnot).

Die Erarbeitung diskriminierungskritischer Perspektiven und Praxen erfolgt vor dem Horizont einer konkreten Gesellschaftsutopie, die wir als *Radical Diversity* bezeichnen. In einer Gesellschaft im Sinne des Radical Diversity wäre Social Justice als spezifisches Gerechtigkeitsdenken verwirklicht und die Vielfalt von Menschen zum Mainstream geworden, sodass ein radikales Verständnis menschlicher Vielfalt denk- und lebbar würde. Eine Anerkennung von Vielfalt bedeutet dabei nicht, dass wir alles, was Menschen tun oder sagen, gutheißen oder begrüßen. Social Justice und Diversity basiert vielmehr auf dem Referenzrahmen der UN-Menschenrechtscharta (Freiheit und Gleichheit aller Menschen an Würde und Rechten) und auf Gewaltfreiheit. Es gilt demnach, zwischen der Anerkennung des Menschen als Menschen und der Bewertung seines Sprechens oder Handelns zu differenzieren. Darüber hinaus umfasst das Konzept Social Justice und Diversity, in Anlehnung an Martha C. Nussbaum (siehe Kapitel 7.1.2), die Anerkennung des Rechtes aller Menschen auf die Verwirklichung ihrer Befähigungen bzw. Vermögen (*Capabilities*).

---

1 Anstelle des Begriffes ‚structural oppression‘ verwenden wir die Bezeichnung ‚Strukturelle Diskriminierung‘,um den Eindruck zu vermeiden, bei dem Phänomen handelte es sich um ein ‚top down‘-Verhältnis zwischen Unterdrücker_innen und Unterdrückten.

2 An dieser Stelle ergänzen wir das Konzept der ‚structural oppression‘ um zwei weitere Aspekte, die für ein Verständnis von Macht- und Herrschaftsverhältnissen relevant sind: Mit Cornelius Castoriadis erweitert sich der Fokus auf Prozesse der Instituierung und damit Verfestigung bestimmter Denk- und Handlungsweisen. Pierre Bourdieu ermöglicht wiederum eine kontextspezifische Betrachtung von Macht und Herrschaft unter Einbezug der Logiken jeweils unterschiedlicher gesellschaftlicher Felder (siehe ausführlich Kapitel 7.2.2 und 7.3.1).

Mit Social Justice und Diversity formulieren wir also ein eindeutiges *Gegen* und ein vielfältiges *Für*: Wir wenden uns gegen jede Form Struktureller Diskriminierung und begrüßen eine plurale Gesellschaft, in der Menschen in ihrer radikalen Verschiedenheit und ihrer Vielfalt existieren können. Das setzt nicht zuletzt voraus, *Bündnisse* einzugehen und – neben klassischen Solidaritätsformen – das *Verbündet-Sein* als Grundlage eines Sich-Einsetzens für andere Menschen zu verstehen, die von Struktureller Diskriminierung getroffen sind.

2.1 Social Justice

Der Begriff *Social Justice* verweist auf ein spezifisches Gerechtigkeitsdenken, das gleichzeitig Verteilungs-, Anerkennungs-, Befähigungs- und Verwirklichungsgerechtigkeit in den Blick nimmt. Wir verwenden den englischen Begriff, um ein Verständnis sozialer Gerechtigkeit anzuzeigen, welches die tradierte Bedeutung des deutschsprachigen Begriffs erweitert und übersteigt. (Siehe zur Bedeutung von Social Justice ausführlich Kapitel 7.1).

Unsere Verwendung der Begriffe Verteilungs- *und* Anerkennungsgerechtigkeit ist inspiriert von Iris Marion Young (1990; 1996). **Verteilungsgerechtigkeit** meint, dass alle Menschen in Bezug auf das physische und psychische Leben in Sicherheit und Wohlbefinden leben können. Dabei geht es um die Verteilung von Geld und Gütern, aber auch anderer Ressourcen wie z. B. Zeit und Aufmerksamkeit. **Anerkennungsgerechtigkeit** bedeutet, dass alle Menschen durch die Möglichkeit der Teilhabe *und* der Partizipation an gesellschaftlichen Feldern und Belangen anerkannt werden. Hier geht es auch darum, wer an welchen Stellen über Entscheidungs- und Anweisungsmacht verfügt, wie die Arbeit aufgeteilt ist und welche kulturellen Reproduktionsmechanismen dabei eine Rolle spielen. Der Übergang zwischen Teilhabe und Partizipation ist graduell und verweist darauf, dass Menschen an etwas teilhaben können, das bereits gestaltet ist, und/oder partizipieren können, indem sie Gesellschaft selbst aktiv mitgestalten und mitbestimmen. Wesentlich ist dabei der Aspekt der Freiwilligkeit: Es geht um die Möglichkeit der Teilhabe und der Partizipation, nicht um den Zwang dazu.

Die Aspekte der Befähigungs- und Verwirklichungsgerechtigkeit sind inspiriert von Martha C. Nussbaum (1999; 2010). **Befähigungsgerechtigkeit** bedeutet, dass Institutionen bzw. die Gesellschaft Menschen nicht nur etwas zur Verfügung stellen, sondern sie auch dazu befähigen, das zur Verfügung Gestellte anwenden zu können. So sollten beispielsweise in Jugendzentren nicht nur Computer und Internetzugang gewährleistet, sondern die Jugendlichen zugleich in Medienkompetenz geschult werden. **Verwirklichungsgerechtigkeit** meint, dass

Menschen einen Anspruch auf die Verwirklichung ihrer Befähigungen bzw. Vermögen (*Capabilities*) haben, wie z. B. körperliche Integrität (Bewegungsfreiheit, Sicherheit vor Gewalt) oder politische Partizipation.

Die vier Gerechtigkeitsaspekte sind miteinander verwoben, sind nicht getrennt voneinander zu denken und können daher auch in ihrer Umsetzung nicht voneinander abgelöst werden. Der in unserem Ansatz verwendete Begriff der Social Justice markiert die Notwendigkeit der gemeinsamen und gleichzeitigen Umsetzung aller Gerechtigkeitsformen zur Realisierung einer inklusiven und partizipativen Gesellschaft im Sinne eines Radical Diversity. Dieses Gerechtigkeitsverständnis impliziert die Analyse und kritische Infragestellung bestehender Macht- und Herrschaftsverhältnisse und eine Sensibilität für die unterschiedlichen Weisen, in denen Menschen von Struktureller Diskriminierung getroffen werden.

2.2 Begriff der Strukturellen Diskriminierung

Empirische Studien können einen guten Eindruck davon vermitteln, wer diskriminiert ist und in welchen Bereichen dies geschieht. So geben in einer Repräsentativbefragung aus dem Jahr 2015 31,4 Prozent der Menschen in Deutschland an, in den vergangenen zwei Jahren Diskriminierung aufgrund eines der im Allgemeinen Gleichbehandlungsgesetz genannten Merkmale (Alter, Behinderung, ethnische Herkunft, Geschlecht, Religion/Weltanschauung, sexuelle Identität) erlebt zu haben. Diese Zahl fällt entsprechend höher aus (35,6 Prozent), wenn auch die vom Gesetz nicht geschützten Merkmale, etwa die soziale Herkunft, der Familienstand oder das Aussehen, mit beachtet werden. (Antidiskriminierungsstelle des Bundes 2016: 1)[3] Diskriminierung trifft also sehr viele Menschen, die heute in der Bundesrepublik Deutschland leben (siehe dazu ausführlich Kapitel 8). Legt man einen strukturellen Begriff von Diskriminierung an, wird überdies deutlich, dass es keine Orte oder Sphären in der Gesellschaft gibt, die von vornherein diskriminierungsfrei wären.

3 Die Umfrage ist die bisher umfassendste zu Diskriminierung in Deutschland. Sie basiert auf zwei Säulen: (1) einer bevölkerungsrepräsentativen Umfrage des Bielefelder Forschungsinstituts SOKO (Institut für Sozialforschung und Kommunikation), bei der rund 1.000 Personen ab 14 Jahren bundesweit telefonisch befragt wurden, sowie (2) einer durch das Berliner Institut für empirische Integrations- und Migrationsforschung (BIM) in Zusammenarbeit mit der Antidiskriminierungsstelle des Bundes (ADS) entwickelten schriftlichen Betroffenenbefragung, in deren Rahmen in Deutschland lebende Menschen ab 14 Jahren über selbst erlebte oder beobachtete Diskriminierungserfahrungen berichten konnten. Mehr als 18.000 Personen beteiligten sich an der Studie, von denen knapp 13.000 Personen eigene Diskriminierungserfahrungen beschrieben haben.

Die Definition von **Struktureller Diskriminierung** umfasst sowohl die unterschiedlichen Ebenen, auf denen Diskriminierung stattfindet, als auch die Mechanismen, die zu ihrer Erzeugung und Aufrechterhaltung beitragen, und lässt sich zudem an konkreten Charakteristika festmachen. Strukturelle Diskriminierung bezeichnet das Ineinandergreifen diskriminierender Praxen auf individueller, kultureller und institutioneller Ebene. Die *individuelle* Ebene von Diskriminierung bezieht sich auf das diskriminierende Sprechen und Handeln von Einzelpersonen. Die *kulturelle* Ebene erfasst diskursive und epistemische Dimensionen von Diskriminierung, d. h. Wissen, Normen, Werte und Sprach-/Bilder, die in öffentlichen Diskursen sowie in Musik, Literatur, bildender Kunst, in Filmen (und anderen Künsten) und in der Werbung vermittelt werden. Die *institutionelle* Ebene von Diskriminierung verweist auf diskriminierende Politiken und Gesetze, rechtlich verankerte Praxen sowie Regeln, Normen und Sitten, die von Institutionen durchgesetzt und durchgeführt werden. Eine weitere Dimension institutionalisierter Diskriminierung besteht, wenn Diskriminierungsmöglichkeiten auch rechtlich verankert sind. Dies zeigt sich etwa im Allgemeinen Gleichbehandlungsgesetz (AGG), demzufolge Religionsgemeinschaften und ihre Einrichtungen (sogenannte Tendenzbetriebe diskriminieren dürfen.

Vor dem Hintergrund dieser drei Ebenen verstehen wir unter Struktureller Diskriminierung das Verwehren eines gleichberechtigten Zugangs zu gesellschaftlichen Ressourcen sowie das Verwehren gesellschaftlicher Anerkennung für Menschen basierend auf ihrer oder der ihnen zugeschriebenen Zugehörigkeit zu bestimmten Diversitykategorien. Strukturelle Diskriminierung ist zudem durch die Mechanismen und Prozesse des *Othering* gekennzeichnet, bei denen Menschen mittels Stereotypisierung zu Anderen gemacht, als Projektionsfläche imaginiert und dadurch gleichsam ent-subjektiviert werden. Sie findet in ökonomischen, politischen, sozialen wie auch kulturellen Bereichen statt. Sie manifestiert sich auch in einem gesellschaftlichen *Common Sense* (Gemeinsinn), der festlegt, wer in einer gesellschaftlich-geschichtlichen Gegenwart mittels zugeschriebener Eigenschaften wie Leistungsfähigkeit, Gesundheit oder Normalität welchen gesellschaftlichen Status zugewiesen bekommt. Strukturelle Diskriminierung basiert also auf bestimmten Denkschemata und Vorstellungen, die sich nicht zuletzt aus historisch überlieferten Reinheits- und Homogenitätsfantasien speisen.

Diskriminierung ist nicht beliebig: Nicht alles, was verletzend ist, ist Diskriminierung. Vielmehr kann der Begriff der Strukturellen Diskriminierung im Rückgriff auf Young anhand der folgenden **Charakteristika** bestimmt werden (siehe Kapitel 7.1.1): der Anwendung von Gewalt, der Erzeugung von Machtlosigkeit, der Durchsetzung hegemonialer Kulturvorstellungen, Praxen von Ausbeutung und Marginalisierung und, so fügen wir hinzu, anhand von Prozessen der Exklusion. Die verschiedenen Manifestationen Struktureller Diskriminierung basieren auf der unterschiedlichen Verteilung von Hör- und Sichtbarkeit (Welche gesellschaftliche Gruppe wird wahrgenommen, welche nicht?), auf Hierarchien (Welche gesellschaftliche Gruppe steht über einer anderen?) und funktionalen Zuordnungen (Wer antwortet auf welche Fragen? Wer definiert, was normal ist? Wer gehört automatisch dazu, wer muss seine_ihre Zugehörigkeit bzw. seinen_ihren Wert erst beweisen?).

Das Ineinandergreifen der drei Ebenen Struktureller Diskriminierung (individuelle, kulturelle und institutionelle Ebene) soll im Folgenden an einem **Beispiel** verdeutlicht werden: Eine Lehrperson kann eine Schülerin diskriminieren, indem sie dieser trotz guter Schulnoten keine Gymnasialempfehlung ausstellt, weil die Schülerin aus einer bildungsbenachteiligten Familie kommt (individuelle Diskriminierung). Als Lehrperson ist sie Repräsentantin einer Institution, der Schule, die ihrerseits diese Entscheidung unterstützt beziehungsweise nichts dagegen unternimmt (institutionelle Diskriminierung). Die Schule wiederum ist, wie jede Institution, eingebettet in eine Gesellschaft, die Menschen aus bildungsbenachteiligten Familien stereotypisierend abwertet, ihnen keine schulischen Erfolge zutraut und ihnen zu wenige Ressourcen zur Verfügung stellt (kulturelle Diskriminierung).

Strukturelle Diskriminierung wahrzunehmen bedeutet auch, sich der (ökonomischen, sozialen oder gesundheitlichen) Folgen für diskriminierte Menschen bewusst zu sein. Es bedeutet zu fragen, wer marginalisiert wird, wer eine Lobby hat, wer gehört wird – und wer nicht. Es meint außerdem zu reflektieren, wer von (psychischer, physischer, kultureller) Gewalt getroffen ist, wer ausgebeutet wird und was wir davon wissen. Das Bewusstsein für Strukturelle Diskriminierung bedeutet aber auch, den Blick darauf zu richten, wer an welchen Stellen Privilegien hat, an Entscheidungsprozessen beteiligt ist, über Weisungsmacht verfügt, von Macht- und Herrschaftsverhältnissen profitiert. Dabei ist zentral, dass wir im Konzept Social Justice und Diversity keine bestimmten Menschen und keine bestimmten Gruppen verallgemeinernd als macht- und herrschaftsausübend verstehen, wie es in vielen Verschwörungstheorien oder auch in der Konstruktion von Kollektivfiguren (z. B. ‚der weiße Mann') gängig ist.

Social Justice und Diversity richtet sich also gegen die Vorstellung, in einer Gesellschaft stünden sich immer eindeutig diskriminierte und diskriminierende Menschen gegenüber, weil dieses Bild der Komplexität Struktureller Diskriminierung (und Privilegierung) nicht gerecht werden kann. Vielmehr gehen wir davon aus, dass eine Person auf der einen Seite diskriminierend sprechen und handeln, in einem anderen Kontext von Diskriminierung getroffen sein kann. Social Justice und Diversity bedeutet, gemeinsam darüber nachzudenken, wie inklusive und partizipative Strukturen geschaffen und wie auch privilegierte

Akteur_innen für ihre Implementierung gewonnen werden können (siehe Kapitel 2.7).

2.3 Diversitykategorien und Diskriminierungsformen

Strukturelle Diskriminierung geschieht aufgrund bestimmter Diversitykategorien (wie Alter, Beeinträchtigung, Aussehen, Sprache, soziale Herkunft, geographische Herkunft, Geschlecht/Gender/Queer, sexuelles Begehren, Religion oder Säkularität/Konfessionsfreiheit), die als gesellschaftliche Regulative fungieren. Sie korrespondieren mit Diskriminierungsformen, die zumeist durch -ismen gekennzeichnet werden, wie Ageismus, Ableismus, Adultismus, Lookismus, Klassismus, Diskriminierung Ost, Rassismus, Antiromaismus/Antisintiismus, Sexismus, Homo- und Transmiseoismus, Diskriminierung aufgrund von Weltanschauung oder Antisemitismus (siehe ausführlich Kapitel 4). Die Diversitykategorien und die korrespondierenden Diskriminierungsformen werden in der folgenden Grafik schematisch dargestellt, wobei dies nur einen Ausschnitt aller Diskriminierungsformen in der Gesellschaft darstellt.

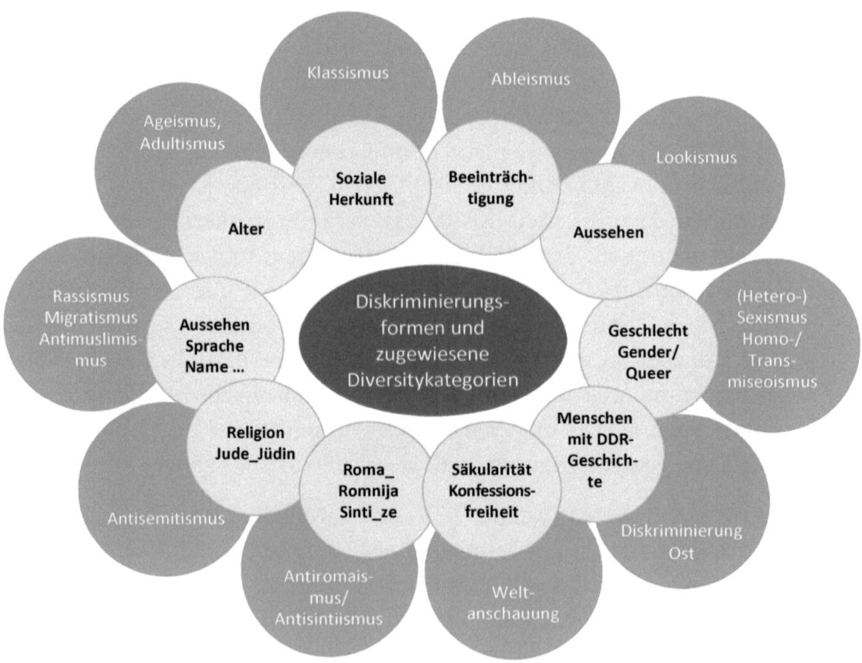

Abbildung 1: Diversitykategorien und die korrespondierenden Diskriminierungsformen

Im Hinblick auf Strukturelle Diskriminierung ist es nicht belanglos, welches Alter, welche soziale Herkunft oder Religion, welches Geschlecht oder welches sexuelle Begehren Menschen haben. Es ist nicht belanglos, ob Menschen eine Beeinträchtigung haben oder nicht, ob sie Migrant_in sind oder nicht, ob sie Jude_Jüdin sind oder nicht, ob sie Lesbe sind oder nicht. Vielmehr können diese Kategorien eine Grundlage für Strukturelle Diskriminierung sein und in einem Wechselverhältnis mit Diskriminierungsformen stehen. Die Kategorien Frau und Mann verweisen beispielsweise einerseits auf die hierarchisierenden Bewertungen von Frau und Mann und beschreiben damit ein Diskriminierungsverhältnis; andererseits tragen diese Kategorien selbst zu diskriminierenden Praxen bei, indem sie Zweigeschlechtlichkeit als Normalität suggerieren und dadurch Trans*Personen oder intergeschlechtliche Personen unsichtbar machen. In der Auffassung von Social und Diversity setzt die Kritik an Diskriminierung nicht erst bei den Diskriminierungsformen an, sondern muss auch die Diversitykategorien in eine kritische Betrachtung miteinbeziehen.

Die einzelnen Diskriminierungsformen entfalten sich innerhalb einer gesellschaftlich tief verankerten *Diskriminierungsmatrix* (siehe Kapitel 2.6). Sie haben ihre je eigene Geschichte und erscheinen je nach historischer Epoche in unterschiedlichen modischen Gewändern, denen je eigene gewaltvolle Ausdrucksformen entsprechen. Gleichzeitig sind sie miteinander verwoben und stabilisieren sich gegenseitig, weisen also eine *Systemische Intersektionalität* auf (siehe Kapitel 2.5). Mit der je eigenen Betrachtung und Analyse jeder Diskriminierungsform begegnen wir im Social Justice und Diversity Training der Gefahr der Subsumierung und damit der Unsichtbarmachung ihrer jeweiligen Spezifik. Ein **Beispiel**: In gegenwärtigen antirassistischen Diskursen wird unter dem Begriff Rassismus zuweilen auch Antisemitismus subsumiert. In entsprechenden Publikationen findet dann aber keine weitere Auseinandersetzung mit dem Thema Antisemitismus statt. Das ist ein Problem, denn obwohl beide Diskriminierungsformen intersektional verbunden sind, haben sie zugleich ihre je eigenen Geschichten, jeweils korrespondierende Diversitykategorien und spezifische gegenwärtige Funktionsweisen und Erscheinungsformen.

Erst die Benennung der einzelnen Diskriminierungsformen und ihre gesellschaftlich-geschichtliche Rekonstruktion ermöglichen eine Analyse im Sinne von Social Justice und Diversity und – einen Schritt weiter – die Entwicklung präziser Interventionsstrategien, um Strukturelle Diskriminierung zu unterbrechen. Dabei können wir uns nie sicher sein, dass wir alle Diskriminierungsformen bereits erkannt haben. Aus diesem Grund verstehen wir die thematischen Module beim Social Justice und Diversity Training, die wir in diesem Buch anführen, als Zwischenstände, die erweitert werden können.

2.4 Diskriminierungskritisches Diversity als Perspektive

Der Begriff **Diversity** wird im Social Justice und Diversity als Vielfalt, radikale Verschiedenheit, Unterschiedlichkeit oder Heterogenität von Menschen übersetzt. Diversity unterstreicht zumeist, dass Menschen unterschiedlich sind: Eine Person fühlt nicht wie die andere, eine Person denkt nicht wie die andere, eine Person isst nicht dasselbe wie die andere, spricht, liest, lernt, sitzt, geht, spielt, trauert nicht wie die andere. Das Social Justice und Diversity Konzept bleibt nicht bei dieser allgemeinen Feststellung menschlicher Unterschiedlichkeit stehen. Diversity ist nicht ‚die Vielfalt, die mich bereichert', ist keine Ressource oder Möglichkeit zur Steigerung von Produktivität. Diversity als radikale Verschiedenheit ist vielmehr relevant für die Frage, warum bestimmte Menschen Strukturelle Diskriminierung erfahren, andere hingegen Privilegien haben. In unserem Konzept sprechen wir also von Diversity in Bezug auf Strukturelle Diskriminierung, weshalb wir den Begriff des *Diskriminierungskritischen Diversity* verwenden.

Das **Diskriminierungskritische Diversity** beschreibt eine Perspektive, die das Augenmerk auf die gesellschaftlichen Realitäten Struktureller Diskriminierung lenkt, die sich im Kontext von Macht- und Herrschaftsverhältnissen entfalten. Im Sinne von Social Justice und Diversity muss die Anerkennung der Vielfalt und radikalen Verschiedenheit von Menschen also immer verbunden sein mit einer Analyse und Kritik Struktureller Diskriminierung. Die Perspektive eines Diskriminierungskritischen Diversity zielt also nicht nur auf die Ablehnung jeder Form von Diskriminierung, sondern auch auf eine aktive Intervention in eine Gegenwart, in der Diskriminierung weiterhin die gesellschaftliche Realität strukturiert. Der Fokus auf Strukturelle Diskriminierung unterstreicht außerdem, dass die Frage nach Diskriminierung über einzelne diskriminierende Ereignisse (sogenannte ‚Alltagsdiskriminierung') hinausweist und Teil gesellschaftlich institutionalisierter Praxen und Funktionsweisen ist.

Am **Beispiel** der Vorfälle in Chemnitz vom Sommer 2018 soll hier verdeutlicht werden, wie der Blick durch die Perspektive eines Diskriminierungskritischen Diversity auf Strukturelle Diskriminierung gerichtet werden kann. Hier zunächst in Kürze die Geschehnisse:[4] Am 26. August 2018 wurde ein 35-jähriger Mann beim Stadtfest in Chemnitz Opfer einer Messerstecherei. In der Folge kam es zu Aufrufen in sozialen Medien und zu Versammlungen. Die Stadtverwaltung und die Organisator_innen des Stadtfestes brachen das Stadtfest ab. Am selben Tag kam es zu einer unangemeldeten Demonstration mit etwa 800 Teilnehmenden,

4 Die Beschreibung folgt der Darstellung der Chronologie der Ereignisse in Chemnitz durch den Mitteldeutschen Rundfunk Sachsen (2018).

zu der von der Gruppe Kaotic Chemnitz aufgerufen worden war. Am 27. August meldeten Organisator_innen der Wähler_innenvereinigung Pro Chemnitz eine Demonstration an, an der ca. 5.000 Menschen teilnahmen. Am 1. September beteiligten sich wiederum ca. 8.000 Menschen an einem sogenannten Trauermarsch und einer Kundgebung von AfD, Pro Chemnitz und Pegida. Im Zuge der Versammlung wurden Zuschauer_innen und zufällige Passant_innen, die aus Sicht der Demonstrant_innen keine Deutschen waren, angegriffen, man trat auf sie ein, zeigte den Hitlergruß und rief Parolen wie „Ausländer raus", „Wir sind das Volk" und „Das ist unsere Stadt". Zur gleichen Zeit nahmen ca. 3.000 Personen an der Gegendemonstration „Herz statt Hetze" teil, zu der ein breites Bündnis zivilgesellschaftlicher Organisationen aufgerufen hatte, um ein Zeichen gegen Fremdenfeindlichkeit zu setzen. Weiterhin fand am 27. August 2018 in Chemnitz ein Angriff auf ein jüdisches Restaurant statt (Malzahn 2018).

Betrachten wir diese Ereignisse im Rahmen unseres Konzeptes, dann zeigt sich Strukturelle Diskriminierung in folgender Weise: Auf *individueller Ebene* sind es die einzelnen Menschen, die an den gewaltvollen Ereignissen in Chemnitz beteiligt waren. Ihre Motivation mag gewesen sein, einer rechtsextremen oder rechtspopulistischen Ideologie Ausdruck zu verleihen, andere wollten möglicherweise auf ihre Unzufriedenheit verweisen, wiederum andere mochten weitere Motivationen haben. Für die von verbaler oder körperlicher Gewalt (als eine Charakteristikum von Diskriminierung) getroffenen Personen ist nicht die individuelle Motivation relevant, sondern die Haltung selbst, die sie trifft. Die individuelle Dimension Struktureller Diskriminierung fokussiert daher auf die Handlungen der Personen, ihr subjektives Mittun und Agieren. Die Perspektive des Diskriminierungskritischen Diversity erlaubt auch, den Angriff auf das koschere Restaurant Schalom wahrzunehmen, das am 27. August 2018 gegen 21:40 Uhr von etwa einem Dutzend vermummter und schwarz gekleideter Personen mit rechtsextremistischer Ideologie angegriffen wurde, wobei der Besitzer mit antisemitischen Sprüchen attackiert und mit einem Stein an der rechten Schulter verletzt wurde.

Die *institutionelle Ebene* überschneidet sich im Fall Chemnitz mit der individuellen Ebene. Es waren nicht nur Einzelpersonen, die als Bürger_innen, gleichsam privat an den Geschehen teilnahmen, sondern auch Funktionsträger_innen, also institutionell und an Parteien gebundene Personen in ihren jeweiligen Repräsentationsfunktionen. Darüber hinaus lässt sich die institutionelle Ebene auch bei dem genannten antisemitischen Vorfall in einer verzögerten medialen Aufmerksamkeit, in einem (Ver)Schweigen ausmachen. Direkt nach dem Angriff verständigte der Lokalbesitzer die Polizei, die nach seinen Angaben recht schnell zur Stelle war. Der Vorfall war demnach bekannt, wurde aber medial erst sehr spät aufgegriffen (nachdem eine jüdische Plattform in Sozialen Medien auf den Vorfall aufmerksam gemacht hatte).

Auch die *kulturelle Ebene* Struktureller Diskriminierung ist mit der individuellen und institutionellen Ebene verbunden. Zwar weisen Forschungen auf die erhöhte Sagbarkeit bzw. Sagbarkeitserweiterung antisemitischer und rassistischer Stereotype hin (siehe Kapitel 8.4, 8.8); dennoch gibt es auf institutioneller Ebene kaum eine angemessene Reaktion. Das zeigt sich nicht zuletzt in der verharmlosenden Darstellung der gewaltvollen Ereignisse von Chemnitz als Aktion ‚besorgter Ost-Bürger_innen', die lediglich ihre Wut ausdrucken wollten und keinen anderen Ort für ihre Proteste gefunden hätten. Werden solche Vorfälle nur als Ausdruck individueller Befindlichkeiten betrachtet, so wird damit ausgeblendet, dass die individuelle, institutionelle und kulturelle Ebene ineinandergreifen, sich gegenseitig stabilisieren und gerade dadurch als Strukturelle Diskriminierung – in diesem Fall in Form von Rassismus, Migratismus und Antisemitismus – wirkmächtig sind. Keine Ebene kann für sich allein diesen Effekt erzeugen: Wie in einem Musikensemble, in dem jede Stimme ihren Beitrag leistet, damit ein Werk aufgeführt werden kann, erzeugen erst alle Ebenen zusammen die spezifischen Formen Struktureller Diskriminierung.

2.5 Systemische Intersektionalitäten

Diskriminierungsformen sind, wie weiter oben ausgeführt, Phänomene mit einer eigenen Geschichte und einer eigenen Gegenwart. Gleichzeitig stabilisieren sie sich gegenseitig, wofür wir den Begriff der Systemischen Intersektionalität verwenden.[5] Dieses Zusammenwirken unterschiedlicher Diskriminierungsformen wird im Social Justice und Diversity nicht als Addition von Diskriminierungserfahrungen verstanden, sondern als eine Verschränkung. Im

5 Der Begriff „intersectionality" (Intersektionalität) bzw. „intersectional oppression" (sich überschneidende Unterdrückung) hat seine politischen und wissenschaftlichen Wurzeln im US-amerikanischen Black Feminism. Die Nichtberücksichtigung von Rassismus in feministischen Diskursen und Genderdebatten erlebten Frauen aus den Black Communities als Ausgrenzung und Verschleierung. Der Begriff „intersectionality" wurde auf der wissenschaftlich-analytischen Ebene von Kimberlé Crenshaw (1998; 2004) eingeführt und von Patricia Hill Collins (1998) und anderen (u. a. Knapp/Wetterer 1999) weitergedacht. Crenshaw thematisierte die Zusammenhänge von Race und Gender in Kontexten von (häuslicher) Gewalt, während Collins beschreibt, wie die verschiedenen Unterdrückungssysteme sich wechselseitig konstituieren und stabilisieren. Bell Hooks wiederum thematisiert die Zusammenhänge von Race, Class und Gender (Hooks 2000b). Die Triade – Race, Class und Gender – wird in der bestehenden Literatur auch erweitert, beispielsweise um die Kategorie des Körpers (siehe Winker/Degele 2009). Wir erweitern diese Reihe um die Aspekte Alter, Beeinträchtigung, Sexualität, Migrationsgeschichte, Aussehen, Religion u. a., um auch Lebensrealitäten von Menschen aufzugreifen, deren Diskriminierungserfahrungen sich nicht auf die Triade beschränken. Darüber hinaus führen wir den Begriff der Systemischen Intersektionalität ein.

Unterschied zu Mehrfachdiskriminierung, der eine Person oder eine soziale Gruppe ausgesetzt sein kann, ist hier der Begriff der Gleichzeitigkeit zentral.

Als **Beispiel** kann das Phänomen der Altersarmut angeführt werden: Personen können einerseits von Armut und andererseits von Altersdiskriminierung getroffen sein. Im Social Justice und Diversity fragen wir nicht danach, welche der beiden Diskriminierungsformen relevanter oder schwerwiegender ist. Wir sprechen auch nicht von einer doppelten Diskriminierung. Vielmehr wenden wir den Blick auf die spezifischen Effekte, die im Zusammentreffen beider Diskriminierungsformen entstehen. So gerät in den Blick, dass Altersarmut auf der kulturellen Ebene mit relativ eigenständigen Bildern und Stereotypen einhergeht, die sich nicht aus der Addition der beiden Diskriminierungsformen ergeben (wie z. B. ‚die_der flaschensammelnde ältere Frau_Mann'). Auf der institutionellen Ebene lassen sich wiederum spezifische Einrichtungen identifizieren, beispielsweise Anlaufstellen für ältere arme Menschen mit jeweils eigenen Regelwerken. Auf der individuellen Ebene zeigen sich Stereotype von armen Menschen, die sich mit Stereotypisierungen von alten Menschen verschränken, beispielsweise in Bezug auf deren vermeintliche Nützlichkeit oder Leistung.

Systemische Intersektionalität bedeutet, die Spezifik der Verschränkung unterschiedlicher Diskriminierungsformen nachzuvollziehen. Sie fokussiert dabei auch die Ähnlichkeit der Mechanismen, die sich sowohl innerhalb der Diskriminierungsformen als auch zwischen ihnen aufzeigen lassen. Ein Beispiel hierfür sind Prozesse des *Othering*, bei denen Menschen mittels Stereotypisierung zu Anderen gemacht, als Projektionsfläche imaginiert und dadurch gleichsam ent-subjektiviert werden. In dieser Hinsicht dienen Diskriminierungsformen der Aufrechterhaltung und Verfestigung von Privilegien, der Konstituierung eines ‚Wir' und der Negativbestimmung dessen, was dieses ‚Wir' nicht sein oder werden soll (so wollen Menschen nicht von Armut getroffen werden oder wohnungslos sein, weshalb sich das ‚Wir' über die klassistische Abwertung von armen und wohnungslosen Menschen stabilisiert). Systemische Intersektionalität bedeutet darüber hinaus, dafür sensibel zu bleiben, dass diskriminierte Personen selbst Mechanismen und Prozesse des *Othering* bei gleichzeitiger Stereotypisierung verinnerlicht haben können. Insofern sie ebenfalls in einer Gesellschaft sozialisiert wurden, können daher auch diskriminierte Menschen an anderer Stelle Strukturelle Diskriminierung mit herstellen (eine von Altersarmut getroffene Person beispielsweise Antisemitismus, Rassismus oder Homo- und Trans*miseoismus).

Stereotype verstehen wir als vereinfachende Verallgemeinerung, die Menschen und sozialen Gruppen bestimmte Eigenschaften, Verhaltensweisen und Fähigkeiten zuweisen. Diese Zuschreibungen werden im Konzept Social Justice und Diversity immer als etwas Negatives aufgefasst, insofern sie auf Verallgemeinerung und Vereinfachung beruhen und der Komplexität und Unterschiedlichkeit von Menschen nicht gerecht werden. Selbst wenn manche Stereotype für Angehörige dominanter Gruppen positiv verwendet werden mögen, sind sie für jene negativ besetzt, deren (zugewiesene) Diversitätskategorien nicht in das normative Schema passen (so gilt z. B. Mobilität als eine positive Eigenschaft in Arbeitszusammenhängen, während sie im Hinblick auf Roma eine negative Zuschreibung ist). Stereotype sind bewegliche Kategorien. Manchmal finden sich dieselben Zuschreibungen in unterschiedlichen Diskriminierungsformen, manchmal lassen sich Wechselwirkungen oder Stereotypentransfers zwischen Diskriminierungsformen nachvollziehen (etwa in der Zuschreibung ‚moralischer Verdorbenheit und sexueller Freizügigkeit' bei Antisemitismus und Rassismus). Institutionelles oder individuelles Handeln aus Stereotypen abzuleiten, führt zur Re-/Produktion Struktureller Diskriminierung. Denn Stereotype haben mit den Verhaltensweisen und Eigenschaften jener Menschen, die sie treffen, nichts zu tun. Ihre konkrete Form gewinnen Sie vielmehr aus der Überschneidung von Gegenwart und der gesellschaftlich tief verankerten Diskriminierungsmatrix.

2.6 Wirkmächtigkeit der Diskriminierungsmatrix

Die **Diskriminierungsmatrix** erfasst die historische Verankerung und Systemische Intersektionalität von Diskriminierungsformen. Sie bildet ein gesellschaftliches Koordinatenfeld, indem sie Deutungsmuster bereitstellt, die sich auch den Individuen einschreiben und ihre Selbst- und Weltwahrnehmung strukturieren. In diesem Prozess übermittelt die Diskriminierungsmatrix nicht nur Stereotype und Diskriminierungswissen, sondern auch jene Diversitykategorien, die uns in der Gegenwart als gesellschaftliche Normalität begegnen. Durch diese historischen Schichtungen eines, wie Castoriadis (1984) es nennt, *gesellschaftlich-geschichtlichen Imaginären* hat die Diskriminierungsmatrix einen wesentlichen Anteil daran, wie sich Diskriminierungsformen in der Gegenwart manifestieren und trägt zu ihrer Stabilität und Reproduktion bei (siehe Kapitel 7.2.2). Der Begriff der Matrix unterstreicht dabei den strukturellen Aspekt von Diskriminierungsformen, der jedoch nicht als Determinismus verstanden werden soll: Weder ist die Entwicklung von Diversitykategorien und Diskriminierungsformen logisch-notwendig oder linear, noch soll ein Ursprung identifiziert werden, an dem die jeweiligen Kategorien und Diskriminierungsformen entstanden sind. Vielmehr öffnet die Frage nach dem Gewordensein der Kategorien den Blick für alternative Selbstentwürfe und gesellschaftliche Organisationsformen. Abbildung 2 veranschaulicht schematisch die Wirkung der Matrix.

Diskriminierungsmatrix
Fungiert als Nährboden für gegenwärtige Strukturelle Diskriminierung und ist gesellschaftlich-geschichtlich lief verankert. In ihrem Koordinatenfeld entfalten sich die einzelnen Diskriminierungsformen, die durch die Geschichte in die Gegenwart wirken – und darüber hinaus. Die einzelnen Diskriminierungsformen stabilisieren sich über Systemische Intersektionalität gegenseitig.

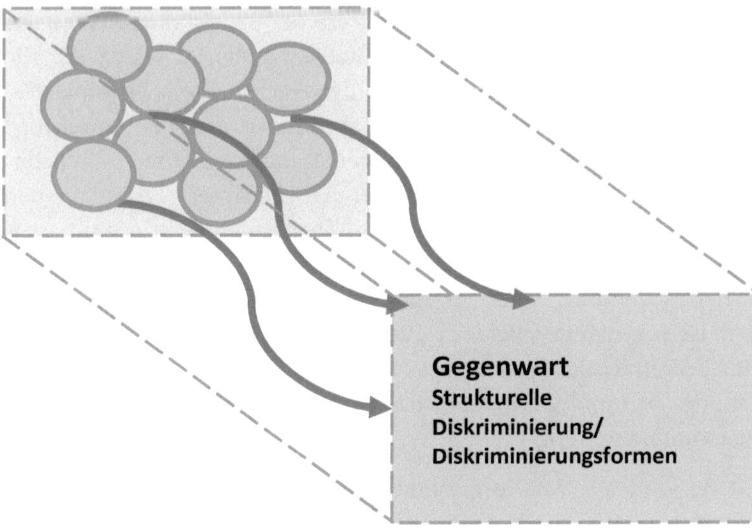

Abbildung 2: Diskriminierungsmatrix

Die Diskriminierungsmatrix stellt den gesellschaftlich-geschichtlichen Nährboden bereit, auf den diskriminierende Haltungen, Äußerungen und Handlungen fallen, wenn sie neu in eine Gesellschaft hineingetragen werden. Auf diese Weise können bestehende Diskriminierungsformen wiederum reproduziert, aktualisiert und neu erzeugt werden. Die Diskriminierungsmatrix bildet die Grundlage, auf der sich Haltungen, individuelle und kollektive Vorstellungen zu gesellschaftlichen Feldern (Wissenschaft, Kunst, Politik, Sport etc., siehe Bourdieu/Wacquant 1996) und Institutionen (Schule, Gerichte, Krankenhäuser etc.) verdichten. Weiterhin stabilisieren sich die unterschiedlichen Diskriminierungsformen in der Diskriminierungsmatrix gegenseitig – sie bildet damit die Grundlage für die bereits ausgeführte Systemische Intersektionalität (sie Kapitel 2.5). Jede_r Einzelne hat Teil an dieser Matrix – manche, indem sie Diskriminierung bewusst ausüben, andere, indem sie sie unbewusst reproduzieren, wiederum andere, indem sie von Diskriminierung getroffen werden. Eine Teilhabe an der Matrix kann auch bedeuten, diskriminierenden Praxen nichts zu entgegnen und die eigenen Privilegien zu genießen.

Die Wirkmächtigkeit von Geschichte in der Diskriminierungsgegenwart kann am **Beispiel** der Perspektive christlicher Gesellschaften auf Armut skizziert werden: Im christlichen Raum galt die Nächstenliebe als Mitzwa, als Gebot, das auf einer jahrtausendealten jüdischen Tradition basiert. So stellte man sich Armut und Reichtum als von Gott gegeben vor, wobei das Gebot der christlichen Nächstenliebe zugleich dafür sorgte, dass jeder Mensch einen Anspruch auf Nahrung, Kleidung und ein Dach über dem Kopf hatte. Dieses Recht wurde von den Klöstern verwirklicht. Im Zuge gesellschaftlicher Veränderungen, vor allem im Kontext der Entwicklung kapitalistischer Produktionsweisen, die die Landbevölkerung dazu zwangen, in die Städte zu ziehen, waren die Klöster zunehmend damit überfordert, ihr Gebot der Nächstenliebe einzuhalten. Vor diesem Hintergrund entstand ab dem 16. Jahrhundert die Differenzierung zwischen schuldhafter, individuell verursachter Armut und unverschuldeter Armut. Etwa zeitgleich wurden auch die ersten Arbeitshäuser gegründet (zuerst in London, dann in den Niederlanden und in Deutschland), in denen vor allem Menschen zusammengefasst wurden, die dem Bild des selbstverschuldeten Armen entsprachen und daher zur Arbeit verpflichtet wurden. Hierzu zählten beispielsweise sogenannte „Bettler", „verwahrloste Waisenkinder" sowie Menschen mit Beeinträchtigungen. Arme Waisen und Witwen hingegen galten als unverschuldet arm und wurden entsprechend weiterhin von den Klöstern unterstützt. (Kuhlmann 2014)

Zunächst verbunden mit der protestantischen Arbeitsauffassung, später, im 19. Jahrhundert, getragen durch den Utilitarismus unter dem Motto „Wer nicht arbeitet, soll auch nicht essen", sollten vermeintlich selbstverschuldete Arme durch spezielle Arbeitserziehung zu wirtschaftlich verwertbaren Menschen gemacht werden. Die Vorstellung selbstverschuldeter Armut zieht sich fortan durch die historischen Epochen, was hier nur stichpunktartig und in Bezug auf Deutschland gezeigt werden kann: Im deutschen Kaiserreich führte die Nichterfüllung der Arbeitspflicht auf Grundlage des Strafgesetzbuches von 1871, § 361 und § 362, zur Einweisung ins Arbeitshaus. Zur Zeit der Weimarer Republik wiederum ging die Einweisung kriminalisierter Armer in die Arbeitshäuser stark zurück, die Arbeitshäuser blieben jedoch bestehen. Im Nationalsozialismus konnten Menschen auf Grundlage des Strafgesetzbuches von 1933 (Geltung ab 1. Januar 1934), § 42d, als sogenannte „Asoziale" in ein Arbeitshaus eingewiesen werden, d. h. infolge einer Verurteilung wegen „Bettelns, Landstreicherei, Arbeitsscheuheit, Trunk- oder Spielsucht, Müßiggang" (ein bereits erfolgter Aufenthalt in einem Arbeitshaus konnte Grund für die Einweisung in ein Konzentrationslager sein). Nach dem Nationalsozialismus wurde das Arbeitshaus in der amerikanischen Befreiungszone vorübergehend abgeschafft, mit Gründung der Bundesrepublik Deutschland aber in allen ehemaligen Westzonen wieder eingeführt. Dem Strafgesetzbuch zufolge konnten wegen „Bettelei, Landstreicherei und Gewerbsunzucht" verurteilte Menschen in ein solches Arbeitshaus eingewiesen werden, mit dem Ziel, sie an ein „gesetzmäßiges und geordnetes“ Leben zu gewöhnen und zur Arbeit anzuhalten. Erst mit der Großen Strafrechtsreform von 1969 wurde das Arbeitshaus in der Bundesrepublik Deutschland abgeschafft. In der DDR stellte § 249 StGB die „Beeinträchtigung der öffentlichen Ordnung durch asoziales Verhalten“ unter Strafe. Der Paragraph wurde erst 1990 vollständig aufgehoben.

Mit dieser historischen Rekonstruktion wird deutlich, wie Geschichte sich in der Diskriminierungsmatrix festschreibt und die Diskriminierungsform fortlaufend aktualisiert. So findet die Zweiteilung des Menschenbildes in Bezug auf Armut in verschuldet und unverschuldet, Gut und Böse, auch in gegenwärtigen Debatten um Arbeitslosengeld II und Mindestsicherung statt. Das verdeutlicht eine noch nicht allzu weit zurückreichende Aussage des SPD-Politikers Franz Müntefering: „Nur wer arbeitet, soll auch essen“ (siehe Schuler 2010). Die Aufteilung in ein vermeintliches Verschuldet-Sein und Unverschuldet-Sein in Bezug auf die individuelle soziale Lage schafft eine Denkstruktur, die sich auch auf andere Lebens- und Handlungsbereiche ausweiten kann. Sie wird zur Quelle für die Einteilung in ‚wertvolle‘ und ‚weniger wertvolle‘ Menschen, die sich – ausgehend von Klassismus – dann auch in anderen Diskriminierungsformen wie Rassismus, Ableismus, Ageismus, Antisemitismus oder Antiromaismus/Antisintiismus wiederfinden lässt. Durch seine historische Verankerung in der Diskriminierungsmatrix und seine Materialisierung in gesellschaftlichen Feldern, Institutionen und individuellem Handeln erzeugt dieses Denken eine vermeintliche Plausibilität. Nicht zuletzt dadurch stellt es ein machtvolles Instrument zur Hierarchisierung, Bewertung und damit auch Regulierung unterschiedlichster gesellschaftlicher Gruppen bereit. In diesem Sinne übermittelt die Diskriminierungsmatrix die gedanklichen Werkzeuge, um Strukturelle Diskriminierung zu ermöglichen und zu aktualisieren.

2.7 Handlungsmöglichkeiten: Bündnisse und Verbündet-Sein

Hannah Arendt zufolge gestalten wir sprechend und handelnd die Welt (siehe Kapitel 7.2.1). Dabei stellen wir unterschiedliche Bedeutungen, Wirklichkeitsräume und zwischenmenschliche Beziehungen her, die sich über die Zeit niederschlagen in Institutionen, Gesetzen oder kulturellen Ausdrucksformen – und so die gesellschaftlich-geschichtliche Gegenwart prägen, in der wir leben. Wenn wir aber an der Erzeugung gesellschaftlicher Realitäten teilhaben, dann können wir, ob einzeln oder gemeinsam, auch an ihrer Umgestaltung und Veränderung arbeiten. Das handelnde Kollektiv setzt sich aus einzelnen Individuen zusammen, die sich aus jeweils bestimmten Gründen und mit dem Interesse, etwas zu verändern, für ein (gemeinsames) Handeln entschlossen haben. Im Konzept Social Justice und Diversity steht dabei nicht die jeweilige Identität der

Handelnden im Zentrum, sondern ihr Interesse, beispielsweise an einem bestimmten Thema oder an der Abschaffung von Diskriminierung im Allgemeinen. Im Idealfall treten die Handelnden nicht nur für eigene Belange, sondern auch für die Belange anderer ein. Die beteiligten Individuen bleiben zugleich einzigartig: Keiner gleicht dem anderen, weder in der Motivation noch in der Intention, weder in der Art und Weise des Handelns noch in der Art und Weise der Reflexion.

Den Zusammenschluss von Menschen, die ein bestimmtes gemeinsames Ziel erreichen wollen, bezeichnen wir als **Bündnisse**. In Bezug auf das Konzept Social Justice und Diversity beziehen sich Bündnisse immer auf Strukturelle Diskriminierung und die Intention von Individuen oder Gruppen, gegen diese vorzugehen. Bündnisse und Verbündet-Sein ermöglichen auch einen Zugang, um kollektives Handeln über identitätspolitische Grenzen hinaus denken zu können und auf gegenwärtige gesellschaftliche Herausforderungen zu reagieren. So ist Deutschland auch geprägt von einer Tradition diskriminierender Politiken und Praxen, die sich nicht zuletzt in einem Potential antidemokratischer und diskriminierender Einstellungen und Verhaltensweisen zeigt (siehe hierfür beispielsweise die *Studien zum autoritären Charakter*, Adorno 1973). Um dieser Tradition in der Gegenwart entgegentreten zu können, bedarf es neuer Bündnisse. Diese müssen einerseits von jenen getragen sein, die selbst zu den Diskriminierten gehören – andererseits aber auch von jenen, die zwar Privilegien innehaben, die aber ebenfalls an einer Bekämpfung von Struktureller Diskriminierung interessiert sind. Wenn wir uns nun vorstellen, dass dieser Prozess nicht nur in Bezug auf eine einzelne Diskriminierungsform stattfindet, sondern von allen getragen würde, die von Antisemitismus, Rassismus, Antimuslimismus, Sexismus, Ageismus, Lookismus, Klassismus, Ableismus oder Diskriminierung Ost etc. getroffen sind, so blieben nicht viele Menschen übrig, die nicht früher oder später Teil des Vorgehens gegen Strukturelle Diskriminierung würden. Die Umsetzung des Gedankens der Bündnisse birgt also im Rahmen von Social Justice und Diversity ein hohes Maß an politischem Gestaltungspotential.

Einem solchen Bündnis stehen nicht selten die Interessen, die gewohnten Denkweisen und Wahrnehmungsstrukturen der einzelnen Akteur_innen entgegen. Die Realisierung von Bündnissen setzt daher ein Umdenken voraus, zu dem das Social Justice und Diversity Training anregen möchte. Den Anfang eines solchen Umdenkens bildet eine thematische (Selbst-)Reflexion der Art und Weise, in der wir jeweils individuell Diskriminierung reproduzieren, sowie der Sprach-/Handlungen, die zu diskriminierenden Praxen beitragen. Anschließend kann es darum gehen, sich eine Haltung zu erarbeiten, die gesellschaftliche Pluralität und die Nicht-Hierarchisierung von Diskriminierungsformen ernst nähme und kein So-Sein über ein anderes So-Sein beziehungsweise kein Leiden über ein anderes Leiden stellt. Diese Haltung müsste auch ein Wissen darüber einschließen, wem Diskriminierungsstrukturen nützen (Konstituierung eines identitätspolitischen ‚Wir', Aufrechterhaltung von Privilegien etc.). Zugleich erfordern Bündnisse auch die Öffnung diskriminierter Gruppen, so sie sich zu einer Community zusammengeschlossen haben, hin zu anderen, neuen Bündnispartner_innen. Die Zugehörigkeit zur Gruppe der Lesben, Schwulen, Migrant_innen, Trans*Personen, Schwarzen Menschen, Juden_Jüdinnen oder Muslim_innen ist im Sinne des Social Justice und Diversity Konzeptes keine notwendige Voraussetzung, um gegen Strukturelle Diskriminierung und zugunsten der Rechte der jeweils diskriminierten Gruppen einzutreten. Aber auch die Bündnisse zwischen diskriminierten Gruppen setzen kein gemeinsames Identitätsmerkmal, kein identitätspolitisches ‚Wir' voraus. Vielmehr verweisen sie auf die Möglichkeit kollektiven Handelns mit dem gemeinsamen Ziel, Strukturelle Diskriminierung zu beseitigen. Eine der Voraussetzungen für eine solche Zusammenarbeit ist, dass wir lernen, nicht nur eine ‚Betroffenheitsperspektive' einzunehmen bzw. nur die je eigenen Diskriminierungserfahrungen wahrzunehmen und/oder sie als einzige ernst zu nehmen. Die Ablehnung Struktureller Diskriminierung jeglicher Art zielt vielmehr darauf, dass wir auch innerhalb der eigenen Kollektive aussprechen, dass Sexismus Sexismus, Antisemitismus Antisemitismus, Rassismus Rassismus ist – ungeachtet der Frage, wer diese Diskriminierung ausübt.

Social Justice und Diversity bedeutet, nicht die eine Perspektive gegen die andere auszuspielen. Dies heißt jedoch nicht, dass die Perspektive, die ich einnehme, beliebig wäre. So versuchen wir beispielsweise nicht, Täter_innen zu ‚verstehen', weil damit die Frage ins Zentrum der Betrachtung rücken würde, welche nachvollziehbaren (oder gar berechtigten) Gründe es für gewaltvolle Handlungen geben könnte. Ein solcher Fokus lässt die diskriminierende Tat und vor allem die von Diskriminierung Getroffenen in den Hintergrund rücken, was nicht im Sinne des Social Justice und Diversity Konzeptes ist. Vielmehr konzentrieren wir uns auf Möglichkeiten, wie sich unterschiedliche Gruppen – wenn auch nur momenthaft – für bestimmte Anliegen zusammenfinden können. Ein **Beispiel** hierfür ist die Aktion „[Stadt] trägt Kippa" vom 25. April 2018 in Berlin und anderen Städten Deutschlands. Die Aktion wurde von einem breiten gesellschaftlichen Bündnis gegen Antisemitismus getragen, nachdem es in den Monaten zuvor immer wieder zu antisemitischen Übergriffen und Gewalt gekommen war. Als weiteres Beispiel sind die Reaktionen auf die gewaltsamen rechten Ausschreitungen in Chemnitz zu nennen, wo sich am 3. Oktober 2018 ca. 65.000 Menschen unter dem Motto *#wirsindmehr* zu einem Konzert versammelten, um ein Zeichen gegen Rassismus zu setzen. Eine Aktivierung gegen Sexismus erfolgte über Soziale Netzwerke durch die Kampagne *#metoo*, die auf die Sozialaktivistin Tarana Burke zurückgeht und die ab Mitte

Oktober 2017 durch die Schauspielerin Alyssa Milano erst in den USA, dann auch in Europa populär wurde. Im Sommer 2018 schloss sich daran die weitgehend auf Deutschland beschränkte Anti-Rassismus Kampagne *#metwo*, angestoßen durch den Aktivisten Ali Can, an, bei der Erfahrungen mit Rassismus im Alltag ausgetauscht und diskutiert wurden. Eine weitere Strategie zur Ermöglichung von Bündnissen gegen Strukturelle Diskriminierung haben Max Czollek und Verbündete mit dem Modell der *Desintegration* entwickelt (siehe Kapitel 6.6).

Ein mit dem Konzept der Bündnisse verwandter, aber etwas anders gelagerter Ansatz ist das Verbündet-Sein. **Verbündet-Sein** beschreibt in Anlehnung an Arendt (siehe Kapitel 7.2.1) eine Art der politischen Freundschaft, in der die Anliegen der Anderen die je eigenen Anliegen sind – ohne dabei paternalistisch zu sein. Es handelt sich um eine spezifische Form der Solidarität, bei der nicht das Ich im Zentrum steht, sondern die Anderen, die einem nicht gleichen. Das Verbündet-Sein beschreibt ein Verhältnis zwischen Menschen, die im Kontext bestimmter Diskriminierungsformen Privilegien haben, und Menschen, die in diesem Kontext keine Privilegien besitzen. Ein Mensch kann im Sinne von Social Justice und Diversity zur_zum Verbündeten werden, wenn sie_er in bestimmten Bereichen und Feldern ihre_seine soziale Macht – mit Bourdieu gesprochen: sein ökonomisches oder kulturelles Kapital (siehe Kapitel 7.3.1) – nutzt, um sich gegen Strukturelle Diskriminierung nicht-privilegierter Menschen einzusetzen. So kann eine Person beispielsweise in Bezug auf ihre soziale Herkunft zwar zur nicht-privilegierten Gruppe, in Bezug auf Geschlecht und sexuelles Begehren aber zur privilegierten Gruppe gehören. Aus dieser privilegierten Situation heraus kann diese Person Verbündete sein für Menschen, die aufgrund ihres Geschlechts und/oder sexuellen Begehrens Diskriminierung erfahren. Während die klassischen Formen von Solidarität die Kategorie ‚ihresgleichen' forcieren,[6] geht es im Rahmen des Verbündet-Seins darum, für die Anderen einzutreten – ungeachtet von Sympathie, emotionaler Nähe, Angehörigkeit zu einer Gruppe oder Eigennutz. Das Verbündet-Sein operiert also nicht nach dem Prinzip der Mitgliedschaft, demzufolge wir solidarisch sind, wenn wir dazugehören. Stattdessen rückt das Interesse an Veränderung und das Interesse an Anderen in ihrem jeweiligen So-Sein ins Zentrum.

Beim Verbündet-Sein geht es um Sprach-/Handlungen zur Unterstützung einzelner oder sozialer Gruppen und um die Eröffnung von Handlungsräumen für jene, die von Struktureller Diskriminierung getroffen sind: auf der individuellen

---

6 Beispielsweise die *Verbundenheitssolidarität*, die Zusammengehörigkeitsgefühle zwischen den Mitgliedern einer sozialen Gruppe hervorhebt, oder die *Bewegungssolidarität*, die soziale und politische Bewegungen betrifft, deren Zusammenhalt auf identitätslogischen Merkmalen gründet (z. B. ‚Frauen sind mit Frauen solidarisch'). Siehe dazu Mau 2008.

Ebene (Wen unterstütze ich wie, wem höre ich zu, wie verhalte ich mich, was tue ich?), auf der institutionellen Ebene (Wo engagiere ich mich gegen institutionell festgeschriebene diskriminierende Praxen zugunsten anerkennender Umgänge?) und auf der kulturellen Ebene (Wo und wie gestalte ich Diskurse mit, wo vermittle ich plurale Werte?). Dabei können auch *irritierende Strategien* zum Einsatz kommen. **Beispiele** für solche Strategien sind das bewusste und reflektierte Wechselspiel von *Doing* und *Undoing*, bei dem Menschen mit Privilegien angesprochen sind, von Diskriminierung getroffene Menschen zu unterstützen. Bezogen auf Gender bezeichnet *Doing* den Prozess der Ein- und Anpassung von Menschen in stereotype, durch Auf- und Abwertung strukturierte, hierarchische Verhältnisse (Zweigeschlechtlichkeit, Heteronormativität). *Undoing* bezeichnet die Praxis, stereotype Zuschreibungen von Geschlechterrollen zu problematisieren, ihnen entgegenzuwirken und sowohl die Geschlechtervielfalt als auch die Möglichkeit von Geschlechterrollen zu pluralisieren (siehe Kapitel 3.3).

Diese Strategie kann auch an einem **Beispiel** in Bezug auf Ableismus verdeutlicht werden: Institutionen haben bestimmte Auflagen, Zugänge barrierefrei zu gestalten. In Absprache mit Verbänden für Menschen mit Beeinträchtigungen kann die Inklusionsbeauftragte im Sinne des *Undoings* Vorstellungen und Erwartungen irritieren, indem sie die Institution beispielsweise in einem Rollstuhl begutachtet. *Undoing* kann aber auch eine Reihe von Verhaltensweisen in beruflichen Kontexten bedeuten, die konträr zu verankerten Rollenausübungen liegen. Ein *Undoing* von Gender, Herkunft oder Identität irritiert, indem es sich gegen Festschreibungen und Kategorisierungen eindeutiger (Gruppen-)Identitäten ausspricht. Dabei ist wichtig, dass Strategien des *Doing* und *Undoing* kein Allheilmittel sind; nicht immer ergeben sie Sinn, sind sie möglich oder auch nur erwünscht. Verbündete zeichnen sich dadurch aus, dass sie diskriminierende Praxen unterbrechen und gleichzeitig die Perspektive derjenigen beachten, die von Diskriminierung getroffen sind.

Irritierende Strategien lassen das jeweils Besondere bestehen, stellen Komplexität, Vielperspektivität und neue Relationen her. Einen solchen Effekt hat auch die **Positionierung in der Nicht-Positionierung** als Ermöglichung von Verbündet-Sein, wie wir sie im Social Justice und Diversity Konzept ansetzen. Ihre Intention ist es, Dinge dort in der Schwebe zu belassen, wo Menschen durch Fremdzuschreibungen und stereotypisierend-normative Vorgaben in ein Korsett gezwungen werden. Die Positionierung in der Nicht-Positionierung beabsichtigt, sich normativen und identitätslogischen Zu- und Festschreibungen radikal zu entziehen. Gleichzeitig beinhaltet sie eine Aufforderung, sich jeweils themenbezogen gegen Strukturelle Diskriminierung jeder Form zu positionieren. So haben auch diejenigen, die von Diskriminierung getroffen sind, die Möglichkeit, sich zu entscheiden, wie sie sprechen und handeln wollen.

Als **Beispiel** folgende Situation: Eine Person beginnt seine_ihre Bewerbung auf eine Stelle mit den Worten „Ich bin verheiratet, habe zwei Kinder und bin katholisch." Wenn der_die Bewerber_in sich mit Menschen verbündet sieht, die von einer solchen heteronormativen Interaktion ausgeschlossen werden, könnte er_sie diese Einführung auslassen. Damit würden andere Bewerber_innen nicht in die Situation gebracht, sich mit ihrer Biographie als Teil einer diskriminierten Gruppe verorten zu müssen. Weniger bekannt ist folgender Einstieg: „Ich bin nicht verheiratet, habe keine Kinder, bin Jüdin und lesbisch". Diese Strategie des Verbündet-Seins könnte auch relevant sein, wenn sich eine Jüdin beispielsweise in ein queer-feministisches Umfeld begibt, in dem sich Vertreter_innen der antisemitischen BDS-Kampagne (Boykott, Desinvestitionen und Sanktionen gegen Israel) oder Kritiker_innen an der zugeschriebenen Queerfreundlichkeit Israels finden.[7] Ein_e Verbündete_r könnte sich auf der jüdischen Seite positionieren, um diese Position zu stärken und Isolation zu verhindern – und der von Diskriminierung getroffenen Person die Möglichkeit zu geben, selbst zu entscheiden, wie sie sprechen und handeln möchte.

Verbündet-Sein im Sinne von Social Justice und Diversity intendiert die Suche nach Handlungsoptionen und möglichen Strategien, Strukturelle Diskriminierung zu unterbrechen und diejenigen Menschen zu unterstützen, die von Diskriminierung getroffen sind. Ein Ziel ist dabei nicht zuletzt die Wahrnehmbarmachung der radikalen Verschiedenheit von Menschen. Analog zur Prämisse der Selbstreflexion, wie wir sie in Bezug auf Bündnisse beschrieben haben, setzt Verbündet-Sein die Reflexion eigener Privilegien, ein kritisches Bewusstsein für eigene Gruppenzugehörigkeiten und Identitäten sowie ein Wissen um die strukturellen Dimensionen von Diskriminierungsformen voraus. Mit Sprach-/Handlungen übernehmen Verbündete Verantwortung dafür, Diskriminierungsstrukturen und -mechanismen zu thematisieren und zu unterbrechen und öffnen dadurch Räume, in denen die je diskriminierten Perspektiven (wie queere, jüdische, migrantische oder Arbeiter_innen-Perspektiven) sichtbar werden können. Darüber hinaus geht es beim Verbündet-Sein auch darum, den Blick auf den Einbezug anderer (potentieller) Verbündeter zu richten, um die eigenen Wirkungsmöglichkeiten zu verstärken.

2.8 Radical Diversity als konkrete Utopie

Als **Radical Diversity** bezeichnen wir eine konkrete Utopie im Sinne von Ernst Bloch (1985): Selbst wenn die gesellschaftlichen Realitäten derzeit noch dage-

7 Diese Form der Israelkritik operiert mit dem Begriff des ‚Pinkwashings'. Einen guten Überblick hierzu geben Haug 2018 und Czollek/Perko 2018.

gen sprechen, lässt sich doch eine Situation vorstellen, in der eine inklusive und partizipative, alle Menschen in ihrer radikalen Verschiedenheit anerkennende Gesellschaft verwirklicht ist. Radical Diversity meint nicht nur ein abstraktes Ziel, sondern eine kritische Praxis, der es um die Veränderung homogener öffentlich-politischer Räume, Institutionen, kultureller Praxen und Diskurse hin zu einem Mainstream der radikalen Verschiedenheit, Vielfalt und Heterogenität in ihrer Komplexität geht. Das Social Justice und Diversity Konzept und Training orientiert sich an dieser Vorstellung. Das bedeutet, dass wir uns nicht nur für eine Politik der Vielfalt aussprechen, die auf die affirmative und partizipative Anerkennung der Verschiedenheit und gleichzeitig auf die politische, rechtliche und gesellschaftliche Gleichheit von Menschen zielt (immer eingedenk des normativen Referenzrahmens der Einhaltung der UN-Menschenrechtscharta und der Gewaltfreiheit). Vielmehr verstehen wir das Training selbst als Teil einer solchen Politik der Vielfalt in Richtung einer Realisierung eines Radical Diversity.

Radical Diversity bedeutet, auf eine Gesellschaft hinzuarbeiten, in der keine Gruppe eine andere Gruppe oder ein Individuum und kein Individuum ein anderes Individuum oder eine Gruppe diskriminiert. Unser Blick richtet sich dabei auch auf die Realisierung von Umweltgerechtigkeit (Natur, Tiere, Klima). Für eine Veränderung der Gesellschaft hin zu einem Radical Diversity ist der Gedanke der Transformation zentral: nicht zuletzt setzt eine Veränderung dieser Art eine Neu- und Umverteilung von ökonomischen und anderen Ressourcen voraus. In gleichem Maße erfordert sie das Vorgehen gegen tradierte Wissensbestände und Stereotype, die einzelne Menschen oder Gruppen immer wieder als ‚überlegen', ‚richtig' oder ‚normal' und andere als ‚abweichend' oder ‚nicht-normal' erscheinen lassen. In einer Situation des realisierten Radical Diversity wäre Social Justice als Anerkennungs-, Verteilungs-, Befähigungs- und Verwirklichungsgerechtigkeit umgesetzt, ohne dabei der Vorstellung zu erliegen, dass damit das goldene Zeitalter angebrochen wäre. Auch, weil Menschen nicht programmierbar sind und einen freien Willen haben, bedeutet Social Justice und Diversity noch im Erreichen der eigenen Zielsetzungen einen nicht abschließbaren Prozess der fortlaufenden Reflexion möglicher neu entstehender Formen Struktureller Diskriminierung.

Die konkrete Utopie des Radical Diversity wird im Training nicht zuletzt durch das Ausloten von Handlungsoptionen immer wieder in den Blick genommen, durch die in verschiedenen Arbeits- und Lebensbereichen Interventionen wirksam werden können, um Strukturelle Diskriminierung zu unterbrechen. Darüber hinaus führt das Modul „Perspektivenverschiebung und Empowerment" (Kapitel 4.13) in die Vielstimmigkeit gegenwärtiger Interventionen gegen Formen Struktureller Diskriminierung und ihre konkreten Manifestationen ein.

3 Methoden im Training

Dieses Kapitel beschreibt die methodischen Zugänge, die wir für das Social Justice und Diversity Training entwickelt haben. Hierfür gehen wir zunächst auf einige Maximen des Arbeitens ein und reflektieren die dem Training zugrunde liegenden Lernzugänge. Ferner beschreiben wir die für den Ansatz charakteristische konstruktivistische Perspektive mit dem Ziel der Pluralisierung von Zugängen zu Diversity sowie die Bedeutung anerkennender Sprache für den Trainingskontext. Das Kernstück des methodischen Ansatzes bildet die Mahloquet als ethisch-dialogische Haltung und dialogische Gesprächsform – diese wird im vorliegenden Kapitel sowohl vorgestellt, als auch hinsichtlich ihrer Umsetzung im Training reflektiert.

3.1 Maximen des Arbeitens

Zentrale Gegenstände des Social Justice und Diversity Trainings sind die Thematisierung und Reflexion von Struktureller Diskriminierung und damit von gewaltvollen Themen. Im Umgang mit den Teilnehmer_innen sind folgende Maximen des Arbeitens zentral:

- Es geht um die Öffnung von Denkräumen, das Aushalten unterschiedlicher Perspektiven und neuer Erfahrungen.
- Die verschiedenen Diskriminierungsformen werden nicht hierarchisiert.
- Der Fokus liegt auf den strukturellen Dimensionen von Diskriminierung, die allen Diskriminierungsformen zugrunde liegen.
- Es geht um ein Erleben der Sinnhaftigkeit, miteinander statt gegeneinander zu denken und zu handeln.
- Niemand wird gezwungen oder persönlich aufgefordert, sich zu äußern.
- Es gibt keine ‚erwünschten' Antworten von Teilnehmer_innen.
- Es wird keine Interpretation seitens der Trainer_innen über mögliche psychologische oder biographische Hintergründe von Beteiligung, Sprechen oder Nicht-Sprechen vorgenommen.
- Es gibt keine Norm, wie eine Beteiligung von Teilnehmer_innen auszusehen hat (manche sprechen, manche sprechen nicht, manche stehen, manche sitzen etc.).
- Schweigepausen sind im Training erwünscht und dienen dem Nachdenken, der Reflexion über die jeweilige Thematik.

- Es gibt keine Sprechverbote, sondern die Aufforderung, Verantwortung zu übernehmen für das, was jede_r Einzelne sagt (reflektierendes Sprechen, anerkennende Sprache).
- Es geht nicht um Moralisierung und Beschämung, sondern um Verstehen und Reflexion.

3.2 Lernzugänge und themen- sowie handlungsbezogene Reflexion

Im Social Justice und Diversity Training gehen wir davon aus, dass unterschiedliche Zugänge zu Lernen und Verstehen, aber auch zu Theorie und Praxis existieren. Dabei kann Lernen sowohl durch Textlektüre, Recherche oder den dialogischen Austausch stattfinden, als auch durch Gefühle, Erfahrungen und praktisches Handeln. All diese Zugänge begreifen wir als Formen einer intellektuellen Praxis (siehe auch Kapitel 5). Zentral ist die Ausrichtung auf einen *verstehenden und reflektierenden Zugang zur Welt* und zu den Themen, die sich jeweils im Zentrum der dialogischen Auseinandersetzung befinden. Denken und Fühlen stehen dabei immer in einem Zusammenhang, insofern das Fühlen das Denken und, umgekehrt, das Denken auch das Fühlen mitbestimmen.

Dem Social Justice und Diversity Training liegt demnach ein offener Begriff des Lernens zugrunde. Eine wichtige Intention ist die Entwicklung eines systemisch-intersektionalen und strukturellen Zugangs zu Fragen gesellschaftlicher Diskriminierung, wobei die Themen aus unterschiedlichen Perspektiven reflektiert werden sollen. Die Erfahrung des Geltendmachens und Gehörtwerdens der eigenen Perspektive kann dabei ebenso im Zentrum des individuellen Lernprozesses stehen wie das Erwerben neuen Wissens zu bestimmten Diskriminierungsformen. Entscheidend für den Lernraum im Training ist daher eine Sensibilität für den Prozess des Lernens, die eigenen Verwobenheiten in diskriminierende Strukturen sowie die Suche nach Handlungsspielräumen. In Bezug auf den Lernraum sprechen wir von *Lernen in der Begegnung* sowie *Lernen an Wendepunkten*:

Lernen in der Begegnung

- Lernen wird als ein experimenteller Prozess verstanden, der sich aus der Begegnung mit Anderen ergibt.
- Lernen erfolgt durch den Austausch unterschiedlicher Perspektiven.
- Lernen findet im dialogischen Raum als dialogischer Prozess statt.

Lernen an Wendepunkten

- Wenn Menschen Neues, Unvertrautes, Herausforderndes lernen, können sie sich zuweilen an Wendepunkten bewegen:
  – Die Perspektiven werden gewechselt.
  – Gewissheiten werden irritiert, erschüttert.
  – Das Verständnis von etwas wird erweitert.
  – Es kann eine Perspektivenvielfalt entstehen.

Woran erkennen wir, dass wir uns eventuell an einem Wendepunkt beim Lernen befinden?

- Langeweile
- Ärger
- Schweigen
- sich belästigt fühlen
- Wut
- Angst
- defensive Haltung
- Irritation/Verwirrtheit
- Überraschung
- freudiges Erstaunen
- plötzliches Verstehen

Diese Gefühle sind wichtig, weil sie den Prozess des Lernens begleiten – sie können anzeigen, dass vermeintlich gefestigte Denk- und Handlungsstrukturen erschüttert werden.

Eine Offenheit für unterschiedliche Lernzugänge zeigt sich im Social Justice und Diversity Training auch durch den Rückgriff auf ein vielfältiges Methodenrepertoire und die Möglichkeit, Übungen mit frei gewählten Methoden zu bearbeiten. Themen- und handlungsbezogene (Selbst-)Reflexionen spielen dabei eine wichtige Rolle, allerdings nicht hinsichtlich der Frage, wie die Teilnehmer_innen sich bei der Auseinandersetzung mit Diskriminierungsformen jeweils fühlen – in diesem Sinne ist der Lernraum kein therapeutischer Raum –, sondern bezüglich der Themen selbst, d. h. der Diskriminierungsformen und ihrer Systemischen Intersektionalität. Die Intention der Reflexionsarbeit ist die Bewusstwerdung über Mechanismen und Strukturen von Diskriminierung. Diese Einsichten bilden die Grundlage für die Entwicklung von Handlungsmöglichkeiten gegen unterschiedliche Diskriminierungsformen, aus denen Handeln entstehen kann.

3.3 Von der Konstruktion zur Pluralisierung

Der methodische Zugang im Social Justice und Diversity Training schließt an eine konstruktivistische Perspektive an, also an die Idee, dass über Sprache und Handeln gesellschaftliche Bedeutungen und Wirklichkeitsräume hergestellt und somit gesellschaftliche Realitäten geschaffen werden. So ist die Kategorie Frau beispielsweise in Abgrenzung zur Kategorie Mann gesellschaftlich hergestellt und beruht auf bestimmten, historisch-ideengeschichtlich tief verankerten Vorstellungen von biologischem und sozialem Geschlecht. Beiden Kategorien wurden in unterschiedlichen historisch Kontexten jeweils bestimmte Bedeutungen (in Bezug auf Charaktereigenschaften, Aufgaben, Funktionen, Rollen etc.) zugewiesen, die in einem hierarchischen Verhältnis zueinander stehen und die gesellschaftliche Realität erlangten und erlangen. Als Diversitykategorien stehen Mann und Frau in einem konstitutiven Zusammenhang mit Struktureller Diskriminierung. Hier kann eine Gegenstrategie ansetzen, denn gerade weil Gesellschaften ihre Diversitykategorien immer wieder neu herstellen müssen, können diese auch in der Schwebe gelassen, verschoben und hinsichtlich ihrer Konstruktionsbedingungen kritisch befragt und neu gedacht werden. Dieses Verfahren ließe sich in einem allgemeinen Sinne als de-konstruktivistisch bezeichnen.[8] Dabei wäre Dekonstruktion nicht nur eine Methode, ein Verfahren, das auf verschiedene Kontexte angewendet werden kann, sondern auch eine Art des Denkens, des verstehenden Nachvollziehens und Hinterfragens.

Die dekonstruktivistische Perspektive manifestiert sich im Social Justice und Diversity Training in einer Praxis des *Undoing Identity* bzw. *Undoing Diversity*: in einer Strategie also, sich gegen Festschreibungen und Kategorisierungen von eindeutigen (Gruppen-)Identitäten von Menschen zu richten. Insofern gilt, dass die (Fremd-)Zuschreibung einer (eindeutigen) Identität Einzelner oder bestimmter Gruppen im gemeinsamen Gespräch immer wieder hinterfragt wird. Das *Undoing Identity* bzw. *Undoing Diversity* steht einem *Doing Identity* bzw. *Doing Diversity* als dem Festschreiben und der Reproduktion eindeutiger (Gruppen-)Identitäten im Zeichen eines identitätspolitischen ‚Wir', im Zeichen also des Einschlusses mancher und der Ausgrenzung anderer, diametral gegen-

8 Wir verstehen den Begriff ‚dekonstruktivistisch' hier als den Gegenpart zum Begriff ‚konstruktivistisch'. Während das Konzept der Dekonstruktion für gewöhnlich mit der französischen poststrukturalistischen Theorietradition in Verbindung gebracht und zumeist auf Jacques Derrida zurückgeführt wird, weicht unser Ansatz in wesentlichen Punkten von dieser Tradition ab. Die Pluralisierung von Kategorien und/oder die Kritik an eindeutigen Festschreibungen verstehen wir nicht als textliches oder sprachkritisches Verfahren *um seiner selbst willen*, also losgelöst vom jeweiligen historischen und gesellschaftlichen Kontext, sondern stets im Hinblick auf konkrete gesellschaftliche Macht- und Herrschaftsverhältnisse.

über. Bezogen auf das Training sind wir dabei mit einem Dilemma konfrontiert: Einerseits gilt es, für Differenzen von Menschen aufmerksam zu sein, und andererseits, keine verallgemeinernde Festschreibung von Menschen oder sozialen Gruppen auf bestimmte Merkmale oder Verhaltensweisen vorzunehmen. Diesem Dilemma begegnet das Training, indem die sprachlichen, historischen und allgemein epistemischen Bedingungen der Konstruktion der Kategorien selbst immer wieder thematisiert werden. Dadurch wird sichtbar, wie beispielsweise Stereotype über Menschen und Gruppen gesellschaftlich hergestellt werden und wie sie aufgebrochen, transformiert und (Selbst-)Entwürfe in ihrer Vielfalt gezeigt werden könnten. Das Aufzeigen von Vielfalt ist dabei kein Selbstzweck, sondern dient der Erweiterung und Pluralisierung dessen, was als Diversity überhaupt wahrnehmbar ist und damit gesellschaftliche Anerkennung erfahren kann.

Die Spezifik des Social Justice und Diversity Konzeptes besteht darin, auf eine Pluralität im transformativen Umgang mit Struktureller Diskriminierung zu pochen, also einen Raum zu erzeugen, der unterschiedliche Sichtweisen auf Diskriminierung und unterschiedliche Strategien gegen sie zulassen kann. Dies ist nicht zuletzt deshalb sinnvoll, weil auch die Gegenstrategien je nach Diversitykategorie variieren. Einer queeren Geschlechtervielfalt geht es beispielsweise um die Kritik der Kategorien ‚Frau' und ‚Mann' als vermeintlich einzig gültige Geschlechterkategorien. Bei einer Kritik der Kategorie ‚arme Menschen' liegt der Fokus eher darauf, dass es keine Menschen mehr geben soll, die arm sind. Bei der Kategorie ‚Jude_Jüdin' läge das Ziel einer Gegenstrategie wiederum nicht in der ‚Auflösung' der Kategorie, sondern in der Herstellung von Bedingungen, die jedem_r Einzelnen die Möglichkeit böte und die freie Wahl ließe, jüdisch zu leben. Damit wird im Konzept Social Justice und Diversity die kritische Hinterfragung von Kategorien also nicht um ihrer selbst willen, sondern immer in Bezug auf Strukturelle Diskriminierung und den konkreten historischen und gesellschaftspolitischen Kontext betrieben. Für eine solche Praxis kontextspezifischer Macht- und Herrschaftskritik verwenden wir den Begriff der *Pluralisierung*. Pluralisierung bezeichnet dabei zugleich eine theoretische Perspektive auf Diversitykategorien und eine Strategie, um Strukturelle Diskriminierung zu unterbrechen und ein Radical Diversity zu realisieren.

3.4 Anerkennende Sprache

Im Social Justice und Diversity Training lernen Teilnehmer_innen, sich sprachlich-dialogisch zu begegnen. Das Training legt dabei ein weites Verständnis von Sprache zugrunde, welches nicht nur die Artikulation von Worten, sondern auch Gestik und Mimik einschließt. Sprache ist eine Form der Handlung und kann auf andere Menschen verletzend und diskriminierend oder wertschätzend und anerkennend wirken. Sprachliche Äußerungen können also eine Form von Gewalt sein und zur Herstellung Struktureller Diskriminierung beitragen: verbal, nonverbal oder als Text. Im Rahmen des Social Justice und Diversity Trainings ist es daher notwendig, eine Sensibilität dafür zu entwickeln, wie das von einem jeweiligen Ich (bewusst oder unbewusst) Geäußerte auf andere Menschen wirken kann und welche Perspektive auf die Welt sich darin zeigt: „Sprache war und ist nirgends und zu keiner Zeit ein unpolitisches Gehege, denn sie lässt sich von dem, was einer dem anderen tut, nicht trennen. [...] Man muss ihr jedes Mal aufs Neue ablauschen, was sie im Sinn hat. [...] In jeder Sprache, das heißt in jeder Art des Sprechens, sitzen andere Augen." (Müller 2003: 39)

Sprache, die mit bestimmten Denkschemata verbunden ist, ist durch zwei Momente charakterisiert: einerseits durch ihre identitäts- und mengenlogische Dimension, andererseits durch ihre magmalogische (mehrlogische) Dimension (Castoriadis 1974; 1984). Ersteres bedeutet, dass Sprache so strukturiert ist, dass ihr durch Bestimmungen und Kategorisierungen exkludierende Momente inhärent sind, insofern aus A notwendigerweise B folgt (normative Logik). Daraus ergeben sich bewertend-hierarchisierenden Polarisierungen, die nicht selten die Basis diskriminierender Äußerungen bilden (beispielsweise gründen Rassismen in der deutschen Sprache auf derartige Polarisierungen). Zweiteres bedeutet, dass Sprache immer über diese normative Logik hinausgeht, einen Bedeutungsüberschuss produziert, offen ist für neue Bedeutungen und Bedeutungskreationen. Dies birgt das Potential, Sprache zu verändern und zu einem kritischen Instrument gegen Diskriminierung zu machen. Zugleich findet Sprache immer in einem gesellschaftlichen Kontext statt, also innerhalb von Macht- und Herrschaftsverhältnissen. Die Reflexion dieses Eingebundenseins ist Grundlage dafür, wie wir mit Sprachhandlungen im Sinne eines Handelns gegen Strukturelle Diskriminierung umgehen.

Menschen können durch Äußerungen diskriminiert werden, selbst wenn die sprechende Person das Geäußerte nicht diskriminierend gemeint hat oder verstanden wissen möchte. Die Möglichkeit des Nicht-Verstehens erfordert eine prinzipielle Offenheit für die Perspektive des_der Empfänger_in und das Ernstnehmen einer Diskriminierungserfahrung, selbst wenn mir diese nicht unmittelbar nachvollziehbar oder gar ungerechtfertigt erscheint. Das Absprechen einer Diskriminierungserfahrung bedeutet – im Umkehrschluss – eine Verschärfung der Diskriminierungssituation, insofern die Erfahrung des Anderen dabei dem Festhalten an meinem eigenen Selbstbild als nicht-diskriminierender Person untergeordnet wird. Weitere Brisanz erlangen Sprachakte, wenn das Geäußerte auch hinsichtlich des Nicht-Gesagten bedacht wird, was an folgendem **Beispiel** verdeutlicht werden kann: Würde im Social Justice und Diversity Training von den Trainer_innen kommuniziert, dass ihnen ein Beitrag ‚sehr gut' gefalle, dann wäre damit weit mehr gesagt als tatsächlich ausgesprochen, nämlich, dass die vorhergehenden Beiträge ‚nicht so gut', ‚langweilig', ‚völlig daneben' waren. Die ausgesprochene Aufwertung der Einen implizierte so im Nicht-Gesagten eine Abwertung der Anderen.

Eine anerkennende Sprache im Sinne des Social Justice und Diversity Konzeptes gebietet Achtsamkeit und die Reflexion dessen, was sich als normative Selbstverständlichkeit zuweilen tief in die eigenen Denk- und Handlungsmuster eingeschrieben hat: der Anspruch, immer alles ‚ehrlich' und ‚authentisch' sagen zu wollen. Unklar bleibt dabei nicht selten, was Ehrlichkeit und Authentizität eigentlich bedeuten. Der Begriff ‚authentisch', von Authentizität (altgriechisch *authentikós* „echt"; spätlateinisch *authenticus* „verbürgt", „zuverlässig"), bedeutet Echtheit im Sinne von ‚als Original befunden'. Dieser Wortbedeutung zufolge wäre ein Ich also auch dann ‚authentisch', wenn es gemäß der eigenen Befindlichkeit andere Menschen beschimpft, verbal verletzt oder mögliche verinnerlichte und unreflektierte Stereotype mit der vermeintlichen Gewissheit äußert, recht zu haben. Im Rahmen des Social Justice und Diversity Ansatzes wäre eine solche ‚authentische Rede' jedoch nicht für eine dialogische Begegnung geeignet, sondern sie wäre zuallererst ‚diskriminierende Rede' und damit eine zu reflektierende und zu vermeidende Sprachhandlung. Die Zuweisung des Adjektivs ‚authentisch' verweist zudem selbst auf Machtstrukturen, weil sie auf einer Instanz beruht, die manchen Personen eine bestimmte Eigenschaft als authentisch bestätigt oder als nicht-authentisch abspricht.

Ein Wissen um mögliche Wirkungsweisen von Sprachhandlungen bedeutet eine diskriminierungskritische Sensibilität für Perspektivenvielfalt, die eine Grundlage der Gesprächsmethode Mahloquet darstellt. Mit Sensibilität ist kein Sprechverbot gemeint (wie es aktuell nicht selten – aber missverständlich – als Kern einer *political correctness* imaginiert wird), sondern ein Verständnis dafür, dass Sprache diskriminierend sein kann, selbst wenn das der Intention des_der Sprecher_in nicht entspricht. Dies kann die Reflexion nationalsozialistischer Sprachbilder betreffen, die in die gegenwärtige Alltagssprache einer postnationalsozialistischen Gesellschaft eingeflossen sind bzw. fortgeschrieben wurden; oder auch Rassismen in der Sprache, die sich in einer postkolonialen Gesellschaft auch in kolonialen Sprach-/Bildern manifestieren. Eine anerkennende (nicht-diskriminierende) Sprache ermöglicht eine zuhörende und fragende Aufmerksamkeit, bei der die Perspektiven der jeweils Anderen sichtbar werden können. Anerkennende Sprache liefert dabei keine Garantie, niemals verbal zu diskriminieren – vielmehr wird diese Möglichkeit im Social Justice und Diversity Training immer mitgedacht. Durch Zuhören, Fragen und das Innehalten im Denken soll eine Bereitschaft markiert werden, sich im Rahmen einer nie vollständig kontrollierbaren – da mit dem Anderen in seiner Andersheit befassten – dialogischen Situation auch mit unbekannten, unvorhersehbaren und nicht intendierten verletzenden Handlungen auseinanderzusetzen. Eine diskriminierungskritische Sensibilität für Perspektivenvielfalt in der Sprache kann folglich dazu beitragen, einen Raum im Sinne von Social Justice und Diversity zu etablieren, der Strukturelle Diskriminierung nicht als gegeben akzeptiert.

3.5 Mahloquet – methodische Grundlage des Trainings

Die Methode der Mahloquet (dialogisches Streitgespräch) haben wir eigens für das Social Justice und Diversity Training entwickelt. Sie geht auf die jüdische Tradition der Interpretation religiöser Texte zurück und ist für das Training aus dem religiösen Kontext herausgenommen und entsprechend modifiziert worden (siehe Kapitel 7.4). Die Mahloquet ist dabei dialogische Gesprächsform und ethisch-dialogische Haltung zugleich, die gleichberechtigte Perspektivenvielfalt ermöglichen kann. Ihren normativen Referenzrahmen bilden die UN-Menschenrechtscharta und die Gewaltfreiheit.

Die Mahloquet als dialogische Gesprächsform

Als *dialogische Gesprächsform* betrifft die Mahloquet die Art und Weise des Miteinander-Sprechens mit dem Ziel, eine Vielzahl an Perspektiven wahrnehmbar zu machen. Bei einem Dialog[9] im Sinne der Mahloquet geht es nicht um eine Synthese unterschiedlicher Positionen, nicht um die Suche nach einem Konsens, sondern darum, Auffassungen nebeneinander bestehen zu lassen und dadurch auch vermeintliche Selbstverständlichkeiten und verfestigte Denkstrukturen zu erschüttern. Keine artikulierte Perspektive soll zu einem Dogma oder zur Ideologie erhoben werden. Unter Einhaltung des Referenzrahmens darf jede_r sprechen und jede_r wird gehört. Gespräche und verstehendes (Nach-)Fragen dienen dem Erkenntnisgewinn, der Horizonterweiterung und einem genaueren Verständnis der Perspektive des Gegenübers. Die Mahloquet fokussiert auf das noch nicht Gewusste, die Einsicht in etwas Neues. Das Gegenüber wird dabei nicht als Spiegelung der eigenen Erfahrungen, nicht als *alter ego* benutzt. Die dialogische Methode wendet sich daher gegen Monologe, durch die Andere von der ‚einzig richtigen' Haltung überzeugt werden sollen.

Die Mahloquet wird im Training auch im Sprechen über Strukturelle Diskriminierung und einzelne Diskriminierungsformen sowie im Sprechen über Stereo-

9 Wir sprechen im Konzept Social Justice und Diversity nicht von ‚Dialog', um ein Gespräch zwischen zwei Menschen zu bezeichnen. Der Begriff ‚Dialog' (etymologisch: *dia* = mittels, *logos* = Wort, Rede) sagt für sich genommen nichts über die Anzahl der am Gespräch beteiligten Menschen aus.

type und ihre Wirkungsweisen angewendet. Sie ermöglicht ein analytisches Denken im Sinne einer systemisch-intersektionalen Perspektive, die darauf zielt, einerseits jede Diskriminierungsform in ihrer spezifischen Gewordenheit (Diskriminierungsmatrix) und mit ihren spezifischen Sprach-/Bildern beschreiben zu lernen und andererseits die Gemeinsamkeiten und Verschränkungen zwischen den Diskriminierungsformen zu reflektieren. Die Kontext- und Perspektivenbezogenheit der Mahloquet trägt dazu bei, Generalisierungen (wie z. B. die Aussage „Diskriminierung funktioniert *immer* durch Zuschreibungen von x“) zu vermeiden. Dabei orientiert sich das Gespräch im Sinne der Mahloquet sowohl an den neuesten Forschungen zu den jeweiligen Diskriminierungsformen als auch an den Perspektiven der von Diskriminierung Getroffenen.

Das Sprechen im Mahloquet'schen Dialog ermöglicht eine Reflexion verinnerlichter Stereotype sowie eine Sichtbarmachung unterschiedlicher Perspektiven. Wichtig ist dabei die Unterscheidung zwischen Eigen- und Fremdperspektive. So kann ein_e Teilnehmer_in über selbst erlebte Zuschreibungen berichten und mit diskriminierenden Begriffen operieren, die ihr gegenüber verwendet wurden. Das kann für andere Teilnehmer_innen irritierend sein. Die Unterdrückung bzw. Tabuisierung dieser Begriffe indes würde Geschichten zum Verschwinden bringen, die gewaltvolle, zum Teil tödliche Auswirkungen für Menschen hatten und haben. Ein Lernraum im Sinne von Social Justice und Diversity bedeutet daher auch, das Risiko einer solchen Irritation einzugehen und zugunsten individueller und gemeinsamer Lernprozesse auszuhalten und zu reflektieren. Eine wichtige Voraussetzung hierfür ist eine grundlegend wohlwollende Haltung, die den gemeinsamen Lernraum in den Mittelpunkt stellt – dies unterscheidet das Training beispielsweise von den Lernräumen vieler Empowerment-Trainings, wo für gewöhnlich nicht der Lernprozess von Menschen unterschiedlicher Perspektiven im Fokus steht, sondern die Stärkung einer gemeinsamen Perspektive als von Diskriminierung Getroffene.

Bei der Beschäftigung mit Stereotypen im Rahmen der Mahloquet sind wir uns über die Gefahr einer Reproduktion gewaltvoller Sprach-/Bilder auch innerhalb des Trainingskontextes im Klaren und regen dazu an, sehr achtsam damit umzugehen. Grundsätzlich zielt die Mahloquet darauf, ein reflektierendes und reflektiertes Sprechen zu praktizieren und die Erkenntnis zu vertiefen, dass Stereotype keine natürlichen Gegebenheiten mit einem wahren Kern sind. Dabei geht es in keiner Weise darum, einen Raum zu erzeugen, ‚in dem alles gesagt werden kann‘. Vielmehr soll darauf hingewiesen werden, dass diskriminierende Stereotype im Rahmen des gemeinsamen Lernraums manchmal benannt sowie ihre strukturellen Hintergründe und Wirkungsweisen erklärt werden müssen, nicht zuletzt, um dadurch eine gemeinsame Ausgangsbasis zu schaffen. Nicht alle Teilnehmenden sind notwendigerweise mit allen gängigen Zuschreibungen vertraut, was wiederum auf unterschiedliche Bildungszugänge und Sprachfähigkeiten verweisen kann. Hier ermöglicht es das gemeinsame Gespräch, in dem jede Rede gleich gehört wird und gleiches Gewicht hat, eigene Vorannahmen zu reflektieren. Im Hinblick auf verinnerlichte Stereotype kann das Einnehmen verschiedener Perspektiven dazu führen, den Konstruktionscharakter, also die gesellschaftliche Herstellung von Stereotypen zu erkennen und damit hinterfragbar zu machen.

Als Gesprächsform zeichnet sich die Mahloquet durch folgende Eigenschaften aus:

- Die Gespräche sind themenbezogen.
- Es gibt keine streng vorgegebene Redner_innenliste (achtgeben auf die anderen Personen).
- Jede Rede wird gleich gehört und hat gleiches Gewicht.
- Es geht um ein Miteinander-Sprechen, ohne das eigene Ich ins Zentrum zu stellen.
- Es werden keine Fremdzuschreibungen vorgenommen.
- Reflektiertes, anerkennendes Sprechen: Selbstreflexion dessen, was ich sagen möchte.
- Die Gefühle und das Denken anderer Personen werden wahr- und ernstgenommen.
- Historische und gegenwärtige Sichtweisen werden im Sinne der Perspektivenvielfalt miteinbezogen.

Diese Spezifika werden im dialogischen Gespräch mit folgenden Kommunikationstechniken ermöglicht:

- Die Teilnehmenden kommunizieren die Hintergründe ihrer Fragen und Bezüge.
- Die Teilnehmenden üben das aktive Zuhören, indem...
  - ... das Gesagte nicht nur im Rahmen der eigenen Erfahrungen interpretiert wird,
  - ... nachgefragt wird, bis sie die Perspektive der anderen Person genau verstanden haben.

In diesem Gespräch wird nicht das je Eigene gesucht, nicht über die je eigenen Erfahrungen interpretiert. Im Zentrum des dialogischen Gespräches steht vielmehr der_die Andere, ihre_seine Erfahrungen, Geschichten, die nicht die meinigen sind. Durch die Mahloquet wird das Gespräch gezielt verlangsamt und durch Sprechpausen Denkräume zwischen den Perspektiven eröffnet.

Die Mahloquet als ethisch-dialogische Haltung

Als *ethisch-dialogische Haltung*, die dieser Art des Miteinander-Sprechens und -Umgehens zugrunde liegt, ist die Mahloquet durch spezifische Prämissen gekennzeichnet, die auch für den Trainingskontext wesentlich sind:

Haltung des Sprechens und Handelns

- Haltung einer respektvollen Bescheidenheit, d. h. die Allmachtsphantasie aufgeben, als Einzige_r recht zu haben.
- Sich-Einlassen auf radikale Fremdheit: Jede_r ist im Sinne der Gastfreundschaft des Anderen Gast.
- Anerkennender Umgang von Menschen miteinander.
- Wechselseitige Übernahme von Verantwortung füreinander.

Haltung der De-Hierarchisierung

- Gleichwertigkeit verschiedener Denkinhalte: Jede_r darf sprechen und wird gehört.
- Das Individuum spricht nicht als Repräsentant_in einer Gruppe oder Gesellschaft, sondern für sich, auch wenn es in die jeweilige Gesellschaft eingebettet ist.
- Keine Synthese von Widersprüchen, kein Konsens zugunsten einer allein gültigen Perspektive.
- Kein Kampf der Positionen: öffnet den Zirkel des bewertenden, polarisierenden Denkens.
- Infragestellung von Zuschreibungen, Werten, Vorstellungen, Bildern.

Haltung der Offenheit

- Es geht nicht um das Überzeugen des Gegenübers von meiner Meinung.
- Keine ein-für-allemal abgeschlossene Lösung, sondern den Dialog als Prozess verstehen.
- Keine übergeordnete Instanz, die darüber entscheidet, was richtig und was falsch ist.

Referenzrahmen

- UN-Menschenrechtscharta, Gewaltfreiheit.

Als ethisch-dialogische Haltung geht die Mahloquet über die oben beschriebene Funktion als spezifische Gesprächsform hinaus, indem sie ein dialogisches Denken ermöglicht, das übliche Auffassungen bezüglich eines Denkens in Kategorien des ‚Ich' im Gegensatz zu ‚Anderen' in Frage stellt. Ziel ist ein themenbezogenes Nachdenken, bei dem eine möglichst große Anzahl unterschiedlicher Perspektiven zu einem besseren Verständnis gesellschaftlicher Funktionsweisen beitragen kann. Hinter jeder individuellen Perspektive stehen ein gesellschaftlicher Kontext und seine historischen und gegenwärtigen strukturellen Bedingungen. Mit der zunehmenden Reflexion der Kontexte und Hintergründe der anderen Teilnehmenden erhöht sich auch die Möglichkeit, Anerkennung für andere Perspektiven zu entwickeln und damit die Möglichkeit wechselseitiger Anerkennung. In ihrer umfangreichen Bedeutung ist diese gegenseitige Anerkennung die Intention des Social Justice und Diversity Trainings.

Die affirmative Zuwendung zu anderen Menschen und die Offenheit für ihre unterschiedlichen Perspektiven bedeuten bei der Mahloquet keine Beliebigkeit aller Meinungen und Haltungen oder Gleichgültigkeit gegenüber Äußerungen oder Handlungen. Vielmehr setzt sie im Kontext mit dem erwähnten Referenzrahmen die Verantwortung der je Einzelnen für das, was sie sagen oder tun, voraus. Das bedeutet nicht zuletzt, dass die Mahloquet dort Grenzen setzt, wo das Gegenüber aufgrund von extremistischer und ideologisch aufgeladener Bejahung von Diskriminierung nicht mehr dialogbereit ist.

Im Rahmen der Mahloquet als ethisch-dialogischer Haltung verstehen wir Dialog in Verbindung mit dem Begriff Diversity (Vielfalt, radikale Verschiedenheit von Menschen), da Menschen strukturell anhand von Diversitykategorien, die sie zumeist nicht selbst gewählt haben, in der Gesellschaft verortet werden. Diese je unterschiedlichen Verortungen prägen individuelle Erfahrungen und Biographien entscheidend mit. Diversitykategorien zu benennen, führt uns aber auch in einen Widerspruch: Denn durch die Benennung der Unterschiedlichkeiten und den Rückgriff auf bestehende strukturelle Kategorien werden immer auch bestehende Denk- und Wahrnehmungsformen wiederholt und Menschen in einer Matrix spezifischer identitätspolitischer Zuschreibungen positioniert. Das Konzept Social Justice und Diversity begegnet dieser Herausforderung von zwei Seiten: Erstens beziehen sich die kritische Analyse von Diskriminierung und das Herausarbeiten von Diskriminierungsstrukturen auch explizit auf den Konstruktionscharakter von Diversitykategorien; und zweitens liegt dem Konzept ein Verständnis des Individuums zugrunde, welches sich nicht in der Beschreibung struktureller Verortungen erschöpft. In diesem Sinne zielt der Trainingsraum neben einer Analyse von Diskriminierung darauf, die strukturelle Verortung von Menschen zu überschreiten, um sie, jenseits von Diversitykategorien, als Individuen anzuerkennen. Hierfür spielen die Methode und die ethisch-dialogische Haltung der Mahloquet eine zentrale Rolle, da ihr die gleichzeitige Wahrnehmung von Differenz *und* Gleichheit von Menschen zugrunde liegt.

Der Dialog im Sinne des Social Justice und Diversity Trainings findet zwischen Individuen statt. Er soll dazu beitragen, dass Menschen sich als Gleiche in ihrer radikalen Verschiedenheit begegnen können. Der im Training erzeugte Lernraum ist dabei zugleich Voraussetzung für und Ergebnis von einer dialogischen Haltung. Im Rahmen der Mahloquet findet der Dialog in einem reflexiven Experimentierraum statt, in dem Menschen für einen Augenblick die Mäntel der Identität abstreifen können, um sich gegenseitig ihre Geschichten zu erzählen. Erst, indem Menschen hinter ihrer gesellschaftlichen Verortung sichtbar hervortreten, ist ein wechselseitiges Erkennen der jeweiligen Individualität möglich, wird Pluralität vorstellbar und damit auch lebbar. Indem reflexiv und nicht-moralisierend mit bestehenden Verschiedenheiten umgegangen wird, kann eine Ich-Du-Nähe entstehen, gerade weil die jeweiligen Geschichten, Visionen und Ideen, die Imagines der jeweils Anderen, nicht deckungsgleich miteinander sind. In einem solchen reflexiven Raum können die Bahnen des bewertenden, polarisierenden Denkens verlassen werden. Der Dialog wird als ein „Gespräch ohne Geländer“ im Sinne Hannah Arendts verstanden, als eine Herausforderung, die Arendt wie folgt formuliert: „Wir fangen etwas an; wir schlagen unseren Faden in ein Netz der Beziehungen. Was daraus wird, wissen wir nie. [...] Das ist ein Wagnis. Und nun würde ich sagen, dass dieses Wagnis nur möglich ist im Vertrauen auf die Menschen. Das heißt, in einem – schwer genau zu fassenden, aber grundsätzlichen – Vertrauen in das Menschliche aller Menschen. Anders könnte man es nicht.“ (Arendt 1996: 70)

Der Dialog setzt die Fähigkeit voraus, die eigenen Selbst- und Weltbilder zu reflektieren und zu aktualisieren. Dazu braucht es die Bereitschaft, den eigenen Erfahrungsraum nicht mit der Welt zu verwechseln. Diese Verkehrung des Blickes vom Selbst auf die Welt entspricht dem Wechsel von einer monologischen zur dialogischen Gesprächshaltung. Damit überschreitet er auch die derzeit dominante Vorstellung von Gewinnen und Verlieren. Der Dialog im Sinne der Mahloquet zielt nicht auf den Sieg einer Perspektive, sondern auf die gleichberechtigte Geltung unterschiedlicher Perspektiven. Ein Dialog findet statt, wenn im gemeinsamen Austausch Perspektivenvielfalt sichtbar und aushaltbar wird. Im anerkennenden Umgang gibt es keine Gewinner_innen und Verlierer_innen. Dies umzusetzen ist eines der Intentionen des Social Justice und Diversity Trainings – eine Garantie, dass die Mahloquet bei allen Teilnehmenden zu diesem Ergebnis führt, gibt es jedoch nicht. Erfahrungsgemäß aber stellt das Praktizieren der Mahloquet als dialogische Gesprächsform und ethisch-dialogische Haltung einen guten Rahmen dafür bereit.

Anwendungsbereiche der Methode Mahloquet

Die Methode Mahloquet als dialogische Gesprächsform und als ethisch-dialogische Haltung des Social Justice und Diversity Trainings kommt in verschiedenen Trainingsbereichen und Dimensionen zur Anwendung, wie die Abbildung zeigt:

Abbildung 3: Anwendungsbereiche der Mahloquet

Eine Übersicht mit konkreten Übungen zur Mahloquet findet sich in Kapitel 4.14.

3.6 Inputs und Übungen im Training

Zu jedem Modul gibt es themenbezogene Inputs und Übungen, die von den Trainer_innen vorbereitet werden.

Inputs im Training

In jedem Themenschwerpunkt bzw. Trainingsmodul geben historische und ideengeschichtliche Inputs zu Theoriediskursen oder (Dokumentar-)Filme einen Einblick in die gesellschaftliche Verankerung der jeweiligen Diskriminierungsform. Die Inputs werden durch die Trainer_innen durchgeführt. Der Fokus der Darstellungen liegt auf der Herstellung Struktureller Diskriminierung in der Gesellschaft sowie auf der Produktion von Stereotypen in ihrem historischen Kontext. Dadurch gehen sie auch auf die spezifischen Prozesse der Verfestigung, Transformation und Reproduktion unterschiedlicher Formen Struktureller Diskriminierung ein. Vermittelt werden immer wieder auch die Sicht- und Lebensweisen jener, die von Struktureller Diskriminierung getroffen sind und gegebenenfalls bereits Widerstandsstrategien entwickelt haben. Die Inputs werden oftmals durch kurze Textlektüren ergänzt, die entweder im Vorfeld des Trainings oder während der Trainingsphase erarbeitet werden können.

Die Inputs im Training

- sind dialogisch im Sinne des Miteinander-Sprechens von Trainer_innen und Teilnehmer_innen und eröffnen die Möglichkeit, das Vermittelte zu diskutieren.
- fungieren als Einführungen und Vertiefungen in theoretische Grundlagen des Social Justice und Diversity Trainings, die jedes Modul begleiten.
- dienen der Erläuterung ideengeschichtlicher und historischer Grundlagen zu den einzelnen Diskriminierungsformen und der Systemischen Intersektionalität.

Übungen im Training

In jedem Modul des Social Justice und Diversity Trainings werden von uns entwickelte Übungen zur Thematik der je einzelnen Diskriminierungsformen und ihren Systemischen Intersektionalitäten durchgeführt. Den Übungen liegen folgende Prämissen zugrunde:

Die Übungen

- sind dialogisch, wobei ,dialogisch' nicht nur eine Form der Sprache und des Miteinander-Sprechens meint.
- zwingen niemanden dazu, etwas zu sagen, denn die themenbezogene (Selbst-)Reflexion wird immer so durchgeführt, wie es Teilnehmer_innen für sich selbst entscheiden. Die Teilnehmer_innen übernehmen selbst die Verantwortung dafür, ob und wie sie sich einbringen wollen.
- bieten einen Raum, um etwas über sich zu erzählen, falls dies gewünscht ist.
- vertiefen die Reflexion einzelner Diskriminierungsformen und verdeutlichen die Systemische Intersektionalität zwischen ihnen.
- werden kritisch im Hinblick auf die Grundlagen des Social Justice und Diversity Trainings reflektiert: Wer kann teilnehmen, wer nicht? (Siehe dazu Kapitel 5)

Im Social Justice und Diversity Training wird keine Körperarbeit durchgeführt – verstanden als Übungen, die mit körperlichen Anstrengungen oder anspruchsvollen Bewegungen verbunden sind, oder Übungen, die körperliche Intimitätsgrenzen verletzen könnten. Zwar kann Körperarbeit Themenbereiche zuweilen vertiefen oder der Auflockerung dienen, doch setzt sie zumeist auch Verhaltens- und Bewegungsmöglichkeiten voraus, über die nicht alle Teilnehmer_innen verfügen, weshalb auch Warm-Ups, die von den Teilnehmenden durchgeführt werden können, gemeinsam hinsichtlich ihrer Ein- und Ausschlüsse reflektiert werden. Bestimmte Formen von Körperarbeit setzen eine gesellschaftliche Norm von Gesundheit voraus – dazu gehört beispielsweise die Annahme, Menschen könnten sich schnell bewegen, auf dem Boden sitzen oder sich bücken. Körperübungen können damit selbst Quelle von Diskriminierung von Teilnehmer_innen (und Trainer_innen) sein, die dieser Norm nicht entsprechen können oder wollen.

Im Social Justice und Diversity Training dürfen Menschen sich bewegen, müssen es aber nicht. Sie können sich setzen oder hinlegen, essen und trinken oder den Raum verlassen, wenn es für sie gerade notwendig ist. Sie können Pausen machen, in den Pausen vor die Tür gehen oder nicht. Insgesamt geht es darum, dass jede_r sich möglichst ihren_seinen individuellen Ansprüchen nach wohlfühlt. Diese unterschiedlichen Dimensionen des Wohlfühlens sind ein weiterer Aspekt von Verschiedenheit, deren Anerkennung zentraler Bestandteil des Trainings ist. Wohlfühlen in diesem Sinne bedeutet jedoch nicht, die oft sehr schmerzhafte Auseinandersetzung mit Struktureller Diskriminierung zu einem Gegenstand wohliger Auseinandersetzung zu machen.

Im Social Justice und Diversity Training geht es um die Begegnung mit anderen Menschen, so, wie sie im Training anwesend sind. Dabei findet auch eine direkte Auseinandersetzung mit Struktureller Diskriminierung als Diskriminierte und Diskriminierende statt. Die Trainingssituation trägt zur Ermöglichung einer Begegnung und eines Dialoges bei. Sie unterscheidet sich vom Alltag, weil hier eine themen- und handlungsbezogene Reflexionsebene explizit ermöglicht wird. Wenn Äußerungen in Trainings Menschen schmerzhaft berühren, kann dies im dialogischen Gespräch mitgeteilt und die Hintergründe transparent gemacht werden. Diskriminierende Äußerungen zu vermeiden, Sensibilität für die Folgen von Sprache zu entwickeln, eine andere Art des Sprechens zu lernen, sind dabei Schwerpunkte. Deshalb wird jede Form der künstlichen und spielerischen Reproduktion von Diskriminierungsformen vermieden und dialogische Übungen unter den Prämissen und Spezifika der Methode Mahloquet durchgeführt. Die Intention ist dabei, den Raum der Rede und des Miteinander-Sprechens als ein für alle gleichermaßen zugängliches Forum zu öffnen. Wenn jede Rede Sinn ergibt und keine Rede mehr oder weniger wichtig ist als eine andere, wenn jede Geschichte und jedes Wissen gleich wertvoll sind, dann ist der Raum grundsätzlich für alle Menschen offen, sodass alle sich einbringen können. Sätze und Geschichten, die nicht alle verstehen, können durch nachfragendes Verstehen verdeutlicht und die Hintergründe des Nichtverstehens sichtbar gemacht werden. Das ist eine wichtige Grundlage, auf der Verständigung und Verständnis hergestellt werden können. Fragen und Zuhören, nachdenkliche Sprechpausen und reflektierendes Sprechen sind deshalb unverzichtbare Elemente des Social Justice und Diversity Trainings.

3.7 Intentionen und Zielgruppe des Trainings

Das Social Justice und Diversity Training beinhaltet eine intensive Auseinandersetzung mit Struktureller Diskriminierung. Dabei geht es zum einen darum, Strukturelle Diskriminierung wahrzunehmen (als Ineinandergreifen von individueller, institutioneller und kultureller Ebene) sowie die Systemische Intersektionalität von Diskriminierungsformen zu erkennen und zu analysieren (zur detaillierten Definition, siehe Kapitel 2.2). Gleichzeitig geht es um die Ermöglichung des sich Berühren-Lassens auch von Diskriminierungsformen, die selbst nicht erfahren werden, und um Empathie für Menschen, die von Struktureller Diskriminierung getroffen sind. Das Training möchte zu einer Reflexion persönlicher Privilegien und Verantwortungen bei der (Re-)Produktion von Diskriminierung anregen – hierzu gehört das Erlernen der Gesprächsmethode und ethisch-dialogischen Haltung Mahloquet, durch die eine Perspektivenvielfalt wahrnehmbar gemacht werden kann. Ferner intendiert das Training, Handlungsoptionen gegen die verschiedenen Diskriminierungsformen zu entwickeln und Möglichkeiten von Bündnissen und des Verbündet-Seins (siehe Kapitel 2.7) auszuloten. Teilnehmer_innen werden dazu ermutigt, dies für alle Lebensbereiche zu bedenken: im privaten Umfeld, im Arbeits- und Tätigkeitsumfeld, in Freizeitgruppen, im Wohn- und Lebensumfeld. Zuletzt wird auch angestrebt, Social Justice und Diversity in Institutionen, Organisationen, Projekten und Unternehmen zu realisieren. Hinter diesen Handlungsoptionen steht die konkrete Utopie des Radical Diversity, bei der Menschen in ihrer radikalen Verschiedenheit in der Gesellschaft leben und gleichberechtigt an ihr partizipieren können (siehe Kapitel 2.8).

Es gibt keine Grenzen oder Begrenzungen für die Teilnahme an Social Justice und Diversity Trainings. Vielmehr ist es Aufgabe der Trainer_innen, eventuell wahrgenommene strukturelle Unterschiede (z. B. Studierende, Lehrlinge, Fabrikarbeiter_innen, Schüler_innen) transparent zu machen und dehierarchisierend zu benennen. Intention ist die Schaffung eines Raumes, in dem jene Unterschiede nicht konkurrieren, sondern alle Teilnehmer_innen gleichberechtigt miteinander sprechen können. Die einzige Voraussetzung für eine Teilnahme am Training ist der Wille, sich auf die Themenschwerpunkte und den oftmals schmerzhaften Reflexionsprozess in Bezug auf Strukturelle Diskriminierung einzulassen. Es wird davon ausgegangen, dass die verhandelten Themen und Geschichten grundsätzlich für jede Person verstehbar sein können und Verständigung möglich ist. Die Trainings und ihre Übungen können mit Menschen unterschiedlicher Sozialisationen oder Bildungshintergründe durchgeführt werden. Die Module richten sich in der im Praxishandbuch vorgestellten Form an junge und ältere Erwachsene, können aber in abgewandelter und umgearbeiteter Weise auch mit Jugendlichen und Kindern durchgeführt werden.

Auch hier bleibt der Dialog das wesentliche Element – unter Berücksichtigung der jeweiligen Sprachkompetenzen.

Die Berücksichtigung der Sprach- und Sprechfähigkeit ist in Social Justice und Diversity Trainings von großer Bedeutung: Dazu zählen auch Gestik, Mimik und der Ausdruck mittels anderer Hilfsformen (z. B. kreative Möglichkeiten wie Malen, technische Möglichkeiten wie Computer). Hier gilt es, sich von eigenen Vorannahmen und Bewertungen davon, welche soziale Gruppe als Teilnehmer_innen eines Trainings welche Fähigkeiten hat, zu verabschieden. Den Teilnehmer_innen steht es prinzipiell offen, welche Ausdrucksformen sie wählen. Auch die dialogische Auseinandersetzung mit Theorien und Texten bildet einen wichtigen Baustein des Social Justice und Diversity Trainings, wobei die Beschäftigung mit Theorie nicht an ein bestimmtes Vorwissen oder einen bestimmten Bildungsgrad geknüpft ist. Vielmehr gehen wir davon aus, dass jede Person sich auf ihre Weise einem Text nähern kann. In der Auswahl von theoretischen Texten für Gruppenarbeiten sollte aber darauf geachtet werden, dass Texte nicht zu lang sind, sodass unterschiedliche Lesetempi berücksichtigt werden können. Im Social Justice und Diversity Training verwenden wir Methoden, die es ermöglichen, schrittweise zu neuen Erkenntnissen zu gelangen und schon vorhandenes Wissen sowie individuelle Erfahrungen in einem gesellschaftlichen Kontext zu reflektieren. Konzept und Modulstruktur hängen dabei eng zusammen – von der Biographiearbeit (individuelle Perspektive) zur Strukturellen Diskriminierung (Zusammenwirken von individueller/institutioneller/kultureller Perspektive), von der Sichtbarmachung unterschiedlicher Perspektiven zum historischen Hintergrund von Diversitykategorien und Stereotypen für die jeweiligen Formen Struktureller Diskriminierung.

4 Trainingsmodule

4.1 Handhabung der Darstellung

In diesem Kapitel findet sich eine Darstellung der Trainingsmodule mit einer Reihe von Beispielübungen. Der vorgestellte Ablauf ist exemplarisch. Auf die Darstellung der themenbezogenen Module folgt eine Zusammenstellung ausgewählter Übungen zur Mahloquet sowie modulübergeordneter Übungen (Kapitel 4.14. und 4.15). Bei allen Übungen, Inputs und Definitionen finden sich Quellenangaben nur dann, wenn die Inhalte nicht von uns selbst konzipiert wurden.

Bei der Zusammenstellung haben wir uns um zweierlei bemüht: die Abbildung einer Kontinuität der Trainingsabläufe und ihre themenspezifische Modifikation. So lassen sich Übungen finden, die in jedem Training auftauchen (beispielsweise eine Biographiearbeit oder eine Übung zu Handlungsoptionen), aber auch Übungen und Modifikationen, die spezifisch an das Thema angepasst worden sind (wie zum Beispiel eine Fotogruppe zum Thema Ableismus, die die Umgebung auf sichtbare Barrieren hin erkundet). Der Ablauf der Trainings folgt dabei der Grundstruktur: Übung zur Mahloquet – Einstieg in das Thema – Definitionen und Begriffe – Biographiearbeit – Analyse der Herstellung Struktureller Diskriminierung – Systemische Intersektionalität – Handlungsoptionen. Diese Struktur wird in einzelnen Trainings je nach Zeit und Schwerpunktsetzung um Übungen zu historischen Dimensionen der jeweiligen Diskriminierungsform (Diskriminierungsmatrix) sowie um spezifische themenbezogene Inputs ergänzt.

Als Grundlage für die einzelnen themenbezogenen Module dient die Definition der Strukturellen Diskriminierung mit ihren Charakteristika von Gewalt, Machtlosigkeit, Marginalisierung, Exklusion, Kulturimperialismus und Ausbeutung (siehe zur Definition Kapitel 2 und zu den Charakteristika Kapitel 7.1). Sie wird um die jeweils spezifischen Definitionen der einzelnen Diskriminierungsformen ergänzt und erweitert, wobei zu Beginn der Module eine Kurzdefinition steht und in einer Übung eine detaillierte Definition angegeben wird.

Unserer Erfahrung nach gleicht kein Social Justice und Diversity Training einem anderen. Daher wird jedes Training von uns an die Bedürfnisse der teilnehmenden Gruppen angepasst. In diesem Sinne bilden die folgenden Übungen Orientierungspunkte, die für den jeweiligen Trainingskontext modifiziert werden können.

4.2 Grundmodul

Inhalte und Intentionen

Im Grundmodul findet eine Einführung in das Trainingskonzept und in die Grundlagen der Methode Mahloquet statt. Idealerweise wird das Grundmodul vor den themenbezogenen Modulen durchgeführt. Lässt sich im Rahmen der gegebenen Trainingszeit nur ein Modul zu einer spezifischen Diskriminierungsform durchführen, dann können einige Aspekte des Grundmoduls (kurze Begriffsbestimmungen, die Mahloquet, Systemische Intersektionalität oder das Radical Diversity) herausgegriffen und in den Trainingsplan eingebunden werden.

Vertiefung und Übungen

A. Der Anfang eines Social Justice und Diversity Trainings

Der Einstieg in ein Training kann sehr unterschiedlich gestaltet werden. Von Anfang an sollte dabei die Schaffung einer Atmosphäre im Zentrum stehen, bei der es jeder_m frei steht, zu sprechen oder zu schweigen. Dies kann schon in der Vorstellungsrunde zum Ausdruck gebracht werden. Im Folgenden eine Reihe möglicher Anfangsübungen:

Anfangsübung 1

Im Plenum oder in Kleingruppen können sich die einzelnen Teilnehmenden vorstellen und erzählen, was ihnen jeweils wichtig ist und was sie den anderen mitteilen möchte.

◉ *Sinn der Übung*
Die Teilnehmer_innen nehmen sich gegenseitig wahr, bemerken erste Unterschiede oder Gemeinsamkeiten. Jede_r kann sich nach dem eigenen Bedürfnis oder Interesse äußern.

Anfangsübung 2

In wechselnden Zweiergruppen tauschen sich die Teilnehmer_innen jeweils über eine Frage aus, die von den Trainer_innen vorgelesen wird. Diese Fragen können beispielsweise lauten:

- Welche Erfahrung habt ihr/haben Sie mit Trainings dieser Art gemacht?
- In welchen gesellschaftlichen Feldern seid ihr/sind Sie aktiv?
- Wie habt ihr/haben Sie von dem Training erfahren?
- Was wisst ihr/wissen Sie bereits über Social Justice und Diversity und woher?

◉ *Sinn der Übung*
Die Teilnehmer_innen kommen in persönlichen Kontakt miteinander und erfahren etwas von anderen Teilnehmer_innen. Durch den häufigen Wechsel der Gesprächspartner_innen lernen Sie unterschiedliche Perspektiven kennen und erfahren wechselnde Dialogsituationen.

Anfangsübung 3

Die Teilnehmer_innen notieren ihre bisherigen Erfahrungen mit Trainings und ihre Vorstellungen bezüglich des Social Justice und Diversity Trainings auf Karteikarten. Die Karten werden gemischt und jede_r zieht eine Karte aus dem Stapel. Anschließend stellen die Teilnehmer_innen die Karten vor und die Person, die die Karte vorgelesen hat, erörtert ihre Gedanken zum Inhalt.

◉ *Sinn der Übung*
Die Teilnehmer_innen formulieren Unterschiede und Ähnlichkeiten und stellen unter Anerkennung von Differenz eine Beziehung zwischen eigenen Perspektiven und den Perspektiven anderer her.

Anfangsübung 4

Die Teilnehmer_innen werden im Vorfeld des Trainings gebeten, Gegenstände mitzubringen, die sie mit dem Thema Social Justice und Diversity verbinden. Das kann ein Foto, ein Bild, ein Text, ein Alltagsgegenstand oder auch etwas Selbstgemaltes oder -geschriebenes sein. Im Plenum stellen die Teilnehmer_innen ihre Assoziationen vor. Diese Anfangsübung eignet sich vor allem bei Trainings über einen längeren Zeitraum.

◉ *Sinn der Übung*
Die Teilnehmer_innen bringen ihre Ideen und Vorstellungen zum Thema Social Justice und Diversity ein und lernen sich auf diese Weise in Bezug auf das Thema besser kennen.

B. Die Namen kennen und die Anrede wissen

Zu Beginn eines Trainings teilen die einzelnen Teilnehmer_innen mit, wie und mit welchem Namen sie angesprochen und ob sie geduzt oder gesiezt werden möchten. Hier werden die individuellen Wünsche jeder Person berücksichtigt und sie bleiben das ganze Training über auf Namensschildern sichtbar. Wer Wert darauf legt, die Namen schnell zu lernen, kann eine Übung aus der Theaterarbeit anbieten: Jede_r Teilnehmer_in begrüßt der Reihe nach alle Anwesenden und nennt ihren jeweilig aufgeschriebenen Namen. Wenn alle diese Runde durchgeführt haben, sind die Namen präsenter.

◉ *Sinn der Übung*

Jede Person kommt zu Wort, indem sie bestimmt, wie sie selbst genannt werden möchte. Indem jede Person so angesprochen wird, wie sie es möchte, findet eine gegenseitige Anerkennung statt. Diese Anerkennung betrifft auch eine erste Sensibilisierung für die (un-)sichtbare Vielfalt innerhalb einer Gruppe.

C. Erarbeitung der Kommunikationsunterstützungen

Zur Herstellung einer für alle Beteiligten konstruktiven Dialogatmosphäre werden im Grundmodul eine Reihe von Kommunikationsunterstützungen erarbeitet. Wenn viel Zeit vorhanden ist, beispielsweise bei Gruppen, die über mehrere Wochen oder Monate zusammenarbeiten, oder bei Teams über einen unbegrenzten Zeitraum, können die Kommunikationsunterstützungen in einem dialogischen Prozess erarbeitet werden. Wenn weniger Zeit zur Verfügung steht, werden Vorschläge durch die Trainer_innen in die Gruppe eingebracht, besprochen, durch die Gruppe verändert und ergänzt. Folgende Kommunikationsvereinbarungen können ausgeteilt und besprochen werden:

Kommunikationsunterstützungen

- Ich formuliere selbst meine Grenzen: das, was ich mit den anderen teilen will oder nicht.
- Ich spreche von meinen eigenen Erfahrungen.
- Ich vermeide Generalisierungen.
- Ich gehe respektvoll und höflich mit verschiedenen Perspektiven um.
- Ich lasse persönliche Informationen von anderen in der Gruppe.
- Ich teile Schweigepausen als Zeit zum Luftholen und Nachdenken.
- Ich beschäme niemanden und mache niemanden zum Sündenbock.
- Ich teile den Hintergrund meiner Fragen mit.
- Ich lege den Fokus auf das eigene Lernen.
- Ich übernehme Verantwortung für meine Redezeiten und für das, was ich sage.
- Was ist Ihnen/euch noch wichtig?

Die Ergänzungsvorschläge und Änderungen werden im Plenum vorgestellt und aufgenommen.

◉ *Sinn der Übung*

Die Teilnehmer_innen lernen einige speziell auf ein Social Justice und Diversity Training bezogene Kommunikationsvereinbarungen kennen. Bei der Diskussion unterschiedlicher Bedürfnisse und dem Ergebnis der Vereinbarungen entsteht ein Bewusstsein für unterschiedliche Sichtweisen und Wünsche innerhalb der Gruppe. Die Vereinbarungen dienen als Unterstützung für die Kommunikation und den Lernprozess.

D. Was? Wann? Wo? Struktur des Trainings

Unter einem Training verstehen wir die Bereitstellung eines Denk- und Übungsraumes: kontinuierlich neue Perspektiven einnehmen, sich für andere Denkweisen öffnen, Neues erfahren, das eigene Denken verändern. Lernen in der Begegnung und in der Öffnung für andere Sichtweisen lässt sich nicht in ein Zeitkorsett zwängen. Doch gibt es von außen gesetzte Abläufe (Mittagessen, Anfangs- und Endzeiten), die gemeinsam im Grundmodul besprochen werden. Dazu gehört auch die Sicherstellung organisatorischer Abläufe und die Bereitstellung von Rahmenbedingungen: Haben alle Zugang zu den benötigten Ressourcen? Sind alle in der Lage, innerhalb des gesetzten Rahmens zu arbeiten? Sind alle Zeiten vereinbart und allen bekannt? Zur Durchführung eines Trainings gehört die Sensibilität für die Bedürfnisse der Gruppe – und nicht nur der Zeitplan.

E. Einführung in Social Justice und Diversity: Grundkonzepte erarbeiten

Im Grundmodul werden die Grundbegriffe des Trainings, die historischen Hintergründe des Trainingsansatzes sowie dessen Zielsetzung erarbeitet. Hierfür stellen die Trainer_innen Texte und Materialien zum Thema zur Verfügung (etwa in Form einer interaktiven Galerie); eigenes oder durch Internetrecherchen erarbeitetes Wissen kann einbezogen werden. Je nach Trainingslänge werden folgende Aspekte vermittelt und mit den Teilnehmer_innen besprochen (Ausführungen zu den nachfolgend aufgezählten Punkten finden sich in Kapitel 1 bis 3):

Bedeutungen

- Social Justice und Diversity
- Strukturelle Diskriminierung und Diskriminerungsmatrix
- Diskriminierungsformen und Charakteristika von Diskriminierung
- Diskriminierungskritisches Diversity
- Systemische Intersektionalität
- Radical Diversity

Geschichte des Trainingskonzeptes

- Historische und ideengeschichtliche Kontexte
- Exiliert-marginalisierte Perspektiven

Weitere Spezifika

- Maximen des Arbeitens
- Verbündet-Sein
- Positionierung in der Nicht-Positionierung

Intentionen des Trainings

◉ *Sinn der Übung*
Die Beschäftigung mit Grundkonzepten von Social Justice und Diversity schafft einen Zugang zu neuem Wissen. Durch den Dialog mit den anderen Teilnehmer_innen entsteht bereits im Erarbeitungsprozess Mehrperspektivität.

F. Übung: Mahloquet

Zur Einführung in die Methode Mahloquet als ethisch-dialogische Haltung und als dialogische Gesprächsform teilen die Trainer_innen das Arbeitsblatt zur Mahloquet (siehe Kapitel 3.5) aus und besprechen es mit der Gruppe. Danach wird eine erste Übung zur Mahloquet mit einer vorgegebenen Fragestellung in Arbeitsgruppen durchgeführt und im Plenum mit der unten stehenden Frage ausgewertet.

- Ist es euch gelungen, im Modus der Mahloquet zu bleiben?

Im Anschluss an die Einführung der Mahloquet werden alle weiteren Übungen im Grundmodul in dieser Form durchgeführt. Dabei wird – neben der inhaltlichen Besprechung – immer wieder gefragt, ob es den Teilnehmer_innen gelungen ist, im Modus der Mahloquet zu bleiben und auf welche Herausforderungen sie dabei gestoßen sind.

◉ *Sinn der Übung*
Die Teilnehmer_innen beschäftigen sich zum ersten Mal mit der Methode Mahloquet, üben sie vor Ort und reflektieren die Herausforderungen, die sich ihnen bei der Umsetzung stellen.

G. Diskriminierungsformen und Diskriminierungsmatrix

Die Teilnehmer_innen erhalten eine Übersicht der im Social Justice und Diversity Training ausgearbeiteten Diskriminierungsformen, von denen Menschen im deutschsprachigen Raum getroffen werden. Dafür wird das unten stehende Arbeitsblatt ausgeteilt und in Arbeitsgruppen diskutiert. Die Trainer_innen bitten die Arbeitsgruppen, Fragen im Modus der Mahloquet auszuarbeiten, die anschließend im Plenum besprochen werden.

Kurzdefinitionen der Diskriminierungsformen:

Ableismus: Strukturelle Diskriminierung als Behinderung von Menschen mit (sichtbaren und nicht sichtbaren) physischen und psychischen Beeinträchtigungen

Altersdiskriminierung:

Adultismus: Strukturelle Diskriminierung, der Kinder und Jugendliche mit Bezug auf ihr Alter ausgesetzt sind

Ageismus: Strukturelle Diskriminierung von alten/älteren Menschen aufgrund ihres Geburtsjahres und ihnen zugeschriebener Altersbilder

Antiromaismus und Antisinitiismus: Strukturelle Diskriminierung von Roma_Romnija sowie Sinti_ze, einhergehend mit Feindschaft und Hass gegen sie

Antisemitismus: Strukturelle Diskriminierung von Juden_Jüdinnen, einhergehend mit Feindschaft und Hass gegen sie

Diskriminierung Ost: Strukturelle Diskriminierung von Menschen aufgrund ihrer Herkunft aus der DDR oder aufgrund transgenerationeller DDR-Geschichte

Sexismus/Heterosexismus/Homo- und Transmiseoismus: Strukturelle Diskriminierung von Menschen aufgrund ihres (zugeschriebenen) Geschlechts und/oder ihres sexuellen Begehrens. Miseoismus kommt vom Altgriechischen *miseo* und bedeutet Hass. Verbunden ist diese Diskriminierungsform mit Heteronormativität, die ein Denk- und Verhaltenssystem beschreibt, in dem lediglich zwei Geschlechter (Mann/Frau) als Norm anerkannt werden, woraus sich wiederum bestimmte Körper-, Verhaltens- und Sexualitätsnormen ergeben.

Klassismus: Strukturelle Diskriminierung von Menschen aufgrund ihres sozialen und ökonomischen Status (z. B. Arbeiter_innenklasse, arme Menschen, Intellektuelle)

Lookismus: Strukturelle Diskriminierung aufgrund des Aussehens, Körpers oder der Kleidung

Rassismus: Strukturelle Diskriminierung von Schwarzen Menschen. Eine erweiterte Definition umfasst die Begriffe Antimuslimismus als Diskriminierung von Muslim_innen und Migratismus als Diskriminierung von Menschen mit Migrationsgeschichte und als Diskriminierung von geflüchteten Menschen.

Im Anschluss daran kann die Diskriminierungsmatrix performativ veranschaulicht werden, z. B. durch eine systemische Aufstellung, bei der die Systemische Intersektionalität der Diskriminierungsformen noch einmal visualisiert wird (siehe Kapitel 2.6 für die Beschreibung der Diskriminierungsmatrix).

◉ *Sinn der Übung*
Die Übung führt in unterschiedliche Diskriminierungsformen ein und erzeugt zugleich ein Bewusstsein für die Systemische Intersektionalität, mit der Diskriminierungsformen sich in der Gegenwart gegenseitig stabilisieren. Die Diskriminierungsmatrix bildet dabei den historisch verankerten, gesellschaftlichen und individuellen Wahrnehmungs- und Unterscheidungsraum, in dem Diskriminierung immer wieder reproduziert und neu hergestellt werden kann.

H. Strukturelle Diskriminierung: Mechanismen, Praxen, Funktionen

In dieser Übung beschäftigen sich die Teilnehmer_innen mit Mechanismen, Praxen, Funktionen und Folgen von Struktureller Diskriminierung. Dazu wird ein Arbeitsblatt ausgeteilt und besprochen, welches folgende Punkte enthält:

Mechanismen und Praxen Struktureller Diskriminierung
- Menschen mittels Stereotypisierung zu Anderen machen (Othering)
- Identitätszuschreibungen
- Abwertungen
- Verachtung
- Kontrolle
- Stigmatisierungen
- Beleidigungen
- Herabsetzungen
- Gewaltanwendungen
- Respektlosigkeit gegenüber dem einzelnen Menschen
- Anwendung von Zwang

Funktionen
- Aufrechterhaltung der eigenen Privilegien
- Legitimierung sozialer Positionen
- Festigung eigener Identitäten
- Herstellung gesellschaftlicher Normen und nationaler sowie gruppenspezifischer Homogenität
- Aufrechterhaltung ungleicher Ressourcenverteilung

Hintergründe
- Historische Verankerung von Stereotypen in der Diskriminierungsmatrix, die Teil aktueller Formen Struktureller Diskriminierung sind
- Weltanschauungen, denen Wahrheits-, Einheits- und Totalitätskonzepte zugrunde liegen
- Gesellschaftliche, strukturell verankerte Hegemonie (Vorherrschaft) im Kontext der Macht- und Herrschaftsverhältnisse als Maßstab und Norm
- Reproduktion auf individueller, institutioneller, kultureller Ebene

Anschließend werden die Teilnehmer_innen gebeten, konkrete Beispiele für die einzelnen Punkte zu finden, die sie im Plenum vorstellen.

◉ *Sinn der Übung*
Die Teilnehmer_innen lernen, dass Strukturelle Diskriminierung nicht einfach geschieht, sondern dass ihr Praxen und Mechanismen zugrunde liegen, die bestimmte Funktionen und Hintergründe haben.

I. Soziale Gruppenzugehörigkeiten und ihre Konsequenzen

Die Trainer_innen verdeutlichen zunächst die Bedeutung von sozialer Gruppenzugehörigkeit, nämlich dass eine strukturelle Eingebundenheiten von Menschen in die Gesellschaft dadurch geschieht, dass sie Gruppen entweder angehören oder ihnen zugewiesen werden. Danach erklären sie, wie diese Gruppen mit Diskriminierungsformen wie Antisemitismus, Rassismus, Lookismus etc. zusammenhängen. Dabei wird folgendes Arbeitsblatt ausgeteilt, das eine schematische Übersicht über Diversitätskategorien im Hinblick auf Diskriminierung und Privilegierung gibt:

Diskriminierung	*Privilegierung*	*Diskriminierungsformen*
Arme Menschen, Arbeiter_innen, Menschen ohne bezahlte Arbeit	Mittelklasse, besitzende Klasse	Klassismus
Frauen, Trans*Personen, intergeschlechtliche Menschen	Männer	Sexismus Transmiseoismus
Lesben, Schwule, bisexuelle Menschen, asexuelle Menschen	Heterosexuelle Menschen/Heteronormativ lebende Menschen	Heterosexismus Homomiseoismus
Menschen mit Beeinträchtigungen, chronisch kranke Menschen, psychiatrisierte Menschen	Menschen ohne Beeinträchtigung	Ableismus
People of Color, Schwarze Menschen, Menschen ohne Staatsbürgerschaft, Menschen mit Migrationsgeschichte	Weiße Menschen, Menschen mit deutscher Staatsbürgerschaft, Menschen ohne Migrationsgeschichte	Rassismus Migratismus Antimuslimismus
Sinti_ze, Roma_Romnija	Nicht-Sinti_ze, Nicht-Roma_Romnija	Antiromaismus, Antisintiismus
Juden_Jüdinnen	Nicht-Juden_Jüdinnen	Antisemitismus
Kinder, Jugendliche, ältere/alte Menschen	Nicht-Kinder, Nicht-Jugendliche, Nicht-alte Menschen	Altersdiskriminierung (Adultismus/Ageismus)

Menschen mit DDR-Geschichte	Menschen mit BRD-Geschichte	Diskriminierung Ost
Muslim_innen, Zeug_innen Jehovas, konfessionsfreie Menschen	Christ_innen	Diskriminierung von bestimmten Religionen (u.a. Antimuslimismus, Antisemitismus) und säkularer Weltanschauung
Menschen, die dem gegenwärtigen Schönheitsideal nicht entsprechen	Menschen, die dem gegenwärtigen Schönheitsideal entsprechen	Lookismus
...	...	...

Anhand dieser tabellarischen Übersicht findet anschließend im Plenum ein Gespräch im Modus der Mahloquet über Privilegiert-Sein und Diskriminiert-Sein statt und was die Zugehörigkeit zu einer bestimmten Gruppe für die einzelnen Teilnehmenden bedeutet.

◉ *Sinn der Übung*
Die strukturellen Eingebundenheiten von Menschen in die Gesellschaft werden reflektiert und ihre Konsequenzen für das alltägliche Leben verdeutlicht.

J. Ressourcenverteilung in der Gesellschaft

Ein weiteres Thema ist die Ressourcenverteilung in der Gesellschaft. Hierfür stellen die Trainer_innen zunächst eine Arbeitsdefinition zum Begriff Ressourcen vor, die Konkretisierungen zu materiellen, ökonomischen, institutionellen und individuellen Ressourcen enthält. Die Arbeitsdefinition kann als Anregung für eine anschließende Diskussion dienen.

Ressourcen sind Dinge,
- die in der Gestaltung unseres Lebens wertgeschätzt werden.
- die für die individuelle Gestaltung unseres Lebens benötigt werden.
- die allgemein geschätzt werden.

Ressourcen betreffen,
- ein Dach über dem Kopf zu haben.
- über Kommunikationsmittel zu verfügen: Telefon, Handy, Computer usw.
- Transportmittel zu besitzen: Auto, Motorrad, Fahrrad.
- sich bestimmte Kleidung leisten zu können.

Ressourcen betreffen Lebensbedingungen und Lebensumstände,
- weil ich den Zustand, sie zu haben, selbst schätze.
- weil ich dadurch bestimmte Ziele erreichen kann.

- weil ich durch sie einen bestimmten Status habe, mich durch sie in Sicherheit befinde und Zuwendung erhalte.
- weil ich durch sie ein gesichertes Einkommen habe und hohes Ansehen genieße.

Ressourcen betreffen das Soziale Kapital im Hinblick auf

- ein hohes Selbstwertgefühl.
- Bewältigungsoptimismus.
- Selbstbestimmungsbewusstsein.
- die berufliche Stellung/Netzwerke/Freundschaften/Ansehen.

Diese Eigenschaften sind Grundlage, um bestimmte Objekte oder Lebensumstände erreichen zu können: Geld/Vertrauensvorschuss bei Mitmenschen/Informationen/Wissen.

Damit Dinge zu Ressourcen werden können, müssen bestimmte Bedingungen vorliegen. Einen Computer zu besitzen, aber keinen Stromanschluss, kein Anwendungswissen oder kein Geld für das Internet zu haben, macht den Computer wertlos und nicht zu einer Ressource. Insofern sind Ressourcen kontextabhängig.

Ressourcen werden von Privilegien unterschieden. Ein Privileg bedeutet, Möglichkeiten zur Lebensgestaltung zu haben aufgrund der Zugehörigkeit zu einer bestimmten Gruppe, beispielsweise durch einen deutschen Pass. Ein Privileg kann nicht geteilt werden, nur die Ressourcen, die zum Privileg gehören.

Anschließend erstellt jede_r Teilnehmer_in ein eigenes Ressourcenprofil (siehe auch Übung L.). In Arbeitsgruppen werden Unterschiede und Ähnlichkeit der Profile im Modus der Mahloquet reflektiert. Im Plenum erfolgt eine Diskussion über die Bedeutung und Kontextabhängigkeit von Ressourcen und welche Konsequenzen es hat, wenn bestimmte Ressourcen nicht zur Verfügung stehen.

⦿ *Sinn der Übung*
Komplexität und Kontextabhängigkeit von Ressourcen sowie die unterschiedliche Verteilung (geographisch, gesellschaftlich etc. bedingt) werden macht- und herrschaftskritisch sichtbar gemacht und von den Teilnehmer_innen auch individuell reflektiert.

K. Zugehörigkeitsprofil erarbeiten – Diskriminierung in Bezug auf Ressourcen verstehen

In dieser Übung wird die Definition von Struktureller Diskriminierung in Bezug auf Ressourcen vorgestellt. Anschließend wird darüber im Plenum reflektiert:

Diskriminierung in Bezug auf Ressourcen bedeutet: der beschränkte Zugang zu Ressourcen (wie Waren, Dienstleistungen, Anerkennung) sowie der beschränkte Zugang zu Partizipationsmöglichkeiten in gesellschaftlichen Bereichen (wie Institutionen Arbeitsfelder) aufgrund bestimmter Diversitykategorien.

Die Teilnehmer_innen werden gebeten, die Diversitykategorien, die ihnen zugewiesen werden, sowie den damit verbundenen gesellschaftlichen Status (privilegiert/nicht-privilegiert) jeweils für sich alleine in folgende Tabelle einzutragen.

Diversitykategorien	*Status*	
	privilegiert	*nicht privilegiert*
Geschlecht (Gender/Queer)	☐	☐
Soziale Herkunft	☐	☐
Sexuelles Begehren	☐	☐
Physische/psychische Verfasstheit	☐	☐
Aussehen	☐	☐
Migrationsgeschichte	☐	☐
Alter	☐	☐
Ost/West	☐	☐
Stadt/Land/Region	☐	☐
Religion/Weltanschauung	☐	☐
Ergänzungen durch die Teilnehmer_innen:		

Anschließend erfolgt ein Austausch in Zweiergruppen im Modus der Mahloquet zu den Fragen:

- Was war leicht zu identifizieren?
- Was war schwer zu identifizieren?
- Hat dich/Sie etwas überrascht?
- Worüber möchtest du/möchten Sie mehr erfahren?

Die Auswertung im Plenum erfolgt freiwillig und nur zu einzelnen Fragen. Jede_r der Teilnehmer_innen kann etwas im Plenum mitteilen.

⦿ *Sinn der Übung*
Mit dieser Übung wird eine Reflexion darüber angeregt, auf welche Weise sich die Teilnehmer_innen aufgrund ihrer strukturellen Verortung sowohl als Privilegierte als auch als Diskriminierte in der Gesellschaft bewegen. Status und Zugehörigkeiten sind dabei nicht fixiert, sondern können sich verändern und zu neuen strukturellen Positionierungen führen.

L. Eigenes Ressourcenprofil in der Gesellschaft

Die Teilnehmer_innen werden gebeten, ein individuelles Ressourcenprofil in Bezug auf folgende Punkte zu erstellen:

- Materielle Umwelt
- Kleidung
- Lebensbedingungen und Lebensumstände
- Soziales Kapital
- Soziale Kompetenz
- Weiteres

Anschließend erfolgt eine Auswertung in Zweiergruppen. Im Plenum wird besprochen, was die Teilnehmer_innen mitteilen wollen.

⦿ *Sinn der Übung*
Die Komplexität und Kontextabhängigkeit von Ressourcen sowie die Veränderbarkeit und Differenz (geographisch, gesellschaftlich etc. bedingt) werden macht- und herrschaftskritisch sichtbar.

M. Zugrunde liegende Annahmen von Social Justice und Diversity Trainings

Die Teilnehmer_innen erhalten eine Übersicht zu bestimmten Annahmen über die Auseinandersetzung mit Struktureller Diskriminierung, von denen das Social Justice und Diversity Training ausgeht.

- Diskriminierungen werden nicht hierarchisiert: Jede Diskriminierung ist für diskriminierte Menschen schmerzhaft.
- Formen von Diskriminierung sind miteinander verbunden und stabilisieren sich gegenseitig (Systemische Intersektionalität).
- Die Konfrontation mit Struktureller Diskriminierung kann schmerzhaft sein.
- Die Reflexion Struktureller Diskriminierung kann individuelle und gesellschaftliche Veränderungsprozesse anregen.

- Beschämung, Bloßstellung und Moralisierung sind im Sprechen über Diskriminierung nicht hilfreich.
- Verantwortung zu übernehmen unterstützt Veränderungs- und Lernprozesse.

In Arbeitsgruppen werden Perspektiven auf diese Annahmen im Modus der Mahloquet ausgetauscht. Anschließend werden unterschiedliche Sichtweisen zu jeweils einer Annahme kurz im Plenum vorgestellt.

◉ *Sinn der Übung*
Einige der dem Social Justice und Diversity Training zugrunde liegenden Annahmen werden durch Reflexion und unter Einbeziehung unterschiedlicher Sichtweisen erfahrbar.

N. Individuelles Lernen in der Begegnung und Lernen an Wendepunkten

Social Justice und Diversity Trainings eröffnen einen Lernraum, bei dem das Lernen in der Begegnung mit anderen und mit ihren jeweiligen Perspektiven im Zentrum steht. Der Lernprozess ist dabei sehr individuell und wird von den Teilnehmer_innen unterschiedlich reflektiert. Diese Reflexion kann im Training durch eine oder mehrere der folgenden Übungen angeregt und unterstützt werden:

Übung 1: Lernen an Wendepunkten

In der Übung werden Aspekte davon vermittelt, wie Lernen funktioniert und welche Mechanismen Lernen verhindern oder befördern können. Die Teilnehmer_innen haben die Gelegenheit, ihre eigenen Lernprozesse zu reflektieren und zu erkennen, warum sie zu bestimmten Zeitpunkten auf spezifische Weise reagieren. Im Plenum findet ein Gespräch im Modus der Mahloquet über die folgenden Fragen statt:

- In welchen Situationen lernst du/lernen Sie wenig oder überhaupt nichts Neues? Wie reagierst du/reagieren Sie? Woran erkennst du/erkennen Sie das?
- In welchen Situationen lernst du/lernen Sie sehr viel, wird dein/Ihr Denken herausgefordert, findet gar ein Neudenken statt?
  Wie reagierst du/reagieren Sie? Woran erkennst du/erkennen Sie das?

Es folgt ein Input, in dem das Lernen an Wendepunkten vorgestellt wird (siehe Kapitel 3.2). In der anschließenden Übung werden Möglichkeiten des Lernens an Wendepunkten anhand der Erfahrungen der Teilnehmer_innen reflektiert.

Übung 2: Lernerfahrungen am Beispiel von Wendepunkten reflektieren

Die Teilnehmer_innen werden gebeten, sich an Wendepunkte (Situationen, die ihre bisherigen Sichtweisen herausgefordert haben) in ihrer eigenen Lerngeschichte zu erinnern.

- Welche Situationen fallen dir/fallen Ihnen ein, in denen du/Sie Bereiche verlassen hast/haben, die dir/Ihnen vertraut waren?
- Welche Situationen fallen dir/fallen Ihnen ein, wo das bisherige Denken und die bisherigen Denkmuster sehr stark herausgefordert worden sind, so dass du deine/Sie Ihre Meinungen und Einstellungen in Frage gestellt oder verändert hast/haben?

In Arbeitsgruppen wird anschließend darüber reflektiert, um welche Situationen es sich handelte und welche Gefühle und Konsequenzen sie begleiteten. Anschließend fragen die Trainer_innen im Plenum, ob jemand ein Beispiel erzählen möchte und regen eine Reflexion darüber an, was den Teilnehmer_innen durch die Übung bewusst geworden ist.

◉ *Sinn der Übung*
Das jeweils eigene und ganz unterschiedliche Leben der Teilnehmer_innen unter dem Aspekt der Veränderung betrachtet. Damit knüpft das Training an die Fähigkeit zur Veränderungsmöglichkeit des je eigenen Denkens und Denkmusters an.

O. Von Privilegien zum Verbündet-Sein

Gegen Ende des Grundmodules reflektieren die Teilnehmer_innen das Verbündet-Sein als spezifische Form der Solidarität. Den Teilnehmer_innen wird dazu das Arbeitsblatt zum Verbündet-Sein ausgeteilt (siehe Kapitel 4.15.I). Sie werden gebeten, sich im Modus der Mahloquet in Arbeitsgruppen zu folgenden Fragen auszutauschen:

- Habe ich Privilegien und wenn ja, wo?
- Inwiefern kann ich Verbündete_r sein im Sinne der dargestellten Definition?
  ... in Bezug auf meine Sprache.
  ... in Bezug auf Interventionen (Handeln).

◉ *Sinn der Übung*
Die Teilnehmer_innen reflektieren ihre Privilegien hinsichtlich ihrer Möglichkeiten, Verbündete zu sein. Damit wird die Reflexion von Privilegien in einen Raum der Handlungsmöglichkeiten gestellt, in dem sich die Teilnehmer_innen – qua Definition des Verbündet-Seins – für strukturell diskriminierte Menschen einsetzen können, ohne paternalistisch zu sein.

P. Abschlussreflexion

Die Teilnehmer_innen reflektieren die Fragen: Was war inhaltlich und methodisch neu für mich? Worüber möchte ich noch mehr erfahren? Was habe ich über meine Art des Lernens erfahren?

Quellen und Empfehlungen

CZOLLEK, LEAH CAROLA/PERKO, GUDRUN/KASZNER, CORINNE/CZOLLEK, MAX (2019): Praxishandbuch Social Justice und Diversity. Theorien – Training – Methoden. Zweite vollständig überarbeitete und erweiterte Auflage. München/Weinheim: Beltz Juventa.

4.3 Ableismus

Kurzdefinition: Ableismus bedeutet Strukturelle Diskriminierung als Behinderung von Menschen mit (sichtbaren und nicht sichtbaren) physischen und psychischen Beeinträchtigungen.

Inhalte und Intentionen

In diesem Modul werden die Komplexität und Vielfalt von Ableismus als Strukturelle Diskriminierung, d. h. hinsichtlich der Verweigerung von ökonomischer und sozialer Anerkennung auf individueller, institutioneller und kultureller Ebene bearbeitet. Die Biographiearbeit ermöglicht den Teilnehmer_innen einen individuellen Einstieg. Das Zusammenwirken der unterschiedlichen Dimensionen von Diskriminierung wird in Recherche- und Diskussionsphasen untersucht. Im Fokus stehen die konkreten Praxen, physische und soziale Barrieren sowie die Art und Weise, in der Behinderung institutionell und kulturell produziert wird (Behindert-Werden). Auf kultureller Ebene werden tief verwurzelte Auffassungen bezüglich Gesundheit, Produktivität, Schönheit und anderer Werte in ihrem Zusammenhang mit dem Ausschluss all jener reflektiert, die aufgrund ihrer physischen, psychischen, emotionalen, kognitiven oder sensomotorischen Verfasstheit aus dem herausfallen, was jeweils als gesellschaftlich akzeptabel und ‚normal' definiert ist. Das schließt die Geschichte und Gegenwart von Stereotypen im Hinblick auf physische und psychische Verhaltensmöglichkeiten mit ein. Im Modul geht es aber auch um soziale Bewegungen, Initiativen und politische Aktionen, die Behinderung/Behindert-Werden kritisieren und zugunsten der Partizipation von Menschen mit Beeinträchtigung arbeiten.

Vertiefung und Übungen

A. Übung zur Mahloquet

Das Training beginnt – wie jeder der folgenden Themenschwerpunkte – damit, die Bausteine von Social Justice und Diversity Trainings und insbesondere der Methode Mahloquet als ethisch-dialogische Haltung und dialogische Gesprächsform bewusst zu machen. Hierzu wird eine Übung zur Vermittlung der Mahloquet durchgeführt (siehe Kapitel 4.14).

B. Einstiegsreflexion

In Zweiergruppen werden die Teilnehmer_innen gebeten, drei Einstiegsfragen zu besprechen. Im daran anschließenden Plenumsgespräch wird vorrangig die dritte Frage aufgegriffen. Wer eine weitere Reflexion aus der Gruppenarbeit im Plenum teilen möchte, hat die Gelegenheit dazu.

- Wie berührt das Thema Behindert-Werden und Ableismus dein/Ihr aktuelles Leben?
- Was hat kürzlich dein/Ihr Denken über Behindert-Werden herausgefordert?
- Welche Fragen hast du/haben Sie zu diesem Thema?

◉ *Sinn der Übung*
Die Teilnehmer_innen reflektieren ihre aktuelle Verbindung mit dem Thema und lernen auch andere Perspektiven kennen. Aufkommende Fragen können Anregungen für das Training oder darüber hinaus geben.

C. Theoriereflexion

In Arbeitsgruppen tauschen die Teilnehmer_innen ihre Perspektiven auf die folgende These aus:

Behinderung ist eine soziale Konstruktion.

Danach werden im Plenum unterschiedliche Perspektiven vorgestellt.

◉ *Sinn der Übung*
Die Teilnehmer_innen können sich einige Aspekte der theoretischen Hintergründe des Social Justice und Diversity Trainings bewusst machen und lernen, unterschiedliche Sichtweisen auf ein Thema zu respektieren.

D Definition und Begriffe: Gesellschaftlich konstruierte/formulierte Beeinträchtigungen

Im Plenum tragen die Teilnehmer_innen ihr Wissen zu Ableismus und Formen gesellschaftlichen Behindert-Werdens zusammen. Anschließend teilen die Trainer_innen folgenden Text zur Bestimmung von Ableismus aus und erinnern zuvor nochmals an die Definition von Struktureller Diskriminierung (siehe Kapitel 1.2 und 2.2):

Ableismus ist ein alle Bereiche durchdringendes System, in dem Menschen mit physischen, psychischen, kognitiven, emotionalen und/oder sensomotorischen Beeinträchtigungen strukturell diskriminiert werden (Behinderung/Behindert-Werden). Wie Rassismus, Sexismus und andere Formen Struktureller Diskriminierung wird Ableismus auf der individuellen, institutionellen und kulturellen Ebene erzeugt. Tief verwurzelte Glaubenssätze bezüglich Gesundheit, Produktivität, Schönheit und anderer Werte schaffen ein oft feindseliges Klima gegen all jene, die aufgrund ihrer physischen, psychischen, kognitiven, emotionalen und/oder sensomotorischen Verfasstheit aus dem herausfallen, was jeweils als gesellschaftlich akzeptabel und vermeintlich ‚normal' definiert ist. Die Diskriminierungsform ist mit einer Vielzahl an Begriffen beschrieben worden: handicapism, ableism, disability oppression, disability discrimination. Die Erfahrungen, die Menschen machen, die von Ableismus getroffen sind, können stark variieren. So beziehen sich Zuschreibungen aufgrund von Beeinträchtigung (sichtbarer und nicht sichtbarer) auf unterschiedliche Bereiche, u. a.:

- Wahrnehmung (Sehen, Hören, Riechen ...)
- Krankheit (Multiple Sklerose, AIDS ...)
- Entwicklungsbedingungen (Trisomie 21, Autismus ...)
- Psychologisierte/psychiatrisierte Phänomene (Depressionen, manisch-depressives Verhalten, Schizophrenie ...)
- Bewegungseinschränkungen (Querschnittslähmung, Arthrose ...)
- Umweltbedingte Erkrankungen (Allergien, Asthma ...)

Nachdem Verständnisfragen im Plenum geklärt wurden, können abschließend folgende Fragen im Modus der Mahloquet besprochen werden:

- Welche Begriffe stehen auf dieser Liste, die ihr/Sie noch nicht bedacht habt/haben?
- Gibt es Informationen auf der Liste, die du/Sie bisher nicht mit dem Thema Ableismus in Verbindung gebracht hast/haben?
- Verändern diese Informationen deine/Ihre Antwort auf die Frage: Wie berührt das Thema mein Leben?

◉ *Sinn der Übung*
Bei der Darlegung der Vielfalt und Breite des Themas kann ein Bewusstsein für historische, gegenwärtige, persönliche und gesellschaftliche Dimensionen der Diskriminierungsform und ihrer Wandelbarkeit entstehen.

E. Themenbezogene Biographiearbeit

In einer Einzelübung reflektieren die Teilnehmer_innen individuell folgende Fragen zu ihren biographischen Erfahrungen:

- Was sind deine/Ihre frühesten Erinnerungen an oder Erfahrungen mit Menschen mit Beeinträchtigung?
- Welche Bilder, Eindrücke, Gefühle hattest du/hatten Sie als Kind bezüglich Menschen mit Beeinträchtigung?
- Welche Botschaften haben die Menschen in deiner/Ihrer Umgebung (Eltern, Lehrer_innen, Freund_innen) über Menschen mit Beeinträchtigungen vermittelt?
- In welcher Weise haben diese Botschaften dein Denken über dich/Sie selbst beeinflusst?
- Welche Eindrücke, Gedanken und Gefühle hattest du/hatten Sie dann als Erwachsene_r gegenüber Menschen mit Beeinträchtigungen?
- Wie haben diese Gedanken sich über die Jahre verändert oder sind sie gleichgeblieben?

In Arbeitsgruppen werden im Anschluss an die Biographiearbeit folgende Fragen besprochen:

- Welche Formen von Beeinträchtigung kommen in deinen/Ihren frühen Erinnerungen vor? Welche kommen nicht vor?
- Welches sind ein oder zwei nachklingende Wahrnehmungen oder Eindrücke aus deiner/Ihrer Vergangenheit, die du/Sie genauer untersuchen möchtest/möchten?

Nach dem Austausch unter den Teilnehmer_innen wird im Plenum eine Metafrage an die Gruppe gestellt:

- Was ist dir/ist Ihnen durch diese Übung bewusst geworden? Gibt es etwas, was du/Sie noch mit der Gruppe teilen möchtest/möchten?

◉ *Sinn der Übung*
Die Bewusstwerdung über die eigenen Erfahrungen und die Wahrnehmung von Gemeinsamkeiten und Unterschieden durch die Teilnehmer_innen binden die strukturellen Zusammenhänge des Themas zurück an das persönliche Erleben und die individuellen Reflexionen. Fragen von Sichtbarkeit und Unsichtbarkeit bestimmter Menschen und nach den Gründen hierfür können in den Vordergrund treten.

F. Sichtbarmachung von Lebenswelten

Im Plenum wird der Dokumentarfilm *Almost Real Life* (Blank 2003) gezeigt. Der Film über die Berliner Theatergruppe Ramba Zamba handelt von einer Gruppe von Schauspieler_innen mit Trisomie 21 und zeigt ihre Erfahrungen im Probenprozess für ein Theaterstück.

Nach dem Film besprechen die Teilnehmer_innen unten stehende Fragen. Über die letzte Frage wird im Plenum weitergesprochen.

- Welche Gefühle sind aufgetaucht?
- Wie hat der Film deinen/Ihren Blick auf die Konstruktion Behinderung verändert?

◉ *Sinn der Übung*
Durch Sichtbarmachung und das Wahrnehmen von Lebenswelten können Identifikations- und/oder Verstehensebenen hergestellt werden.

G. Analyse der Herstellung Struktureller Diskriminierung

Die Teilnehmer_innen werden gebeten, sich in Arbeitsgruppen zusammenzufinden. Die Themen können durch eine Internetrecherche, bereitgestellte Materialien (z. B. kurze Texte oder Broschüren) sowie unter Rückgriff auf eigenes Wissen bearbeitet werden. Die folgenden Punkte sind als Angebote für die Arbeitsgruppen gemeint, die um Ideen der Teilnehmer_innen ergänzt werden können:

- Recherchegruppe: Recherche zur institutionellen Verankerung von Diskriminierung (z. B. Ableismus im Gesundheitswesen, auf dem Arbeitsmarkt, im Bereich Wohnen).
- Diskriminierungsmatrix: Recherche zu der Frage, wie Behinderung historisch erzeugt/zugeschrieben wurde und sich über institutionelle, kulturelle und individuelle Maßnahmen als Strukturelle Diskriminierung entwickelte.
- Fotogruppe: Visuelle Dokumentation der Umgebung in Bezug auf Barrieren und Ausschlüsse.
- Recherchegruppe: Recherche zu sozialen Bewegungen, Initiativen und politischen Aktionen zugunsten der Partizipation von Menschen mit Beeinträchtigung.

Im Falle der Analyse von Stereotypen, achtet/achten Sie bitte darauf, Stereotype nur soweit zu benennen, dass es der Reflexion über ihre Herstellung dienlich ist. Die Analyse dient dem Verständnis der hinter den Stereotypen stehenden Normen und Mechanismen, welche über bestimmte Sprach-/Bilder durchgesetzt werden sollen. Die Sprach-/Bilder selbst sollen dabei so wenig wie möglich als solche reproduziert werden.

Im Plenum präsentieren die Teilnehmer_innen anschließend die Ergebnisse ihrer Recherche in einer frei gewählten Form (Flipchart, Karteikarten, Bild, Theater etc.).

◉ *Sinn der Übung*
Die Übung macht deutlich, wie sich Ableismus durch das Zusammenwirken individueller, kultureller und institutioneller Praxen wie auch im unmittelbaren Umfeld der Teilnehmer_innen manifestiert. Der Fokus auf soziale Bewegungen, Initiativen und politische Aktionen unterstreicht zugleich, dass es eine Widerstandsgeschichte und -gegenwart gibt, Menschen sich also gegen die Diskriminierungsform zur Wehr setzen.

H. Historische Dimension: Zeitleiste

Den Teilnehmer_innen werden Textmaterialien zur Geschichte des Ableismus zur Verfügung gestellt, die durch eigene Recherchen und eigenes Wissen ergänzt oder ersetzt werden können. Dabei werden Zeitabschnitte unter den einzelnen Arbeitsgruppen aufgeteilt. Die erste Gruppe beschäftigt sich mit dem Zeitraum Antike, die zweite Gruppe mit dem Mittelalter bis zur frühen Neuzeit, die dritte Gruppe mit dem 18./19. Jahrhundert, die vierte mit Nationalsozialismus und seiner Vorgeschichte, die fünfte Gruppe mit der jüngeren Geschichte. Für jeden Zeitraum sollen Informationen über Strukturelle Diskriminierung von Menschen mit Beeinträchtigungen sowie über alternative Ideen und Bewegungen erarbeitet werden. Die Ergebnisse werden auf einen Zeitstrahl eingetragen, der von den Teilnehmer_innen abschnittweise vorgestellt wird. Es folgt ein Austausch im Plenum über folgende Fragen:

- Worüber hast du/haben Sie etwas in der Schule gelernt?
- Welche Informationen beschäftigen dich/Sie am meisten?
- Worüber möchtest du/möchten Sie mehr erfahren?

Alternativ zu dieser Übung kann auch ein Input in Form eines Vortrages durch die Trainer_innen gegeben oder ein Film zur Geschichte von Ableismus gezeigt werden.

◉ *Sinn der Übung*
Die Teilnehmer_innen werden sich der Tradierung von Stereotypen sowie der Geschichte alternativer Denk- und Wahrnehmungsformen und sozialer Bewegungen bewusst. Dadurch können sowohl Reproduktions- als auch Veränderungspotentiale erkannt werden.

I. Systemische Intersektionalitäten

Die Teilnehmer_innen werden gebeten, ein Beispiel aus dem Modul Ableismus oder aus ihrer Praxis und ihren Erfahrungen auszuwählen. Anhand dieses Beispiels besprechen sie, welche Aspekte Systemischer Intersektionalität darin enthalten sein können. Sie präsentieren ihre Ergebnisse in einer selbst gewählten Form (Flipchart, Karteikarten, Bild, Theater etc.).

◉ *Sinn der Übung:*
Die Teilnehmer_innen werden für Systemische Intersektionalitäten in Bezug auf Ableismus, d. h. Überschneidungen mit anderen Diskriminierungsformen sensibilisiert.

J. Handlungsoptionen: Coaching

Die Erarbeitung von Handlungsoptionen mithilfe einer Coaching-Phase dient einer Konkretisierung von Ideen zu Handlungsmöglichkeiten. Die Teilnehmer_innen beantworten zunächst individuell eine Frage zur Vorbereitung einer konkreten Aktion in ihrem jeweiligen Lebens- oder Arbeitskontext, darauf folgt eine Coaching-Phase in einer Arbeitsgruppe. Die Teilnehmer_innen beantworten zunächst individuell folgende Frage:

- Wo sehe ich Möglichkeiten, in meinen Lebensbereichen Veränderungen zu initiieren/umzusetzen, um Ableismus zu verhindern?

Die anderen Teilnehmer_innen coachen den_die Teilnehmer_in mit folgenden Fragen:

- Was brauchst du/brauchen Sie dafür?
- Wer kann dich/Sie unterstützen?
- Welche Verbündeten hast du/haben Sie?
- Was ist ein realistischer Zeitplan?

Nach der Übung kehrt die Gruppe in das Plenum zurück, wo abschließend die Frage diskutiert wird:

- Gibt es etwas, das ihr/Sie mit der Gruppe teilen möchtet/möchten?

◉ *Sinn der Übung*
Die Teilnehmer_innen entwickeln Handlungsoptionen für selbstorganisiertes Handeln und/oder Handeln als Verbündete, regen sich wechselseitig an, aktiv zu werden, das Thema weiter zu verfolgen und sich über eigene Ansatzpunkte und realistische Schritte für eine Umsetzung bewusst zu werden.

K. Abschlussreflexion

Das Modul wird damit beendet, dass die Teilnehmer_innen sich über folgende Fragen Gedanken machen: Welche Sichtweisen sind für dich/Sie neu gewesen? Worüber möchtest du/möchten Sie weiter nachdenken? Dabei können die Teilnehmer_innen die unterschiedlichen Übungsschritte noch einmal Revue passieren lassen und eine Weiterarbeit zum Thema Ableismus wird angeregt.

Quellen und Empfehlungen

BLANK, ROSEMARIE (2003): Als wär's das wahre Leben/Almost Real Life [Dokumentarfilm]. Berlin.

HECHLER, SEBASTIAN/KAMPMEIER, ANKE S./KRAEHMER, STEFFI/MICHELS, KATRIN (Hg.) (2018): Exklusiv INKLUSIV – Inklusion kann gelingen. Forschungsergebnisse und Beispiele guter Praxis. Neubrandenburg: Hochschule Neubrandenburg.

KOREN, YEHUDA/NEGEV, EILAT (2003): Im Herzen waren wir Riesen. Die Überlebensgeschichte einer Liliputanerfamilie. München: Econ Verlag.

MASUHR, LILIAN (2012): Zur Geschichte des Umgangs mit Behinderung. In: Leidmedien.de [Blog]. Online unter: https://leidmedien.de/geschichte/zur-geschichte-des-umgangs-mit-behinderung/ [letzter Zugriff 31.1.2019].

UN-BEHINDERTENRECHTSKONVENTION (2008): Online unter: www.institut-fuer-menschenrechte.de/fileadmin/user_upload/PDF-Dateien/Pakte_Konventionen/CRPD_behindertenrechtskonvention/crpd_b_de.pdf [letzter Zugriff: 18.2.2019].

Blogs/Webseiten:

LEIDMEDIEN.DE [Blog]: https://leidmedien.de/ [letzter Zugriff: 4.12.2018].

RAUL KRAUTHAUSEN [Blog]: www.raul.de [letzter Zugriff: 4.12.2018].

REBECCA MASKOS [Blog]: https://rebecca-maskos.net [letzter Zugriff: 4.12.2018].

4.4 Adultismus

Kurzdefinition: Adultismus bedeutet Strukturelle Diskriminierung, der Kinder und Jugendliche mit Bezug auf ihr Alter ausgesetzt sind.

Inhalte und Intentionen

Das Thema Adultismus war lange Zeit weitgehend unbekannt. Zugleich existiert(e) ein Wissen über Kinderarmut oder sexualisierte Gewalt gegenüber Kindern, an das angeknüpft werden kann. In dem Modul geht es darum, wie Stereotype und Mythen, Barrieren und Praxen zum Thema Kinder und Jugendliche kulturell, institutionell und individuell vermittelt und festgeschrieben werden. Die Biographiearbeit erlaubt die Reflexion der jeweils eigenen Erfahrungen als Kind oder Jugendliche_r. Darüber hinaus ermöglichen theoretische Inputs, filmische Arbeiten, eine Erläuterung der Hintergründe des Begriffs Adultismus sowie Rechercheaufgaben zu konkreten Beispielen ein vertieftes Verständnis der Diskriminierungsform. Wichtig sind dabei auch die Aspekte der Sprache und Etikettierungen hinsichtlich der Frage, wie ein Dialog mit Kindern und Jugendlichen in einer gewaltfreien, nicht wertenden und nicht entmündigenden Weise geführt werden kann. Das schließt eine Bezugnahme auf ihre Perspektive mit ein.

Vertiefung und Übungen

A. Übung zur Mahloquet

Das Training beginnt – wie jeder Themenschwerpunkt – damit, noch einmal die Bausteine von Social Justice und Diversity Trainings und insbesondere der Methode Mahloquet als ethisch-dialogische Haltung und dialogische Gesprächsform bewusst zu machen. Hierzu wird eine Übung zur Vermittlung der Mahloquet durchgeführt (siehe Kapitel 4.14).

B. Einstiegsreflexion: Zitatgalerie

Die Trainer_innen heften unten stehende Thesen an die Wände und bitten die Teilnehmer_innen, sich durch den Raum zu bewegen, die Zitate anzuschauen und sich für eines zu entscheiden. Anschließend bekommen die Teilnehmer_innen einige Minuten Zeit, sich im Modus der Mahloquet über die Zitate auszutauschen. Nach einer kurzen Diskussion rotieren die Teilnehmer_innen zum nächsten Zitat, wo sie sich wiederum kurz austauschen können.

- Die Erwachsenen sind ein ‚Wir', das die Welt für sich gestaltet.
- Die Art und Weise, wie Erwachsene die Welt gestalten, schafft bestimmte Strukturen, in denen Kinder leben müssen.
- Menschen denken als Erwachsene nicht gerne an ihre Kindheit zurück, sondern verdrängen sie.
- Nicht selten lernen Kinder Verbote und Gebote; sie lernen nicht, ihre Meinung zu sagen.
- Unsere eigene Kindheit ist eine Ressource für Veränderungen zugunsten von Kindern.

Nach der Diskussionsphase kommen die Teilnehmer_innen wieder im Plenum zusammen und tauschen sich im Modus der Mahloquet aus über die Frage:

- Was war neu für dich?

◉ *Sinn der Übung*

Die Thesen helfen dabei, sich gedanklich und dialogisch auf das Thema einzustellen und einige zentrale Aspekte des Moduls einzuführen, die in den kommenden Übungen vertiefend behandelt werden.

C. Sichtbarmachung von Lebenswelten

Im Plenum wird der Film *Kurz in der Welt* gezeigt.

> Dokumentarspielfilm *Kurz in der Welt* (Ritz/Zami 2012)
>
> Der Film handelt davon, was es bedeutet, als Kind in einer Welt zu leben, in der Erwachsene das Sagen haben. Die Kinder, die diesen Film konzipierten, zeigen die Gesellschaft aus ihrer Perspektive und verdeutlichen so adultistische Praxen. Dadurch wird auch die Intention des Filmes deutlich, der sich gegen Adultismus ausspricht.

Vor dem Film werden die Teilnehmer_innen gebeten, auf folgende Fragen zu achten:

- Was ist dir/Ihnen aufgefallen?
- Welche Fragen haben sich ergeben?
- Wie regt der Film dich/Sie dazu an, neue Perspektiven zu entwickeln?

Nach dem Film bespricht die Gruppe die Fragen im Plenum im Modus der Mahloquet. Die Trainer_innen können darauf hinweisen, dass die Teilnehmer_innen nur das mitteilen brauchen, was sie mitteilen möchten.

◉ Sinn der Übung
Der Bezug auf die Perspektive der Kinder hilft bei der weiteren Vertiefung in die Komplexität des Themas. Die Sichtbarmachung und das Hören unterschiedlicher Perspektiven im Plenum unterstützt die Einordnung des Gesehenen.

D. Themenbezogene Biographiearbeit

Bei der Biographiearbeit werden die Teilnehmer_innen gebeten, folgende Fragen individuell zu reflektieren:

Wie hast du/haben Sie folgende Punkte erfahren oder beobachtet:

- Jemand hat für dich/Sie mit Bezug auf dein/Ihr Alter eine Entscheidung getroffen.
  - Jemand hat vermutet, dass du/Sie etwas wegen deines/Ihres Alters nicht verstehen kannst/können.
  - In deine/Ihre Privatsphäre wurde mit Bezug auf dein/Ihr Alter eingegriffen.
- Fallen dir/fällt Ihnen ein Zusammenhang zwischen deinen/Ihren Erlebnissen und der Position von Kindern/Jugendlichen in der Gesellschaft ein?

Nach der Einzelübung finden sich die Teilnehmer_innen im Plenum zusammen, wo gemeinsam die letzte Frage im Modus der Mahloquet diskutiert wird.

◉ Sinn der Übung
Die Teilnehmer_innen fokussieren die eigenen Erfahrungen, um eigene Sozialisationsprozesse bewusster nachzuvollziehen. Die abschließende Diskussion richtet die Aufmerksamkeit auf die Verbindung von individueller, institutioneller und kultureller Ebene von Diskriminierung.

E. Definition und Begriffe

Die Trainer_innen teilen folgende Definitionen an die Teilnehmer_innen aus und erinnern zuvor nochmals an die Definition von Struktureller Diskriminierung (siehe Kapitel 1.2 und 2.2):

> Adultismus
>
> Begriff für Kinder- und Jugenddiskriminierung (englisch: adultism, abgeleitet von adult: erwachsen); der Begriff ist seit den 1990er Jahren im Kontext von Social Justice und der UN-Kinderrechtskonvention (1989/1990) in den USA entstanden.
>
> *Definition:* Strukturelle Diskriminierung von Kindern und Jugendlichen, die auf der Annahme beruhen, dass Erwachsene reifer, erfahrener und wissender seien als junge Menschen und deshalb über sie bestimmen und verfügen können. Diese Diskriminierung wird durch Institutionen und Gesetze unterstützt. Aus dieser Perspektive ist die Gesellschaft zumeist adultistisch gestaltet, das heißt, nicht durchgängig an den Bedarfen von Kindern und Jugendlichen ausgerichtet.
>
> *Systemische Intersektionalität:* Die Diskriminierung von Kindern und Jugendlichen findet auch in Verschränkung mit anderen Gruppenzugehörigkeiten (z. B. soziale Herkunft, sexuelles Begehren etc.) bzw. der Gruppenzugehörigkeit ihrer Eltern und sozialen Bezugspersonen und den dazugehörigen Diskriminierungsformen statt.

◉ *Sinn der Übung*
Durch das gemeinsame Gespräch haben die Teilnehmenden die Möglichkeit, Fragen zu klären und Dimensionen der Diskriminierungsform zu reflektieren.

F. Historische Dimension

Die Trainer_innen geben einen Input zu Adultismus mit folgenden Inhalten:

Vorgeschichte bzw. Gegenwart (Beispiele)

- Die sogenannte „Prügelstrafe" war in Schulen kurz nach dem Zweiten Weltkrieg verboten, dann wurde sie in der Bundesrepublik wieder eingeführt. Sie wurde erst Anfang der 1970er Jahre abgeschafft.
- Bis 1990 gab es keine Kinderrechte in der Bundesrepublik Deutschland: Die Bundesregierung hatte die UN-Kinderrechtskonvention 1990 zunächst nur unter „ausländerrechtlichen" Vorbehalten unterschrieben, denen zufolge das deutsche „Ausländerrecht" Vorrang vor den Verpflichtungen der Konvention hatte. Deutschland verhängte als einziges europäisches Land gegen Kinder und Jugendliche Abschiebehaft.
- Seit 2000 erst haben in der Bundesrepublik Kinder ein Recht auf gewaltfreie Erziehung; bis zu diesem Zeitpunkt war das Schlagen durch Eltern erlaubt.
- Bis heute gibt es keine parlamentarische Mehrheit für die Festschreibung von Kinderrechten im Grundgesetz.

Nach dem Input findet im Plenum ein Austausch im Modus der Mahloquet statt.

◉ *Sinn des Inputs*
Den Teilnehmer_innen wird ein Verständnis für den Begriff und die Bedeutung von Adultismus im Kontext von Kinderrechten vermittelt.

G. Analyse der Herstellung Struktureller Diskriminierung

Die Teilnehmer_innen werden gebeten, sich in Gruppen konkrete Beispiele für Adultismus zu erarbeiten (unter Einbezug von Internetrecherche, Interviews, bereitgestellten Materialien). Jede Gruppe untersucht einen der folgenden Bereiche hinsichtlich der Frage: Wie wird Kinder- und Jugenddiskriminierung im gewählten Bereich auf individueller, kultureller und/oder institutioneller Ebene hergestellt und erhalten? Dabei können auch Anmerkungen zur historischen Entwicklung und ihrer Wirkung in der Gegenwart einfließen (Diskriminierungsmatrix).

- Familie
- Bildungswesen
- Wirtschaft
- Rechtswesen

- Arbeitswelt
- Soziale Sicherungssysteme
- Gesundheitswesen
- Religiöse Gruppen
- ...

Im Falle der Analyse von Stereotypen, achtet/achten Sie bitte darauf, Stereotype nur soweit zu benennen, dass es der Reflexion über ihre Herstellung dienlich ist. Die Analyse dient dem Verständnis der hinter den Stereotypen stehenden Normen und Mechanismen, welche über bestimmte Sprach-/Bilder durchgesetzt werden sollen. Die Sprach-/Bilder selbst sollen dabei so wenig wie möglich als solche reproduziert werden.

Im Plenum präsentieren die Teilnehmer_innen anschließend die Ergebnisse ihrer Recherche in einer frei gewählten Form (Flipchart, Karteikarten, Bild, Theater etc.).

◉ *Sinn der Übung*
Durch die Übung können konkrete Mechanismen der gesellschaftlichen Herstellung von Kinder- und Jugenddiskriminierung untersucht und damit sichtbar gemacht werden.

H. Kulturelle Diskriminierung am Beispiel „Kinder in der Werbung"

Die kulturelle Diskriminierung im Kontext von Adultismus kann am Beispiel des Themas „Kinder in der Werbung" besprochen werden, wobei die Teilnehmenden dazu mitgebrachte Werbematerialien verwenden und/oder selbst im Internet recherchieren können.

Im Plenum werden folgende Fragen besprochen:

- Welche Bilder von Kindheit und Kindern werden erzeugt?
- Wie werden Kinder behandelt?
- Wo seht ihr/sehen Sie Überschneidungen mit anderen Diskriminierungsformen?

◉ *Sinn der Übung*
Die Kursteilnehmenden werden dazu angeregt, die kulturelle Ebene von Adultismus zu reflektieren und auch über Dimensionen Systemischer Intersektionalität nachzudenken.

I. Sprache und Diskriminierung

Ein weiterer Baustein des Moduls sind die Themen Sprache und Etikettierungen im Umgang mit Kindern und Jugendlichen. Die Teilnehmer_innen werden gebeten, sich in Vierergruppen zusammenzufinden. Dabei wird eine Karte mit Etikettierungen und Stereotypisierungen von Kindern und Jugendlichen ausgeteilt. Ihre Benennung ist für die kritische Besprechung mit den Teilnehmer_innen unumgänglich. Hier finden sich Aussagen wie:

- „Peter ist der Klassenkasper"
- „Maria ist eine Schusseltante"
- „Hakan ist eine Quasselstrippe"
- „Karl ist ein kleiner Professor"
- „Karin ist unser Dickerchen"
- „Ayşe ist eine Prinzessin"

Zu folgenden Fragen können die Teilnehmer_innen sich austauschen:

- Wie wirken diese Aussagen auf dich/Sie?
- Welche Auswirkungen haben diese Aussagen auf Kinder und Jugendliche?

Im Plenum wird die Frage besprochen:

- An welchen Punkten gab es unterschiedliche Perspektiven in eurer/Ihrer Diskussion?

Es folgt eine Diskussion im Modus der Mahloquet darüber, wie mit Kindern und Jugendlichen in einer gewaltfreien, nicht wertenden Weise ein Dialog geführt werden kann.

◉ *Sinn der Übung*
Diskriminierende Sprache und ihre Konsequenzen werden mit dieser Übung auch in Bezug auf unter Umständen harmlos erscheinende Zuschreibungen reflektiert.

J. Queere Kinder und Jugendliche

Die Trainer_innen geben einen Input zum Thema Queere Kinder und Jugendliche:

> Mit queeren Kindern und Jugendlichen sind schwule, lesbische, bisexuelle oder trans* Kinder und Jugendliche gemeint. Sie gehen schweigend und versteckt durch das Leben, durch Familien, durch Schulen und ihr Wohnumfeld. Lange bevor sie verstehen, was das Wort schwul, lesbisch, trans* etc. meint, haben sie bereits den Glauben vermittelt bekommen, dass diese Begriffe etwas Unnatürliches und mit Scham Besetztes bezeichnen. Sie erfahren die Vorurteile in ihrem Umfeld und nehmen sie auf. Viele Menschen denken, dass es schwule, lesbische, bisexuelle oder trans* Kinder und Jugendliche überhaupt nicht gäbe. Tatsächlich gibt es sie aber und sie wachsen häufig in einem gesellschaftlichen Umfeld auf, in dem sie sich schon sehr früh als anders und stigmatisiert erfahren.
>
> Queere Kinder und Jugendliche werden in Institutionen und Familien häufig diskriminiert (Herabsetzung, Bedrohung, Druck) oder ignoriert (Schweigen), oder es wird so getan, als sei nichts: Dies ist das Ergebnis einer Kultur, die von Erwachsenen erschaffen und aufrechterhalten und von Kindern reproduziert wird. Manche Kinder entwickeln schon sehr früh eine Idee ihres sexuellen Begehrens, manche durchlaufen verschiedene Phasen des Ausprobierens und Zurückweichens vor gesellschaftlichen Zwängen. Nach wie vor ist die Suizidgefährdung bei lesbischen, schwulen und trans* Jugendlichen vier Mal höher als bei heterosexuellen Jugendlichen.
>
> Coming Out bezeichnet die Bewusstwerdung über und das Öffentlichmachen der schwulen/lesbischen/bi/trans* Identität. Die Form wird erst im Kontext einer heterosexuellen Kultur verständlich, denn es braucht kein heterosexuelles Coming Out. Heterosexismus trifft auch die Kinder queerer Eltern: Wenn die Eltern für ‚schlecht' und ‚falsch' gehalten werden, dann müssen es die Kinder auch sein oder sie werden bedauert, weil sie ja keine sogenannten ‚richtigen' Eltern hätten.

Nach dem Input können sich die Teilnehmer_innen im Plenum dialogisch über das Thema austauschen.

◉ *Sinn des Inputs*
Adultismus kann von den Teilnehmer_innen in der Verbindung von Heterosexismus und Heteronormativität reflektiert werden. Damit wird ein Aspekt Systemischer Intersektionalitäten unterstrichen.

I. Systemische Intersektionalitäten

Die Teilnehmer_innen werden gebeten, sich in Arbeitsgruppen ein Stereotyp auszuwählen und gemeinsam zu erarbeiten, inwiefern sich intersektionale Zusammenhänge zu anderen Diskriminierungsformen zeigen. Dabei helfen folgende Fragen:

- Welche Überschneidungen mit anderen Diskriminierungsfomen, wie z. B. Antiromaismus, Heterosexismus, Sexismus, Rassismus, Antisemitismus, Klassismus etc. gibt es konkret?
- Was fällt euch/Ihnen dabei auf?

Alternativ kann die Übung zur Systemischen Intersektionalität auch an die Analyse zur Herstellung Struktureller Diskriminierung (Modulübung G) anknüpfen. Die Fragen lauten dann:

- Auf welche Weise hängt eines der erarbeiteten Beispiele mit mindestens einer weiteren Diskriminierungsform wie z. B. Antiromaismus, Heterosexismus, Sexismus, Rassismus, Antisemitismus, Klassismus zusammen?
- Was fällt euch/Ihnen dabei auf?

Im Plenum gibt es anschließend Raum für die Vorstellung der Ergebnisse der einzelnen Arbeitsgruppen.

◉ *Sinn der Übung*
Das Bewusstsein über Systemische Intersektionalitäten ist ein weiterer zentraler Aspekt von Social Justice und Diversity. In der Übung haben die Teilnehmer_innen Gelegenheit, Unterschiede und Ähnlichkeiten von Adultismus mit anderen Diskriminierungsformen zu untersuchen und zu verstehen.

L. Handlungsoptionen

Die Teilnehmer_innen diskutieren in Arbeitsgruppen unten stehende Fragen. Anschließend sollen einige Ergebnisse der letzten Frage (mit Unterfragen) im Plenum vorgestellt werden:

- Wo spielt Adultismus in deinem/Ihrem eigenen (Arbeits-)Kontext eine Rolle?
- Kannst du dich/können Sie sich an adultistische Situationen erinnern, bei denen du/Sie schon einmal interveniert hast/haben?
- Welche zukünftigen Ideen hast du/haben Sie, um Adultismus zu unterbrechen oder zurückzuweisen?

Die Erarbeitung von Handlungsoptionen kann auch mithilfe eines gegenseitigen Coachings erfolgen (siehe dazu Kapitel 4.3).

◉ *Sinn der Übung*
In der Übung wird der Fokus auf die Handlungsmöglichkeiten der Teilnehmer_innen gelegt und im gemeinsamen Austausch werden weitere Ideen für anerkennendes Handeln entwickelt. Durch die Präsentation im Plenum erhalten alle Teilnehmer_innen die Möglichkeit, an den Ideen der anderen Arbeitsgruppen teilzuhaben.

M. Abschlussreflexion

Das Modul wird damit beendet, dass die Teilnehmer_innen über folgende Fragen nachdenken: Welche Sichtweisen sind für dich/Sie neu gewesen? Worüber möchtest du/möchten Sie weiter nachdenken? Dabei können die Teilnehmer_innen die unterschiedlichen Übungsschritte noch einmal Revue passieren lassen und eine Weiterarbeit zum Thema Adultismus wird angeregt.

Quellen und Empfehlungen

BAIER, JO (2003): Schwabenkinder [Fernsehfilm]. Deutschland/Österreich.

BERLINER, ALAIN (1997): Mein Leben in Rosarot [Spielfilm]. Frankreich/Belgien/Großbritannien.

REDZEWSKY, PATRICIA (2012): Gleichberechtigte Teilhabe von Kindern gegen Adultismus. In: Quer – denken lesen schreiben, 18/12, S. 24–27. Online unter: www.ash-berlin.eu/fileadmin/Daten/Einrichtungen/Frauenbeauftragte/Quer/18_2012_Sozial_Justice.pdf [letzter Zugriff: 31.1.2019].

RITZ, MANUELA (2008): Adultismus – ein unbekanntes Phänomen: Ist die Welt nur für Erwachsene gemacht? In: Wagner, Petra (Hg.): Handbuch Kinderwelten. Vielfalt als Chance. Grundlagen einer vorurteilsbewussten Erziehung. Freiburg i. Br.: Herder.

RITZ, MANUeLA/ZAMI, LAYLA (2012): Kurz in der Welt: Die Welt in den Augen der Kinder [Dokumentarfilm]. Berlin.

UN-KINDERRECHTSKONVENTION (1992): Übereinkommen über die Rechte des Kindes. Online unter: www.bmfsfj.de/blob/93140/78b9572c1bffdda3345d8d393acbbfe8/uebereinkommen-ueber-die-rechte-des-kindes-data.pdf [letzter Zugriff: 11.2.2019].

WENSIERSKI, PETER (2006): Schläge im Namen des Herrn. Die verdrängte Geschichte der Heimkinder in der Bundesrepublik Deutschland. München: Deutsche Verlags-Anstalt.

Blogs/Webseiten:

FONDS HEIMERZIEHUNG [Webseite]: www.fonds-heimerziehung.de/ [letzter Zugriff: 4.12.2018].

4.5 Ageismus

Kurzdefinition: Ageismus bedeutet Strukturelle Diskriminierung von alten/älteren Menschen aufgrund ihres Geburtsjahres und ihnen zugeschriebener Altersbilder.

Inhalte und Intentionen

Ziel des Moduls ist eine Reflexion zur Strukturellen Diskriminierung von Menschen aufgrund ihres Geburtsjahres und ihnen zugeschriebener Altersbilder. Dabei werden diskriminierende Praxen, Stereotype und Annahmen über Fähigkeiten und Befindlichkeiten von älteren/alten Menschen besprochen und über gesellschaftliche Barrieren reflektiert. Die individuelle Verstrickung mit der Diskriminierungsform und das individuelle Verhältnis zum Thema Alter sind ebenso Teil der Reflexion wie die Recherche zu konkreten Beispiele der kulturellen und institutionellen Dimensionen von Ageismus (z. B. Konsequenzen für die Arbeitssuche, am Arbeitsplatz, im Gesundheitssystem, im Bildungssystem etc.). Das Training endet mit der Thematisierung Systemischer Intersektionalität und der Erarbeitung von Veränderungsperspektiven hin zu einer inklusiven und partizipativen Gesellschaft.

Vertiefung und Übungen

A. Übung zur Mahloquet

Das Training beginnt – wie bei jedem Themenschwerpunkt – damit, noch einmal die Bausteine von Social Justice Trainings und insbesondere der Methode Mahloquet als ethisch-dialogische Haltung und dialogische Gesprächsform bewusst zu machen. Hierzu wird eine Übung zur Vermittlung der Mahloquet durchgeführt (siehe Kapitel 4.14).

B. Einstiegsreflexion: Sprache/Sprichwörter über ältere/alte Menschen

In Arbeitsgruppen werden die Teilnehmer_innen gebeten, einige Beispiele zu Annahmen über ältere/alte Menschen zu sammeln (z. B. „alte Menschen brauchen Hilfe“) und sich über folgende Frage im Modus der Mahloquet auszutauschen:

- Welche gesellschaftlichen Normen sind mit den ausgewählten Bezeichnungen verbunden?

⦿ *Sinn der Übung*
Die Teilnehmer_innen haben die Gelegenheit, sich über die Wirkungen von Sprachhandlungen auszutauschen und sich ihre Hintergründe bewusst zu machen.

C. Themenbezogene Biographiearbeit

Die Teilnehmer_innen reflektieren über einige der folgenden Fragen zunächst je alleine, dann in wechselnden Zweiergruppen:

- Wie wurde in deiner/Ihrer Umgebung über ältere/alte Menschen gesprochen?
- Was hast du/haben Sie früh über ältere/alte Menschen gelernt in Bezug auf die Teilnahme am Arbeitsprozess oder am kulturellen Leben der Gesellschaft?
- Hast du/haben Sie schon einmal davon gehört, dass älteren/alten Menschen medizinische Leistungen verweigert wurden?
- Hast du/haben Sie schon einmal wahrgenommen, dass in die Privatsphäre von älteren/alten Menschen eingegriffen wurde?
- Hast du/haben Sie schon einmal wahrgenommen, dass ältere/alte Menschen aufgrund ihres Alters eine Arbeitsstelle nicht bekommen haben?
- Wo begegnen dir/Ihnen ältere/alte Menschen in der Werbung und in Filmen?
- Hast du dich/haben Sie sich schon oft mit dem Thema des eigenen Alt-Werdens in dieser Gesellschaft beschäftigt?

Im Plenum wird über die Frage reflektiert:

- Was hat dich/Sie überrascht?

⦿ *Sinn der Übung*
Die Teilnehmer_innen machen sich ihre persönlichen Erfahrungen und Wahrnehmungen vom Älter-Sein in der Gesellschaft bewusst und lernen unterschiedliche Perspektiven auf das Thema kennen.

D. Definition und Begriffe

Die Trainer_innen teilen folgende Definition aus und erinnern zuvor nochmals an die Definition von Struktureller Diskriminierung (siehe Kapitel 1.2 und 2.2):

Ageismus (englisch: ageism, abgeleitet von age: Alter) bezeichnet Strukturelle Diskriminierung (inklusive der sozialen, ökonomischen und kulturellen Benachteiligung) von Einzelpersonen oder Personengruppen aufgrund ihres Lebensalters. Neben der materiellen Diskriminierung (Einkommen, Barrieren etc.) wirkt Ageismus über Stereotype und Verhaltensweisen, welche Menschen wesentliche Fähigkeiten gesellschaftlicher Teilhabe und Partizipation aufgrund ihres Alters absprechen.

Optional: Nachdem Verständnisfragen im Plenum geklärt worden sind, wird folgende Frage zum Thema Ageismus im Modus der Mahloquet besprochen:

- Was bedeutet die Idee von Normalität in Bezug auf Ageismus?

◉ *Sinn der Übung*
Das Thema Ageismus wird auch hinsichtlich seiner Verschränkung mit gesellschaftlichen Normsetzungen reflektiert.

E. Analyse der Herstellung Struktureller Diskriminierung

Die Teilnehmer_innen bilden Arbeitsgruppen und entscheiden sich für einen der folgenden gesellschaftlichen Bereiche. Eine Recherchegruppe kann sich außerdem mit den Perspektiven von Menschen befassen, die von Ageismus getroffen sind:

- Banken und Versicherungen
- Rechtswesen
- Soziale Sicherungssysteme
- Arbeitswelt
- Gesundheitswesen
- Soziales Leben
- Medien
- ...

Im Falle der Analyse von Stereotypen, achtet/achten Sie bitte darauf, Stereotype nur soweit zu benennen, dass es der Reflexion über ihre Herstellung dienlich ist. Die Analyse dient dem Verständnis der hinter den Stereotypen stehenden Normen und Mechanismen, welche über bestimmte Sprach-/Bilder durchgesetzt werden sollen. Die Sprach-/Bilder selbst sollen dabei so wenig wie möglich als solche reproduziert werden.

Die Teilnehmer_innen werden gebeten, Beispiele aus dem jeweiligen Bereich für die Diskriminierung von älteren/alten Menschen zu finden und stellen diese anschließend mit einer frei gewählten Methode im Plenum vor (Flipchart, Karteikarten, Bild, Theater etc.).

◉ *Sinn der Übung*
Die Teilnehmer_innen bekommen einen Einblick in konkrete Beispiele für Ageismus und die strukturellen Bedingungen des Lebens von älteren/alten Menschen in der Gesellschaft.

F. Historische Dimension: Ideengeschichtliche Bezüge zum hohen Alter

Die Trainer_innen geben einen Input zur Geschichte und zum Denken über das Alter. Dazu kann Simone de Beauvoirs Werk *Das Alter* (1972) herangezogen und um neuere Forschungen ergänzt werden. Hier ein kurzer Auszug:

> Simone de Beauvoir schrieb 1970 ein umfassendes Werk über das Alter, das sich einerseits durch eine historische und gegenwärtige Darstellung des Themas aus philosophischer Perspektive auszeichnet, andererseits durch ihre Überlegungen zur gesellschaftlichen Bedeutung des Alters.
>
> In der Geschichte zeigen sich schematische Wiederholungen im diskriminierenden Umgang mit alten Menschen, die abgeschoben, schlecht behandelt, an die Ränder der Gesellschaft gedrängt wurden. So ist Beauvoirs Werk nicht nur für ihre Zeit, sondern auch für die Gegenwart relevant und rekonstruiert historische Verläufe von Ageismus. Obwohl *Das Alter* ins Deutsche übersetzt wurde, fand Ageismus im deutschsprachigen Raum kaum Resonanz.
>
> Beauvoir fordert dazu auf, das Schweigen um das Thema Alter zu brechen. Alter versteht sie dabei nicht nur als ein biologisches Phänomen und eine individuelle Angelegenheit, sondern vor allem als ein gesellschaftliches Problem, das sich durch unterschiedliche Bedeutungen des Alterns und des Alters bei Frauen und Männer auszeichnet. Um das Thema Alter und seine gesellschaftlichen Zuschreibungen ernst nehmen zu können, fordert Beauvoir, sich in den alten Menschen wiederzuerkennen. (Beauvoir 1972)

Im Plenum wird über die Bedeutung und historische sowie gegenwärtige Konstruktion des Alters im Modus der Mahloquet gesprochen.

◉ *Sinn des Inputs*
Historische, ideengeschichtliche, aber auch philosophische Bezüge zum Alter ermöglichen es, gegenwärtige Zuschreibungen und Konstruktionen zu reflektieren und zu begreifen, dass Alter kein naturgegebenes, sondern ein gesellschaftli-

ches Phänomen mit diskriminierenden Auswirkungen auf ältere/alte Menschen ist.

G. Perspektiven auf Alter sichtbar machen

Den Teilnehmer_innen wird der Film *Harold and Maude* bzw. ein Filmausschnitt gezeigt.

> Spielfilm *Harold and Maude* (Ashby/Higgins 1971)
>
> Der Film erzählt die Geschichte von Harold, einem 18-Jährigen, und Maude, einer 79-jährigen Überlebenden des Holocaust. Die beiden verlieben sich und wollen heiraten. Als sie schließlich Maudes 80. Geburtstag feiern, wird klar, dass Maude beschlossen hat, an diesem Tag zu sterben, und bereits eine tödliche Dosis Tabletten eingenommen hat. Harold bringt sie ins Krankenhaus, kann sie aber nicht mehr retten. In der Schlussszene stürzt Harolds Auto die Klippen hinunter, aber er steht auf einem Felsen und spielt auf dem Banjo, das er von Maude geschenkt bekommen hat.

Im Plenum werden die Fragen reflektiert:

- Wie fordert dieser Film deine/Ihre Perspektiven auf Alter heraus?
- Welche Aspekte zum Thema Gender und Ageismus werden deutlich?

◉ *Sinn der Übung*
Die Teilnehmer_innen reflektieren ihre eigenen Annahmen bzgl. Konstruktionen von Alter und haben die Möglichkeit, den Blick auf alternative Perspektiven zu richten. Darüber hinaus wird eine Reflexion über Systemische Intersektionalitäten angeregt.

H. Systemische Intersektionalitäten

Die Teilnehmer_innen werden gebeten, ein Beispiel für Ageismus auszuwählen und untersuchen die Intersektionalität mit mindestens einer weiteren Diskriminierungsform. Die Ergebnisse werden im Plenum geteilt.

◉ *Sinn der Übung*
Die Übung macht bewusst, auf welche Weise die Diskriminierungsform Ageismus mit anderen Diskriminierungsformen verwoben ist.

I. Handlungsoptionen

In Arbeitsgruppen werden Vorschläge zur Unterbrechung von Ageismus in der Gesellschaft erarbeitet. Im Plenum können die Teilnehmer_innen anschließend einige Handlungsideen vorstellen. Die Erarbeitung von Handlungsoptionen kann auch mithilfe eines gegenseitigen Coachings erfolgen (siehe dazu Kapitel 4.3).

◉ *Sinn der Übung*
Die Teilnehmer_innen entwickeln Möglichkeiten für selbstorganisiertes Handeln und/oder Handeln als Verbündete. Im gemeinsamen Austausch lernen Sie weitere Perspektiven und Ideen kennen.

J. Abschlussreflexion

Das Modul wird damit beendet, dass die Teilnehmer_innen sich über folgende Fragen Gedanken machen: Welche Sichtweisen sind für dich/Sie neu gewesen? Worüber möchtest du/möchten Sie weiter nachdenken? Dabei können die Teilnehmer_innen die unterschiedlichen Übungsschritte noch einmal Revue passieren lassen und eine Weiterarbeit zum Thema Ageismus wird angeregt.

Quellen und Empfehlungen

ASHBY, HAL/HIGGINS, COLIN (1971): Harold and Maude [Spielfilm]. USA.

BEAUVOIR, SIMONE DE (1972): Das Alter. Essay. Reinbek: Rowohlt.

KRAMER, UNDINE (2003): Ageismus. Zur sprachlichen Diskriminierung des Alters. In: Fiehler, Reinhard/Thimm, Caja (Hg.): Sprache und Kommunikation im Alter. Radolfzell: Verlag für Gesprächsforschung, S. 257–277. Online unter: http://www.verlag-gespraechsforschung.de/2004/alter/257-277.pdf [letzter Zugriff: 19.2.2019].

KURATORIUM DEUTSCHE ALTERSHILFE/LANDESSENIORENVERTRETUNG NRW/LANDESPRÄVENTIONSRAT NRW (2005): Alter – kein Hinderungsgrund. Wege aus der Altersdiskriminierung. Positionspapier zur Tagung „Altersdiskriminierung – Alterspotenziale – Wie sieht der Alltag aus?", 12.12.2005, Maternushaus Köln. Online unter: www.lpr.nrw.de/infos/Dokumentensammlung/Praevention-und-Senioren/fachtagung.pdf [letzter Zugriff 31.1.2019].

RENTSCH, THOMAS/VOLLMANN, MORRIS (Hg.) (2012): Gutes Leben im Alter. Die philosophischen Grundlagen. Stuttgart: Reclam.

4.6 Antiromaismus/Antisintiismus

Kurzdefinition: Antiromaismus und Antisinitiismus bezeichnen die Strukturelle Diskriminierung von Roma_Romnija sowie Sinti_ze, einhergehend mit Feindschaft und Hass gegen sie.

Inhalte und Intentionen

Im Modul geht es unter anderem darum, ein Verständnis von Antiromaismus/Antisinitiismus als eigene Diskriminierungsform zu vermitteln, die nicht unter Rassismus zu subsummieren ist. Das Modul konzentriert sich auf die historischen und aktuellen sowie gesellschaftlichen Hintergründe der Strukturellen Diskriminierung gegenüber Roma_Romnija und Sinti_ze auf institutioneller, kultureller und individueller Ebene. Zudem geht es darum, Handlungsoptionen gegen diese Diskriminierungsform auszuloten und eigene Perspektiven von Roma_Romnija sowie Sinti_ze sichtbar zu machen.

Vertiefung und Übungen

A. Übung zur Mahloquet

Das Training beginnt – wie bei jedem Themenschwerpunkt – damit, die Bausteine des Social Justice und Diversity Trainings und insbesondere der dialogischen Methode Mahloquet bewusst zu machen. Hierzu wird eine Übung zur Vermittlung der Mahloquet durchgeführt (siehe Kapitel 4.14).

B. Einstiegsfragen

Einen Einstieg kann der Austausch über eigene Zugänge zu Antiromaismus/Antisintiismus ermöglichen. Dazu werden die Teilnehmer_innen gebeten, in wechselnden Zweiergruppen unten stehende Fragen im Modus der Mahloquet zu reflektieren. Die Fragen werden nicht gleichzeitig ausgeteilt, sondern nacheinander gestellt.

- In welchen Zusammenhängen hast du dich/haben Sie sich mit Antiromaismus/Antisintiismus beschäftigt?
- Welche Erwartungen zum Modul hast du/haben Sie in Bezug auf dich/ Sie selbst?

Die Auswertung erfolgt im Plenum.

◉ *Sinn der Übung*
Die Teilnehmer_innen kommen in einen gemeinsamen Austausch und erzählen von ihren jeweiligen Beschäftigungen mit dem Thema.

C. Themenbezogene Biographiearbeit

Den Teilnehmer_innen werden Fragen ausgeteilt, über die sie zunächst je für sich alleine reflektieren. Danach tauschen sie sich in Zweiergruppen aus.

- Was hast du/haben Sie über die Geschichte von Roma_Romnija und Sinti_ze erfahren?
- Wer oder was waren die Quellen hierfür?
- Woran erinnerst du dich/erinnern Sie sich im Besonderen?
- Welche Auswirkungen hatte das (möglicherweise) für dich/Sie in Bezug auf deine/Ihre heutige Meinung und Haltung?

Im Plenum erfolgt die Auswertung und die Diskussion im Modus der Mahloquet zur letzten Frage der Biographiearbeit.

◉ *Sinn der Übung*
Die Teilnehmer_innen reflektieren über ihre jeweils eigenen biographischen Zugänge und inwieweit Antiromaismus und Antisintiismus ihr heutiges Handeln und ihre Meinung beeinflussen.

D. Definition und Begriffe

Die Trainer_innen geben Einblick in die Begrifflichkeiten und Bedeutungen von Antiromaismus/Antisintiismus, wie sie im Training verwendet werden und erinnern zuvor nochmals an die Definition von Struktureller Diskriminierung (siehe Kapitel 1.2 und 2.2):

Antiromaismus/Antisinitiismus bezeichnet die Strukturelle Diskriminierung von und feindliche Haltung gegen Roma_Romnija sowie Sinti_ze. Ferner bedeutet diese Diskriminierung die soziale, ökonomische und kulturelle Benachteiligung von Menschen, denen eine solche Gruppenzugehörigkeit zugeschrieben wird. Antiromaismus und Antisintiismus wirken bis heute über die Stereotypisierung und Stigmatisierung.

Information: Die Eigenbezeichnungen, die zurzeit verwendet werden, sind unterschiedlich und umfassen u. a.:

- Roma und Romnija, Sinti und Sintize
- Rroma (das Doppel-r mit Rückgriff auf das Rromanes-Alphabet)
- Sinti und Roma
- Rroma, Sinti, Manusch, Kale
- Rroma*, Sinti*

(Randjelovic/Schuch 2014)

Im Anschluss daran wird die Definition mit den Teilnehmer_innen gemeinsam besprochen.

◉ *Sinn der Übung*
Die Teilnehmer_innen setzen sich mit der Definition auseinander und bringen diese in Zusammenhang mit der im Grundmodul vermittelten Definition von Struktureller Diskriminierung.

E. Thesen über Antiromaismus/Antisintiismus

Die Teilnehmer_innen werden gebeten, sich in Form eines World-Cafés mit vier Thesen im Modus der Mahloquet auseinanderzusetzen, die von den Trainer_innen zur Verfügung gestellt werden. Hierfür werden die Begriffsdefinitionen im Raum verteilt. Die Teilnehmer_innen werden gebeten, sich gleichmäßig um die Begriffsstationen zu gruppieren. Jede Gruppe notiert neben ihrem Begriff ihre Perspektiven, Fragen und Nachdenklichkeiten. Nach einem festgelegten Zeitraum rotieren die Gruppen und bewegen sich zum nächsten Begriff. Dies wird so lange wiederholt, bis sich alle Gruppen mit allen Begriffen beschäftigt haben.

4 Thesen

- Feindseligkeiten und Gewalt gegen Roma_Romnija sowie Sinti_ze werden oftmals verschwiegen, bagatellisiert oder gar gerechtfertigt.
- Die Diskriminierung von Roma_Romnija sowie Sinti_ze hat eine lange Geschichte, die wenig bekannt ist.
- Im medial-öffentlichen Diskurs wird nicht selten verschwiegen, dass es um Roma_Romnija geht, wenn über europäische Migration (z. B. aus Bulgarien und Rumänien) gesprochen wird.
- Das Einhalten von Kinderrechten (das Recht auf Bildung und die Schulpflicht) wird für Roma_Romnija sowie Sinti_ze strukturell erschwert.

Bei der anschließenden Vorstellung können alle Teilnehmer_innen Fragen stellen und weitere Sichtweisen einbringen. Bei der Diskussion geht es um die

Sichtbarmachung möglicher unterschiedlicher Perspektiven und nicht darum, eine ‚richtige' Antwort zu finden.

◉ *Sinn der Übung*
Die Teilnehmer_innen reflektieren verschiedene Perspektiven auf die Realitäten von Roma_Romnija sowie Sinti_ze und die Praxen der Diskriminierungsform Antiromaismus/Antisintiismus.

F. Analyse der Herstellung Struktureller Diskriminierung

In dieser Übung geht es darum, herauszufinden, wie Antiromaismus/Antisintiismus als eine Form Struktureller Diskriminierung hergestellt wird. Zum Auftakt teilen die Trainer_innen ein Arbeitsblatt aus, erklären die Aufgabe, bitten die Teilnehmer_innen, Arbeitsgruppen zu bilden und stellen die Materialien zur Verfügung.. Die Teilnehmer_innen suchen sich eines der folgenden Themen aus oder schlagen ein eigenes Thema vor.

- Bildergruppe: Bilder ansehen und analysieren, die in medialen Diskursen in Bezug auf Roma_Romnija sowie Sinti_ze verwendet werden
- Theoriegruppe: zu aktuellen Perspektiven und Analysen von Roma_Romnija sowie Sinti_ze
- Diskriminierungsmatrix: Recherche, wie Antiromaismus/Antisintiismus bzw. die entsprechenden Diversitykategorien historisch erzeugt wurden und wie sich Strukturelle Diskriminierung auf institutioneller, kultureller und individueller Ebene entwickelt hat
- Recherchegruppe: Roma_Romnija sowie Sinti_ze im Nationalsozialismus und Auschwitz-Erlass
- Recherchegruppe: in Bezug auf Kunst und Kultur aus der Perspektive von Roma_Romnija sowie Sinti_ze

Im Falle der Analyse von Stereotypen, achtet/achten Sie bitte darauf, Stereotype nur soweit zu benennen, dass es der Reflexion über ihre Herstellung dienlich ist. Die Analyse dient dem Verständnis der hinter den Stereotypen stehenden Normen und Mechanismen, welche über bestimmte Sprach-/Bilder durchgesetzt werden sollen. Die Sprach-/Bilder selbst sollen dabei so wenig wie möglich als solche reproduziert werden.

Nachdem sich jede_r ein Thema ausgesucht hat, besprechen die Trainer_innen die Aufgabenstellung noch einmal mit den jeweiligen Arbeitsgruppen. Die Materialien zur Bearbeitung wie Texte, Bücher oder Computer werden von den Trainer_innen bereitgestellt bzw. im Vorfeld organisiert. Die Leitfragen bei der Bearbeitung der Tehmenfelder lauten:

- Wie wird Antiromaismus/Antisintiismus hergestellt: auf der individuellen, kulturellen und institutionellen Ebene?
- Gibt es Hinweise, in welchen historischen Kontexten die jeweiligen Stereotype entstanden sind?

Findet/finden sie konkrete Beispiele und haltet diese auf Flipchart oder Karteikarten für eine abschließende Präsentation im Plenum fest (Internet- oder Zeitungsrecherche als Möglichkeit).

Die Teilnehmer_innen präsentieren ihre Ergebnisse im Plenum, wo sie die Möglichkeit haben, nachzufragen und zu ergänzen.

◉ *Sinn der Übung*
Die Teilnehmer_innen reflektieren die gesellschaftlichen Konstruktionsprozesse, die mit unterschiedlichen Gruppenzugehörigkeiten und -zuweisungen verbunden sind, und lernen Prozesse des Othering kennen. Die Recherche zur Herstellung Struktureller Diskriminierung ermöglicht einen konkreten Zugang zu Antiromaismus/Antisintiismus.

G. Systemische Intersektionalitäten

Die Teilnehmer_innen werden gebeten, ein Beispiel aus ihrer Praxis und ihren Erfahrungen bzw. der Übung zur Herstellung Struktureller Diskriminierung auszuwählen. Anhand dieses Beispiels besprechen sie in Arbeitsgruppen im Modus der Mahloquet, welche Aspekte Systemischer Intersektionalität sie darin finden können. Folgende Frage wird gestellt:

Welche Überschneidungen mit anderen Diskriminierungsfomen, wie z. B. Sexismus, Rassismus, Antisemitismus etc. fallen euch/Ihnen ein?

Im Plenum präsentieren die Teilnehmer_innen ihre Ergebnisse in einer selbst gewählten Form (Flipchart, Karteikarten, Bild, Theater etc.).

◉ *Sinn der Übung*
Die Teilnehmer_innen werden für Systemische Intersektionalitäten, d. h. Überschneidungen mit anderen Diskriminierungsformen unter Bezugnahme auf konkrete Beispiele sensibilisiert.

H. Historische Dimension: Stereotype, Verfolgung, Genozid

Die Trainer_innen vermitteln die Geschichte von Antiromaismus/Antisintiismus. Als Grundlage können auch Filme herangezogen werden. Folgend zwei Beispiele:

Interview mit Marianne und Petra Rosenberg (Rosenberg/Rosenberg 2010)

Marianne Rosenberg ist Sängerin, Petra Rosenberg ist Vorsitzende des Landesverbandes Deutscher Sinti und Roma Berlin-Brandenburg. In dem Interview sprechen sie als deutsche Sintize über die Geschichte (Verfolgung und Ermordung) und Gegenwart (Verfolgung, Stereotype und Diskriminierung) von Roma_Romnija sowie Sinti_ze, über deren Schicksal sowie ihre eigenen Erfahrungen und Umgangsweisen mit Antiromaismus/Antisintiismus.

Film *Das falsche Wort* (Seybold/Spitta 1987)

Melanie Spitta war Filmemacherin und Akteurin der Roma_Romnija sowie Sinti_ze-Bewegung; Katrin Seybold war Regisseurin und Filmemacherin. In dem Film kommen Zeitzeug_innen zu Wort, die über die nationalsozialistische Verfolgung, den Genozid an Roma_Romnija sowie Sinti_ze, die fehlende Anerkennung sowie die Nichtgewährung der Entschädigung nach 1945 sprechen.

⦿ *Sinn des Inputs*
Die Teilnehmer_innen können über die Vermittlung historischen Wissens und ungesehener Perspektiven ein Verständnis für gegenwärtige Phänomene von Antiromaismus/Antisintiismus herstellen und reflektieren.

I. Sichtbarmachung eigener Perspektiven, Selbstorganisation und Empowerment

Der folgende Input verweist auf Perspektiven von Roma_Romnija sowie Sinti_ze:

Dossier Perspektiven und Analysen von Sinti und Rroma in Deutschland (Randjelovic/Schuch 2014)

Aus der Perspektive von Roma_Romnija sowie Sinti_ze sind in dem Dossier „[...] sowohl sehr ernste, erinnerungspolitische und aktuelle Essays versammelt sowie akademisch aufbereitete Beiträge zu Sinti und Roma zu finden. Die Leser_innen erfahren und begreifen anhand von Texten und Beiträgen, wie eine Minderheit jahrhundertelang verfolgt, stereotypisiert wird. Sie erfahren aber auch von kreativen, künstlerischen, akademischen und politischen Gegenstrategien" (ebd., 6). Das Dossier bietet „im doppelten Sinne Perspektiven auf die Ränder und Lücken minorisierter Lebensverhältnisse, auf die Leerstellen und die/das Verborgene/n: Zum einen generell auf die Thematik Sinti und Roma und zum anderen auf innerhalb der Diskussionen wenig gehörte, jedoch komplexe, spezialisierte, analytische und kreative Perspektiven" (ebd., 3). Insgesamt werden in dem Dossier also unterschiedliche Selbstpositionierungen, eine Vielfalt politischer Selbstentwürfe, verschiedene Formen der Selbstorganisierung und das damit verbundene Empowerment von und für Roma_Romnija sowie Sinti_ze aus verschiedenen Perspektiven thematisiert und konkrete Forderungen gegen Antiromaismus und Antisintiismus formuliert.

Nach dem Input stellen die Trainer_innen folgende Fragen, die in Arbeitsgruppen besprochen werden:

- Wo begegnet dir/Ihnen Antiromaismus/Antisintiismus in deinem/Ihrem Alltag?
- Wo warst du/waren Sie schon einmal Verbündete_r?
- Wo würdest du/würden Sie gerne etwas verändern?
- Wo möchtest du/möchten Sie aktiv werden?
  Entwickle/entwickeln Sie dazu konkrete Ideen.

Danach gibt es die Möglichkeit, sich im Plenum über die Fragen auszutauschen.

◉ *Sinn der Übung*
Über die Sichtbarmachung von Ressourcen können die Teilnehmer_innen lernen, die Perspektiven von Roma und Romnija sowie Sinti und Sintize wahrzunehmen und sich mit ihnen auseinanderzusetzen.

J. Handlungsoptionen: Coaching

Den Teilnehmer_innen wird zum Schluss dieses Moduls ein breites Feld an Handlungsmöglichkeiten eröffnet. Sie beantworten zunächst individuell eine Frage zur Vorbereitung einer konkreten Aktion in ihrem jeweiligen Lebens- oder Arbeitskontext. Dabei kann folgende Frage im Modus der Mahloquet beantwortet werden:

- Wo siehst du/sehen Sie Möglichkeiten, in deinen/Ihren verschiedenen Lebensbereichen Veränderungen zu initiieren bzw. umzusetzen, die Antiromaismus/Antisintiismus verringern?

Darauf folgt eine Coaching-Phase in einer Arbeitsgruppe entlang folgender Fragen:

- Was brauchst du/brauchen Sie dafür?
- Wer kann dich/Sie unterstützen?
- Welche Verbündeten hast du/haben Sie?
- Was ist ein realistischer Zeitplan?

Nach der Übung können im Plenum einzelnen Projekte, Ideen, Vorhaben erzählt und ergänzt werden.

◉ *Sinn der Übung*

Die Teilnehmer_innen entwickeln Handlungsoptionen für selbstorganisiertes Handeln und/oder Handeln als Verbündete, regen sich wechselseitig an, aktiv zu werden, das Thema weiter zu verfolgen und sich über eigene Ansatzpunkte und realistische Schritte für eine Umsetzung bewusst zu werden. Gleichzeitig können sich die Teilnehmer_innen miteinander vernetzen und gemeinsam ihre Projekte umsetzen.

K. Abschlussreflexion

Das Modul wird damit beendet, dass die Teilnehmer_innen sich über folgende Fragen Gedanken machen: Welche Sichtweisen sind für dich/Sie neu gewesen? Worüber möchtest du/möchten Sie weiter nachdenken? Dabei können die Teilnehmer_innen die unterschiedlichen Übungsschritte noch einmal Revue passieren lassen und eine Weiterarbeit zum Thema Antiromaismus/Antisintiismus wird angeregt.

Quellen und Empfehlungen

IHRIG, WILFRIED/JANETZKI, ULRICH (Hg.) (2018): Die Morgendämmerung der Worte. Moderner Poesie-Atlas der Roma und Sinti. Berlin: Die Andere Bibliothek.

RANDJELOVIC, ISIDORA/SCHUCH, JANE (Hg.) (2014): Perspektiven und Analysen von Sinti und Rroma in Deutschland. Heimatkunde-Dossier. Hg. Heinrich-Böll-Stiftung. Online unter: https://heimat kunde. boell.de/sites/default/files/dossier_perspektiven_und_analysen_von_sinti_und_rroma_in_deutschland.pdf [letzter Zugriff: 31.1.2019].

REINHARD, DOTSCHY (2014): Everybody's Gypsy. Popkultur zwischen Ausgrenzung und Respekt. Berlin: Metrolit.

ROSENBERG, MARIANNE/ROSENBERG, PETRA (2010): Sinti und Roma [Interview]. In: Planet Wissen. Deutsche Sinti und Roma – Die Rosenbergs und andere Familien. Fernsehsendung vom 28.4.2010, 21:45 Uhr. Online unter: www.youtube.com/watch?v=_Zb_wNlbmWU [letzter Zugriff: 18.2.2019].

SEYBOLD, KATRIN/SPITTA, MELANIE (1987): Das falsche Wort. Wiedergutmachung an Zigeunern (Sinti) in Deutschland? [Dokumentarfilm]. Deutschland.

Blogs/Webseiten:

INIrROMNJA [Webseite]: https://inirromnja.wordpress.com/ [letzter Zugriff 31.1.2019].

ROMANIpHEN – DAS FEMINISTISCHE RROMNJA ARCHIV [Webseite]: www.romnja-power.de/ [letzter Zugriff: 3.9.2018].

4.7 Antisemitismus

Kurzdefinition: Antisemitismus bezeichnet die Strukturelle Diskriminierung von Juden_Jüdinnen, einhergehend mit Feindschaft und Hass gegen sie.

Inhalte und Intentionen

In diesem Modul werden die verschiedenen Formen der Strukturellen Diskriminierung von Juden_Jüdinnen und ihre historischen und aktuellen Erscheinungsweisen bearbeitet. Es soll vermittelt werden, auf welche Weisen Antisemitismus als Struktur Individuum und Gesellschaft durchdringt. Dies beinhaltet die Reflexion von Stereotypen und Zuschreibungen und die Frage danach, wie ein Wissen über Juden_Jüdinnen in der Gegenwart strukturiert ist (z. B. Holocaust, Israel, jüdische Ideengeschichte und nicht-aschkenasische Perspektiven). Bei der Bearbeitung des Themas wird auf historische und aktuelle, biographische sowie gesellschaftliche Hintergründe Bezug genommen. Gleichzeitig geht es darum, jüdische Stimmen und Perspektiven sichtbar und hörbar zu machen.

Vertiefung und Übungen

A. Übung zur Mahloquet

Das Training beginnt – wie bei jedem Themenschwerpunkt – damit, die Bausteine des Social Justice und Diversity Trainings und insbesondere der dialogischen Methode Mahloquet bewusst zu machen. Hierzu wird eine Übung zur Vermittlung der Mahloquet durchgeführt (siehe Kapitel 4.14).

B. Einstiegsreflexion

Der Einstieg zum Thema Antisemitismus erfolgt über die Auseinandersetzung mit Religion und Weltanschauung, weil Antisemitismus stark mit der je persönlichen Religion und ihrer Geschichte verbunden ist, religiöse Elemente aber auch ungeachtet der je persönlichen Weltanschauung in säkularisierten Gesellschaften vorhanden sind und in ihnen wirken. Diesen religiösen Elementen kommt eine zentrale Bedeutung für die Geschichte des Antisemitismus zu. Die Teilnehmer_innen tauschen sich in Arbeitsgruppen im Modus der Mahloquet über folgende Fragen aus:

- Welche persönliche Geschichte hast du/haben Sie in Bezug auf Religion/ Weltanschauung?
- Wie bist du/sind Sie diesbezüglich aufgewachsen?
- Wie stehst du/stehen Sie im Augenblick dazu?

Danach besteht die Möglichkeit, sich im Plenum über die Fragen zu verständigen.

◉ *Sinn der Übung*
Die Übung ermöglicht einen Einstieg in das Thema Antisemitismus, bei dem die jeweils individuelle religiöse und weltanschauliche Haltung und Prägung bewusst gemacht wird.

C. Definition und Begriffe

Die Trainer_innen teilen folgende Definition aus und diskutieren diese mit den Teilnehmer_innen und erinnern zuvor nochmals an die Definition von Struktureller Diskriminierung (siehe Kapitel 1.2 und 2.2):

Antisemitismus meint die Strukturelle Diskriminierung von sowie Feindschaft und Hass gegen Juden_Jüdinnen. Er umfasst auch die Feindseligkeit gegen und Stereotypisierungen von Juden_Jüdinnen und Judentum sowie gegenüber Israel, das als Staat im besonderen Fokus antisemitischer Aktivitäten steht.

Historisch ist Antisemitismus als Antijudaismus religiös motiviert. Der Begriff des Antisemitismus wurde Ende des 19. Jahrhunderts von deutschen Antisemit_innen geprägt, die ihre Feindschaft gegenüber Juden_Jüdinnen pseudo-wissenschaftlich und rassistisch zu legitimieren versuchten. Er richtete sich gegen die rechtliche und politische Gleichstellung von Juden_Jüdinnen.

Gegenwärtig wird unter Antisemitismus die Gesamtheit judenfeindlicher Äußerungen, Tendenzen, Ressentiments, Haltungen und Handlungen bezeichnet, unabhängig davon, welche Motive zugrunde liegen (wie z. B. religiöse, rassistische, soziale oder sonstige). Er umfasst alle Äußerungen und Handlungen, mittels derer Juden_Jüdinnen direkt oder indirekt, bewusst oder unbewusst über Stereotypzuweisungen als ‚Juden' (Konstruktion) entwertet, stigmatisiert, diskriminiert und diffamiert werden.

Anschließend haben die Teilnehmer_innen die Möglichkeit, im Plenum Verständnisfragen zu klären.

◉ *Sinn der Übung*
Die Teilnehmer_innen reflektieren in einem gemeinsamen Prozess die Bedeutung von Antisemitismus und lernen dabei, die Vielschichtigkeit wahrzunehmen, in der sich Antisemitismus gegenwärtig zeigt.

D. Themenbezogene Biographiearbeit

Eine weitere Annäherung an das Thema Antisemitismus erfolgt über die Biographiearbeit, die zunächst einzeln, dann in wechselnden Zweiergesprächen erfolgt. Zu jeder neuen Frage wird ein_e neue_r Gesprächspartner_in gesucht. Die Zweiergruppen werden gebeten, folgende Fragen im Modus der Mahloquet zu reflektieren:

- Was hieß es für dich/Sie, (nicht-)jüdisch aufzuwachsen?
- Wann hast du/haben Sie das erste Mal in deinem/Ihrem Leben Antisemitismus bewusst wahrgenommen?
- Gab es Wendepunkte in deiner/Ihrer Wahrnehmung von Antisemitismus?
- Was war das Schwierigste daran, (nicht-)jüdisch zu sein?

Nach den Gesprächen in Zweiergruppen erfolgt ein Plenumsgespräch. Hier werden die Fragen von den Trainer_innen nacheinander vorgetragen und eine Reflexion darüber angeregt.

◉ *Sinn der Übung*
Die Übung kann die Teilnehmer_innen dazu ermutigen, sich mit ihrer Biographie und ihren Erfahrungen auseinanderzusetzen. Im Zweiergespräch werden unterschiedliche Perspektiven auf das Thema sichtbar.

E. Historische Dimensionen: Stereotype, Verfolgung, Pogrome und Genozide

Die Geschichte der Stereotype über Juden_Jüdinnen und die der realen Verfolgungen, Pogrome und Genozide kann mit den Teilnehmer_innen anhand ausgewählter Materialien erarbeitet werden. Die Trainer_innen können hierzu auch ein Input geben. Für die Auseinandersetzung mit Antijudaismus und Antisemitismus kann je nach Zeit auch der Film *Der Ewige Judenhaß* gezeigt werden, in dem es darum geht, dass Antijudaismus und Antisemitismus ein konstituierendes Moment des Christentums sind – und von dort bis in die Moderne reichen.

Dokumentarfilm *Der Ewige Judenhaß* (Christina von Braun 1990)

Der Film beschäftigt sich mit (religiös motiviertem) christlichem Antijudaismus und modernem Antisemitismus in drei Etappen. Er zeigt, wie sich der Hass gegen Juden_Jüdinnen durch die gesamte Geschichte des Christentums hinweg nachvollziehen lässt. Dabei wird auch deutlich, wie dieser Hass sich über die Jahrhunderte von einer Generation zur nächsten tradiert. Der Film gibt auch eine Definition von Antijudaismus und Antisemitismus und unterstreicht, dass der Antisemitismus aus dem Antijudaismus entstanden ist.

Nach jedem Abschnitt des dreiteiligen Filmes stellen die Trainer_innen Fragen, die in Arbeitsgruppen besprochen werden:

- Was war neu für dich/Sie?
- Was hat dich/Sie überrascht?
- Welche Fragen sind entstanden?

Anschließend besteht die Möglichkeit, sich im Plenum über die Fragen auszutauschen.

◉ *Sinn der Übung*
Der Film ermöglicht eine kompakte Wissensvermittlung zu den Themen Antijudaismus und Antisemitismus und zeigt ihre tiefe Verankerung in der christlichen Tradition Deutschlands und Österreichs.

F. Christliches Privileg

Die Trainer_innen teilen folgende Definition von christlichem Privileg aus und diskutieren diese mit den Teilnehmer_innen:

Christliches Privileg bedeutet ein uneingestandenes Festhalten am Christentum als einer dominanten Weltanschauung, indem beispielsweise die öffentliche Einhaltung christlicher Werte und Lebensformen in der Bundesrepublik Deutschland als notwendig und wichtig behauptet wird (Feiertage, öffentliche Plätze, Bildung, Symbole etc.). Das christliche Privileg wird auf Kosten nicht-christlicher Lebensweisen im Rahmen einer Kultur- und Politikgeschichte der Bundesrepublik Deutschland ausgelebt, in der christliche Werte selbstverständlich und als vermeintlich normal sowohl bewusst als auch unbewusst vermittelt werden.

Nach dem Gespräch werden die Teilnehmer_innen gebeten, folgende Fragen in Arbeitsgruppen zu besprechen:

- Wie manifestiert sich das christliche Privileg in dieser Gesellschaft strukturell?
- Haltet/halten Sie eure/Ihre Ideen dazu auf Flipcharts oder Karteikarten fest.

Danach werden die Ergebnisse im Plenum vorgestellt und besprochen.

◉ *Sinn der Übung*
Die Reflexion des christilichen Privilegs unterstützt ein vertieftes Verständnis des Kontextes, in dem sich eine Betrachtung von Antisemitismus in Deutschland bewegt.

G. Analyse der Herstellung Struktureller Diskriminierung

Die Teilnehmer_innen werden gebeten, sich für die Bearbeitung konkreter, aktueller Beispiele von Antisemitismus in Gruppen zusammenzufinden (unter Einbezug von Internetrecherche und/oder bereitgestellten Materialien). Die folgenden Themen sind Vorschläge, die von den Teilnehmer_innen um eigene Ideen ergänzt werden können, wobei bei allen Gruppen die Materialien von den Trainer_innen bereitgestellt werden:

- Textgruppe: Gegenwärtige Bedeutung von Antisemitismus.
- Filmgruppe: Antisemitismus begegnen.
- Recherchegruppe: Kritische Betrachtung des Pinkwashing.
- Recherchegruppe: Kritische Betrachtung der akademischen und künstlerischen Boykottbewegung gegen Israel (BDS).
- Textgruppe: Muslimischer Antisemitismus/Antisemitismus unter Muslim_innen.

Im Falle der Analyse von Stereotypen, achtet/achten Sie bitte darauf, Stereotype nur soweit zu benennen, dass es der Reflexion über ihre Herstellung dienlich ist. Die Analyse dient dem Verständnis der hinter den Stereotypen stehenden Normen und Mechanismen, welche über bestimmte Sprach-/Bilder durchgesetzt werden sollen. Die Sprach-/Bilder selbst sollen dabei so wenig wie möglich als solche reproduziert werden.

Im Plenum präsentieren die Teilnehmer_innen anschließend die Ergebnisse ihrer Recherche in einer frei gewählten Form (Flipchart, Karteikarten, Bild, Theater etc.).

◉ *Sinn der Übung*
Durch die Übung wird es möglich, konkrete und aktuelle Formen von Antisemitismus zu analysieren und Orte sowie Strategien zu identifizieren, die bei der Bekämpfung von Antisemitismus helfen können.

H. Systemische Intersektionalitäten

Das Thema Systemische Intersektionalitäten kann entweder als eigene Übung durchgeführt werden, oder die Teilnehmer_innen werden nach Abschluss der Präsentationen zur Herstellung Struktureller Diskriminierung darum gebeten, sich anhand der vorgestellten Ergebisse im Modus der Mahloquet Gedanken zu folgender Frage zu machen:

- Welche Überschneidungen mit anderen Diskriminierungsfomen, wie z. B. Sexismus, Rassismus, Klassismus etc. gibt es konkret?

Im Plenum gibt es danach Raum für die Vorstellung der einzelnen Gruppenarbeiten. Anschließend findet ein Gespräch über Dimensionen Systemischer Intersektionalität statt.

◉ *Sinn der Übung*
Den Teilnehmer_innen erarbeiten sich auf dialogische Weise Unterschiede und Ähnlichkeiten von Antisemitismus und anderen Diskriminierungsformen.

I. Die Unsichtbarkeit jüdischer Ideengeschichte

Die Trainer_innen geben ein Input zur jüdischen Ideengeschichte. Hier soll aufgezeigt werden, wie stark diese Geschichte unser heutiges Denken, zum Beispiel in Politik, Justiz oder Kultur beeinflusst hat, ohne dass dies in Erziehung und Bildung vermittelt wird. Diese Geschichte ist eine durch den Genozid an den Juden_Jüdinnen unsichtbar gemachte Geschichte.

In diesem Input geht es um Ideen im Kontext der jüdischen Geschichte. Dabei soll vermittelt werden, dass im Judentum und in der Thora das Menschenopfer aufgegeben, der Asylgedanke eingeführt, die Idee der Zedakah (Gerechtigkeit als Verteilung an Ärmere) und Gedanken der Nächstenliebe etabliert wurden. In dem Input geht es ferner um die Verankerung des Verzeihens und der Anerkennung der Verantwortungsübernahme für das eigene Handeln im jüdischen Glauben. Gezeigt wird die jüdische Tradition der Pluralität, die auf einer Verbundenheit unterschiedlicher Menschen und ihrer Ideen, Normen und Werte beruht, ohne ein Territorium zu besitzen. Gezeigt wird auch, wie zivilrechtliche und strafrechtliche Ideen aus der

Thora in das bürgerliche Recht eingeflossen sind. Die jüdische Ideengeschichte zeichnet eine intensive Erinnerungskultur und die Bezugnahme auf Gegenwärtiges aus, wobei immer auch die Möglichkeit eines Neuanfangs angelegt ist.

Im Training verweisen wir auf Aspekte der jüdischen Ideengeschichte und Gegenwart und auf die Art und Weise, in der eine deutsche und europäische Vergangenheit und Gegenwart durch jüdische Beiträge geprägt wurde und geprägt wird. Diese Vermittlung ist wichtig, denn mit jüdischer Geschichte wird oftmals ausschließlich Holocaust, Verfolgung und Vernichtung verbunden. So sind den meisten Menschen die jüdische Ideengeschichte und jüdische Gegenwart unbekannt. Das hat damit zu tun, dass diese Geschichte mit der Vertreibung und Vernichtung von Juden_Jüdinnen sowie der Zerstörung jüdischer Kultur in Europa zum Verschwinden gebracht worden ist. Diese Dominanz des Holocaust wird auch durch die symbolische Funktion fixiert, die Juden_Jüdinnen in der bundesdeutschen Gegenwart erfüllen (Bodemann 1996; Czollek 2018). Man kann es darüber hinaus aber auch als eine Form von Antisemitismus bezeichnen, wenn jüdische Ideengeschichte und deren Einfluss auf die europäische Geschichte unsichtbar gemacht werden.

◉ *Sinn des Inputs*
Die Verweise auf vergessene Aspekte jüdischer Geschichte unterstreichen, dass Kultur immer ein Ergebnis vielfältiger Einflüsse ist. Sinn dieses Inputs ist ferner, zu zeigen, wie tief die Abwesenheit jüdischer Stimmen und das Schweigen über sie der deutschen Gesellschaft eingeschrieben sind. Mit dem Input sollen jüdische Stimmen und Inhalte sicht- und hörbar gemacht werden.

J. Handlungsoptionen

In Arbeitsgruppen werden Vorschläge zur Unterbrechung von Antisemitismus erarbeitet. Die Teilnehmer_innen haben anschließend die Möglichkeit, im Plenum einige Handlungsideen vorzustellen. Die Erarbeitung von Handlungsoptionen kann auch mithilfe eines gegenseitigen Coachings erfolgen (siehe dazu Kapitel 4.3).

◉ *Sinn der Übung*
Die Teilnehmer_innen entwickeln konkrete Ideen für selbstorganisiertes Handeln und/oder Handeln als Verbündete. Im gemeinsamen Austausch lernen Sie weitere Perspektiven und Ideen kennen.

K. Abschlussreflexion

Das Modul wird damit beendet, dass die Teilnehmer_innen sich über folgende Fragen Gedanken machen: Welche Sichtweisen sind für dich/Sie neu gewesen? Worüber möchtest du/möchten Sie weiter nachdenken? Dabei können die Teilnehmer_innen die unterschiedlichen Übungsschritte noch einmal Revue passieren lassen und eine Weiterarbeit zum Thema Antisemitismus wird angeregt.

Quellen und Empfehlungen

ADORNO, THEODOR W. (1977): Erziehung nach Auschwitz. In: Ders.: Kulturkritik und Gesellschaft II. Eingriffe. Stichworte. Frankfurt/Main: Suhrkamp, S. 674–690.

BRAUN, CHRISTINA VON (1990): Der Ewige Judenhaß [Dokumentarfilm]. Deutschland: Westdeutscher Rundfunk.

BRAUN, CHRISTINA VON/HEID, LUDGER (Hg.) (2000): Der ewige Judenhaß. Berlin: Philo Verlag.

BURGAUER, ERICA (1993): Zwischen Erinnerung und Verdrängung – Juden in Deutschland nach 1945. Reinbek: Rowohlt.

CZOLLEK, LEAH CAROLA (2017): Geschichtsvergessenheit und Rechtfertigung für Hass. Vergegenwärtigung: BDS und Pinkwashing. In: Stimme. Zeitschrift der Initiative Minderheiten. Themenheft: Weitermachen! Minoritäre Bewegungen – Bilanz und Perspektiven, 104/17, S. 23–24.

HEILBRONN, CHRISTIAN/ RABINOVICI, DORON/ SZNAIDER, NATAN (Hg.) (2019): Neuer Antisemitismus? Fortsetzung einer globalen Debatte. Berlin: Suhrkamp.

INTERNATIONALES INSTITUT FÜR BILDUNG, SOZIAL- UND ANTISEMITISMUSFORSCHUNG E.V. (Hg.) (2018): Die antisemitische Boykottkampagne BDS. Gegen Frieden und Zwei-Staaten-Lösung. Für Delegitimierung und Zerstörung Israels. Eine Handreichung. Berlin: o.V.

POLIAKOV, LÉON (1979–1988): Geschichte des Antisemitismus. 8 Bde. Frankfurt/Main: Suhrkamp.

SCHWARZ-FRIESEL, MONIKA (2015): Aktueller Antisemitismus. Konzeptuelle und verbale Charakteristika. In: Bundeszentrale für politische Bildung. Dossier Antisemitismus, 7.9.2015. Online unter: www.bpb.de/politik/extremismus/antisemitismus/211516/aktueller-antisemitismus [letzter Zugriff: 4.11.2018].

THEORIE, KRITIK & AKTION BERLIN/AUTONOME NEUKÖLLNER ANTIFA/ANDERE ZUSTÄNDE ERMÖGLICHEN/DEUTSCHLAND DEMOBILISIEREN (Hg.) (2018): (K)eine Diskussion. Antisemitismus in der Radikalen Linken. Online unter: https://keinediskussion.noblogs.org/files/2018/01/K_eine-Diskussion-web.pdf [letzter Zugriff: 11.1.2019].

Blogs/Webseiten:

AMADEU ANTONIO STIFTUNG [Webseite]: Online unter: www.amadeu-antonio-stiftung.de/publikationen/#Antisemitismus [letzter Zugriff: 4.11.2018]

4.8 Diskriminierung Ost

Kurzdefinition: Diskriminierung Ost bezeichnet die Strukturelle Diskriminierung von Menschen aufgrund ihrer Herkunft aus der DDR oder aufgrund transgenerationeller DDR-Geschichte.

Inhalte und Intentionen

In diesem Modul geht es um die Strukturelle Diskriminierung von Menschen, die eine biographische DDR-Geschichte haben und/oder die in den sogenannten Neuen Bundesländern leben und arbeiten. Die Teilnehmer_innen können dabei über ihre Verwobenheiten mit dem Thema reflektieren und lernen, Handlungsoptionen als Verbündete oder als von Diskriminierung Getroffene auszuloten. Das Modul geht davon aus, dass sowohl die Gesellschaft der DDR als auch die der BRD plurale Gesellschaften waren bzw. sind. Das bezieht sich auf die verschiedenen Herkünfte der Menschen in der jeweiligen Bevölkerung, aber auch auf die unterschiedlichen politischen, sozialen, sexuellen und weltanschaulichen Positionen. Für ein Verständnis der Diskriminierung Ost ist die Einbindung individueller Perspektiven, sozialer Bewegungen und politischer Aktionen zentral, die die Diskriminierungsform kritisieren und dagegen arbeiten. Aufgrund der Gegenwärtigkeit von Diskriminierung Ost und den damit einhergehenden Stereotypen ist es keine Voraussetzung für die Teilnehmer_innen, dass sie lange in einem dieser Länder gelebt haben.

Vertiefung und Übungen

A. Übung zur Mahloquet

Das Training beginnt – wie bei jedem Themenschwerpunkt – damit, die Bausteine des Social Justice und Diversity Trainings und insbesondere der Methode Mahloquet als ethisch-dialogische Haltung und dialogische Gesprächsform bewusst zu machen. Hierzu wird eine Übung zur Vermittlung der Mahloquet durchgeführt (siehe Kapitel 4.14).

B. Definition und Begriffe

Um eine Annäherung an das Thema zu ermöglichen, geben die Trainer_innen eine kurze Definition des Verständnisses von Diskriminierung Ost und erinnern zuvor nochmals die Definition von Struktureller Diskriminierung (siehe Kapitel 1.2 und 2.2):

Diskriminierung Ost beschreibt die Strukturelle Diskriminierung von Menschen, die eine biographische DDR-Geschichte haben oder zugeschrieben bekommen. Ferner bedeutet sie die soziale, ökonomische und kulturelle Benachteiligung von Menschen, deren Arbeits- und Lebensmittelpunkt in den Neuen Bundesländern liegt. Neben der materiellen Diskriminierung (Einkommen, Rente) wirkt Diskriminierung Ost über Stereotypisierungen und Vorurteile, die Menschen der Gruppe Herkunft Ost zuordnen und diese gesellschaftlich abwerten.

Anschließend haben die Teilnehmer_innen die Möglichkeit, im Plenum Verständnisfragen zu klären.

◉ *Sinn des Inputs*
Intendiert ist die nähere Bestimmung der Diskriminierung Ost hinsichtlich der Frage, auf wen die Diskriminierungsform zielt. Wie bei anderen Diskriminierungsformen wird dabei diejenige Position fokussiert, die von Struktureller Diskriminierung getroffen ist.

C. Sichtbarmachung soziokultureller Erfahrungen

Die Teilnehmer_innen formulieren individuell auf Karteikarten ihre Erfahrungen zu den folgenden Punkten. Dabei geht es nicht um richtig oder falsch, sondern um eine Form der biographischen Reflexion.

- Nenne/nennen Sie einige wichtige Bücher aus deiner/Ihrer Kindheit oder Jugend.
- Nenne/nennen Sie einige Filme, die in deiner/Ihrer Kindheit oder Jugend wichtig für dich/Sie waren.
- Nenne/nennen Sie Musik oder Musikgruppen, die für dich/Sie in deiner/ Ihrer Kindheit oder Jugend bedeutsam waren.

Die Karteikarten werden Punkt für Punkt an einer Pinnwand zusammengetragen. Die Teilnehmer_innen kommen im Plenum über die verschiedenen Punkte ins Gespräch, fragen nach und beschreiben die genannten Bücher, Filme und Musik.

◉ *Sinn der Übung*
Durch die Übung wird nicht nur deutlich, dass Menschen bestimmte Erfahrungen teilen, sondern auch, dass sie auf unterschiedliches soziokulturelles Wissen zurückgreifen. Der anschließende gemeinsame Austausch zeigt, dass die Erfahrungen die Grenzen West- und Ostdeutschland häufig übersteigen bzw. quer zu ihnen liegen.

D. Themenbezogene Biographiearbeit

Die Teilnehmer_innen werden gebeten, sich in Arbeitsgruppen zu folgenden Fragen im Modus der Mahloquet auszutauschen.

- Wie beschreibst du deine/beschreiben Sie Ihre eigene Herkunft oder die Herkunft deiner/Ihrer Eltern in diesem Land?
- Hat jemand dir/Ihnen gegenüber vermeintliche Gewissheiten oder Annahmen und Vorstellungen darüber geäußert, wie Menschen aus der ehemaligen DDR oder BRD sind?
- Gab es Momente, wo du dich/Sie sich in einem Kreis von Menschen befanden, in denen du dich/Sie sich nicht als dazugehörig erlebt hast/ haben?
- Wie wirken sich alle deine/Ihre Erfahrungen auf dein/Ihr heutiges Leben und auf deine/Ihre Haltung gegenüber anderen Menschen aus?

Im Anschluss an die Arbeitsgruppenphase kommen die Teilnehmer_innen wieder im Plenum zusammen, um sich über die letzte Frage im Modus der Mahloquet auszutauschen.

◉ *Sinn der Übung*
Die Biographiearbeit ermöglicht es den Teilnehmer_innen, sich mit ihrer persönlichen Geschichte zum Thema Ost/West auseinanderzusetzen und die Konsequenzen ihrer Prägung für ihre gegenwärtige Wahrnehmung und ihr gegenwärtiges Verhalten zu reflektieren.

E. Frauenpolitik und Feministische Politik

Die Trainer_innen geben einen Input über die DDR und BRD am Beispiel der Frauenpolitik im Osten und der feministischen Politik im Westen entlang des publizierten Gespräches zwischen Herta Kuhrig und Christina Thürmer-Rohr (gegebenenfalls kann anstelle eines Inputs auch eine gemeinsame Textlektüre durchgeführt werden).

Ein Dialog über den Dialog: Zwischen dem „Kommunistischen Manifest" und dem „Feminismus" (Kuhrig/Thürmer-Rohr 2003)

Im Text sprechen Herta Kuhrig und Christina Thürmer-Rohr über die Geschichte, die (rechtliche, gesellschaftliche) Stellung der Frauen in der DDR und der BRD, über Unterschiede und mögliche Ähnlichkeiten seit Gründung beider Staaten bis 1989. Sie erzählen über die jeweilige Wahrnehmung der jeweils anderen Kultur, also darüber, wie eine feministische Theoretikerin aus der BRD die Frauenpolitik der DDR, und umgekehrt, eine DDR-Politikerin die westliche Frauenbewegung, Frauenpolitik und feministische Theoriebildung wahrgenommen hat. So lassen sie uns teilhaben an ihren vielschichtigen Erfahrungen und Erkenntnissen, die weit über die letzten Jahre zurückreichen und auch weit über das Thema ‚Frauen' hinausgehen.

(Kuhrig/Thürmer-Rohr 2003)

Nach dem Input haben die Teilnehmer_innen die Möglichkeit, sich im Modus der Mahloquet im Plenum darüber auszutauschen.

◉ *Sinn des Inputs*
Über den Text werden Erfahrungen und Wissen der Gesprächspartner_innen in Bezug auf Differenzen und Ähnlichkeiten der DDR und BRD an die Teilnehmer_innen vermittelt. Dabei werden auch unterschiedliche gesellschaftliche Entwicklungen in der DDR und der BRD gezeigt.

F. „Wir kennen uns und kennen uns doch nicht"

Die Trainer_innen geben ein Input über die DDR und BRD am Beispiel einer erweiterten Definition von Diskriminierung Ost, um Strukturelle Diskriminierung von Migrant_innen und Minderheiten in Deutschland aufgrund ihrer osteuropäischen Herkunft aufzugreifen. Dabei nehmen sie auch auf das konstruierte Bild des Ostens in gegenwärtigen völkischen und nationalistischen Diskursen in Deutschland Bezug. Die Teilnehmer_innen werden nach dem Input gebeten, sich in Arbeitsgruppen im Modus der Mahloquet darüber auszutauschen. Danach erfolgt eine Diskussion im Plenum.

In einem erweiterten Sinne schließt Diskriminierung Ost auch die Strukturelle Diskriminierung von Menschen mit osteuropäischer Herkunft (z. B. Antislawismus, Antikommunismus) sowie die unsichtbar gemachte Migration deutscher Minderheiten in die Bundesrepublik ein. Historisch ist diese Diskriminierung, einhergehend mit Stereotypisierungen, in der Konstruktion von Deutsch-Sein im Hinblick auf Nation und Volkszugehörigkeit verankert.

◉ *Sinn der Übung*
Die Teilnehmer_innen reflektieren durch das Input und den gemeinsamen Austausch, dass Diskriminierung Ost auch mit einem historischen Zugehörigkeitsdenken verbunden ist.

G. Flucht

Die Teilnehmer_innen reflektieren in Arbeitsgruppen über die Frage:

- Hast du/haben Sie selbst oder Menschen in deiner/Ihrer Familie oder in deinem/Ihrem sozialen Umfeld Fluchterfahrung?

Im Plenum besteht die Möglichkeit, von persönlichen Erfahrungen zu berichten.

◉ *Sinn der Übung*
Die Übung ermöglicht es den Teilnehmer_innen, unsichtbare Geschichten sichtbar zu machen und neue Perspektiven kennenzulernen.

H. Analyse der Herstellung Struktureller Diskriminierung

Die Teilnehmer_innen werden gebeten, sich in Arbeitsgruppen konkrete Beispiele für Diskriminierung Ost zu erarbeiten, wobei auch Gegennarrative und Bezüge auf die historische Entwicklung der Diskriminierungsform (Diskriminierungsmatrix) aufgenommen werden. Die Trainer_innen stellen dafür Materialien bereit. Die folgenden Gruppen sind Vorschläge, die von den Teilnehmer_innen um eigene Ideen ergänzt werden können:

- Recherchegruppe: Arbeit und Altersvorsorge (Studien zur Ungleichbezahlung und Anteil von Ostdeutschen in den Leitungsetagen deutscher Firmen).
- Recherchegruppe: Erinnerungspolitik (z. B. Abriss des Palastes der Republik, Wiederaufbau des Stadtschlosses in Berlin).
- Diskussionsgruppe: zum Thema „Dritte Generation Ost".
- Diskussionsgruppe: zur Überlegung „Ostdeutsche sind auch Migranten".
- Theoriegruppe: Lektüre und Gespräch über einen Text zum Thema Diskriminierung Ost.

Im Falle der Analyse von Stereotypen, achtet/achten Sie bitte darauf, Stereotype nur soweit zu benennen, dass es der Reflexion über ihre Herstellung dienlich ist. Die Analyse dient dem Verständnis der hinter den Stereotypen stehenden Normen und Mechanismen, welche über bestimmte Sprach-/Bilder durchgesetzt werden sollen. Die Sprach-/Bilder selbst sollen dabei so wenig wie möglich als solche reproduziert werden.

Im Plenum präsentieren die Teilnehmer_innen anschließend die Ergebnisse ihrer Recherche in einer frei gewählten Form (Flipchart, Karteikarten, Bild, Theater etc.).

◉ *Sinn der Übung*
Die Übung ermöglicht es, konkrete Beispiele der Diskriminierung Ost zu analysieren und zugleich Momente des Empowerments und des Verbündet-Seins zu identifizieren.

I. Systemische Intersektionalitäten

Die Teilnehmer_innen bilden Arbeitsgruppen und tauschen sich zu folgender Frage aus (gegebenenfalls können die Trainer_innen Beispiele beisteuern).

- Wo findest du/finden Sie in der Diskriminierung von Menschen aus der DDR und der Diskriminierung von Menschen osteuropäischer Herkunft Überschneidungen oder Ähnlichkeiten mit anderen Diskriminierungsformen?

Im Plenum gibt es die Möglichkeit, sich darüber auszutauschen.

◉ *Sinn der Übung*
Die Teilnehmer_innen reflektieren Aspekte, in denen die Diskriminierung Ost sich mit anderen Diskriminierungsformen überschneidet und auf welche Weise sie sich gegenseitig verstärken.

J. Handlungsoptionen

Die Teilnehmer_innen entscheiden sich individuell für eine Sphäre der Einflussnahme (Arbeitsblatt siehe Kapitel 4.15.H) und entwickeln Ideen, wie sie sich auf dieser Ebene mit der Diskriminierung Ost auseinandersetzen möchten. Die Ideen können im Plenum vorgestellt und im Modus der Mahloquet besprochen werden. Die Erarbeitung von Handlungsoptionen kann auch mithilfe eines gegenseitigen Coachings erfolgen (siehe dazu Kapitel 4.3).

◉ *Sinn der Übung*
Die Entscheidung für eine Sphäre der Einflussnahme ermöglicht es den Teilnehmer_innen, ihre jeweiligen Wirkungsräume zu reflektieren und passende Strategien zu entwickeln.

K. Abschlussreflexion

Das Modul wird damit beendet, dass die Teilnehmer_innen sich über folgende Fragen Gedanken machen: Welche Sichtweisen sind für dich/Sie neu gewesen? Worüber möchtest du/möchten Sie weiter nachdenken? Dabei können die Teilnehmer_innen die unterschiedlichen Übungsschritte noch einmal Revue passieren lassen und eine Weiterarbeit zum Thema Diskriminierung Ost wird angeregt.

Quellen und Empfehlungen

BUNDESZENTRALE FÜR POLITISCHE BILDUNG (Hg.) (2002): Deutsche Einheit [Themenheft]. Aus Politik und Zeitgeschichte, 37–38/02, Bonn: o. V.

FOROUTAN, NAIKA (2018): „Ostdeutsche sind auch Migranten“. In: tageszeitung, 13.5.18. Online unter: www.taz.de/!5501987/ [letzter Zugriff: 4.11.2018].

HACKER, MICHAEL/MAIWALD, STEPHANIE/U. A. (Hg.) (2012): Dritte Generation Ost: Wer wir sind, was wir wollen. Berlin: Ch. Links Verlag.

HENSEL, JANA (2002): Zonenkinder. Reinbek: Rowohlt.

KÖPPING, PETRA (2018): Integriert doch erst mal uns! Berlin: Ch. Links Verlag.

KUHRIG, HERTA/THÜRMER-ROHR, CHRISTINA (2003): Ein Dialog über den Dialog: Zwischen dem „Kommunistischen Manifest“ und dem „Feminismus“. In: Czollek, Leah Carola/Perko, Gudrun (Hg.): Verständigung in finsteren Zeiten. Interkulturelle Dialoge statt „Clash of Civilizations“. Köln: PapyRossa , S. 65–92.

SILLGE, URSULA (2007): Damals war's – Ein Rückblick auf Bedingungen und Strukturen der lesbisch-schwulen Bewegung in der DDR. In: Dennert, Gabriele/Leidingen, Christiane/Rauchut, Fransziska (Hg.): In Bewegung bleiben. 100 Jahre Politik, Kultur und Geschichte von Lesben. Berlin: Querverlag.

4.9 Klassismus

Kurzdefinition: Klassismus beschreibt die Strukturelle Diskriminierung von Menschen aufgrund ihres sozialen und ökonomischen Status (z. B. Arbeiter_innenklasse, arme Menschen, Intellektuelle).

Inhalte und Intentionen

Im Modul geht es darum, Klassismus als eigene Diskriminierungsform nachzuvollziehen. Hierbei werden der Klassenhintergrund der Teilnehmer_innen und die individuelle, institutionelle und kulturelle Zuordnung von Privilegien reflektiert. Es wird außerdem vermittelt, wie Klassismus als Strukturelle Diskriminierung auf individueller, institutioneller und kultureller Ebenen operiert. Unter Rückgriff auf historische und aktuelle Gegenstrategien werden Handlungsoptionen gegen Klassismus ausgelotet und eigene Impulse entwickelt, Klassismus zu unterbrechen.

Vertiefung und Übungen

A. Übung zur Mahloquet

Das Training beginnt – wie bei jedem Themenschwerpunkt – damit, die Bausteine von Social Justice Trainings und insbesondere der Methode Mahloquet als ethisch-dialogische Haltung und dialogische Gesprächsform bewusst zu machen. Hierzu wird eine Übung zur Vermittlung der Mahloquet durchgeführt (siehe Kapitel 4.14).

B.1 Einstiegsreflexion I

Die Teilnehmer_innen werden gebeten, in wechselnden Zweiergruppen unten stehende Fragen im Modus der Mahloquet zu reflektieren. Die Fragen werden nacheinander gestellt und bearbeitet.

- In welchen Zusammenhängen hast du dich/haben Sie sich mit Klassismus beschäftigt?
- Welche Erwartungen zum Modul hast du/haben Sie in Bezug auf dich/ sich selbst?

◉ *Sinn der Übung*
Die Teilnehmer_innen reflektieren ihr Wissen über Klassismus und konzentrieren sich auf die Dinge, die sie bereits wissen und die Dinge, die sie vertiefen möchten.

B.2 Einstiegsreflexion II

Die Teilnehmer_innen tauschen sich in wechselnden Zweiergruppen über folgende Fragen aus:

- Wann hast du/haben Sie zum ersten Mal realisiert, dass ein Mensch reicher ist als du/Sie? Warum hast du/haben Sie das gedacht?
- Wann hast du/haben Sie zum ersten Mal realisiert, dass ein Mensch ärmer ist als du/Sie? Warum hast du/haben Sie das gedacht?

Im Plenum wird über folgende Frage gesprochen:

- Was ist dir/Ihnen bewusst geworden?

⦿ *Sinn der Übung*

Sinn dieser Übung ist es, mit dem Austausch über eigene Vorannahmen zugleich einen Reflexionsrahmen für Klassismus bereitzustellen.

C. Themenbezogene Biographiearbeit

Die Teilnehmer_Innen erhalten unten stehendes Arbeitsblatt und denken zunächst je für sich alleine über die Fragen nach. Danach tauschen sie sich in Zweiergruppen im Modus der Mahloquet aus.

Bitte beantworte/beantworten Sie folgende Fragen, insofern dir/Ihnen Antworten möglich sind:

- Wie waren die Einkommensverhältnisse in der Familie, in der Institution, in dem Kreis von Menschen, in der oder dem du/Sie aufgewachsen bist/sind (z. B. Monatseinkommen und Vermögen aus welcher Arbeit)?
- Beschreibe, wie du/Sie aufgewachsen bist/sind (z. B. Haus/Mietshaus oder Wohnung, Garten, Stadt, Sicherheit, Infrastruktur).
- Wie verhält sich deine/Ihre Ausbildung zu der Ausbildung von anderen aus deiner/Ihrer Familie bzw. aus dem Kreis von Menschen, in dem du/Sie aufgewachsen bist/sind?

Bitte unterstreichen: fünf Werte, die wichtig waren, und fünf Werte, die überhaupt nicht wichtig waren (in der Zeit deines/Ihres Aufwachsens):

- ein bescheidenes Leben führen
- ein sehr gutes Leben führen
- sich viel leisten können
- sozialen Status und Bedeutung erreichen
- offene Kommunikation
- ein gutes Verhältnis zu den Nachbarn haben
- sich durch Therapie weiterentwickeln
- anderen helfen
- heiraten und Kinder bekommen
- Gesetze und Recht respektieren
- nicht mit dem Gesetz in Konflikt geraten
- politisches und soziales Bewusstsein
- einen intellektuellen Zugang zur Welt haben
- Engagement in der Gemeinde/Kiez/Stadt
- Geld sparen
- Geld für sich arbeiten lassen
- einen hohen Schulabschluss erreichen
- einen Universitätsabschluss erreichen

- ein Handwerk lernen
- sich in einer sozialen Gruppe engagieren
- gut aussehen
- selbständig sein
- ein Haus oder eine Wohnung besitzen
- eine Privatschule besuchen
- ein gutes, höfliches Benehmen haben
- Gibt es noch andere wichtige Werte, die hier nicht aufgelistet wurden?

Bitte beantworte/beantworten Sie folgende Fragen:

- Welche Ressourcen hast du/haben Sie erhalten?
- Was war schwierig aufgrund deines/Ihres Klassenhintergrundes?
- Was ist dir/Ihnen bewusst geworden?

Im Plenum erfolgt die Auswertung und die Diskussion zu folgender Frage:

- Welchen Einfluss hat deine/Ihre Klassenherkunft auf deine/Ihre derzeitigen Haltungen, Meinungen, Handlungen, Gefühle (z. B. in Bezug auf Geld, Arbeit, zwischenmenschlicher Beziehungen mit Leuten derselben oder anderer Klassenherkunft, Selbstbild, Ziele, Politik etc.)?

◉ *Sinn der Übung*

Die Teilnehmer_innen reflektieren, ob und wie die eigene soziale Herkunft den gegenwärtigen Status und die Lebensweise beeinflusst.

D. Definition und Begriffe

Die Trainer_innen geben einen Einblick in die Begrifflichkeiten und Bedeutungen von Klassismus, wie sie im Training verwendet werden und erinnern zuvor nochmals an die Definition von Struktureller Diskriminierung (siehe Kapitel 1.2 und 2.2):

Klassismus beschreibt die Strukturelle Diskriminierung von Menschen aufgrund ihres sozialen und ökonomischen Status. Klassismus betrifft die Position von Menschen im Produktionsprozess, welche gravierende Ungleichheiten begleitet und den Zugang zu Grundbedürfnissen erschwert bzw. verhindert. Klassismus bedeutet gleichzeitig Aberkennungsprozesse auf individueller, institutioneller und kultureller Ebene in Bezug auf Klassenzugehörigkeiten bzw. Klassenzuweisungen. Schon die gängigen Bezeichnungen von oben und unten im Hinblick auf die Beschreibung von Klassenzugehörigkeiten zeigen eine stark hierarchisierende und diskriminierende Zuschreibung.

Klasse: (Zugewiesene) soziale Gruppe, die durch Einkommen, Armut/Reichtum, Status und/oder Bildung charakterisiert ist. Klasse ist eine relative Kategorie, sowohl subjektiv als auch bezüglich der Ressourcen.

(Kemper/Weinbach 2009)

Im Anschluss daran wird die Einteilung von Klassismus als Arbeitsblatt ausgeteilt und besprochen:

Einteilung von Klassismus

Die Einteilung ist hier grob in Bezug auf Einkommen, Bildung und Ressourcen vorgenommen. Innerhalb der einzelnen Rubriken sind weitere Differenzierungen möglich; die Übergänge zwischen den Rubriken sind fließend.

- Entscheidungsträger: Gruppe, die in den Institutionen der Gesellschaft Positionen der Entscheidungs- und Verteilungsbefugnis innehat.
- Besitzende Klasse: Gruppe, die in der Gesellschaft über so viel Einkommen, Vermögen und/oder Besitz verfügt, dass sie andere Menschen für sich arbeiten lassen kann und so ihr Kapital vermehrt.
- Mittelklasse: Gruppe, die über ein hohes Einkommen und relative Sicherheit bezüglich des Arbeitsplatzes oder der Arbeitsmöglichkeiten verfügt. Zumeist ist eine hohe oder höhere Bildung vorhanden. Unterteilt werden kann hier noch in eine Mittelklasse mit sehr hohem Einkommen und eine Mittelklasse mit geringerem Einkommen.
- Arbeiter_innenklasse: Gruppe, deren Einkommen auf einem Stundenlohn für Arbeit beruht, sowie Gruppe, die über Tageslohn bezahlt wird. Welche Bildung die einzelnen Gruppenmitglieder haben, ist sehr unterschiedlich.
- Arme Menschen: Gruppe, die auf staatliche oder andere Unterstützungsformen angewiesen ist. Welche Bildung die einzelnen Gruppenmitglieder haben, ist sehr unterschiedlich. Zur Gruppe der armen Menschen gehören auch diejenigen, die sich an der Armutsgrenze befinden und keine staatliche Unterstützung erhalten.
- Prekariat: Gruppe, die sich in Bezug auf ihr Einkommen in unsicheren Lebensverhältnissen befindet (z. B. freiberufliche Akademiker_innen, Bildungsarbeiter_innen) und die in ihrem Erwerb auf ein Gesund-Sein angewiesen ist.
- Intellektuelle: Gruppe, deren Mitglieder unterschiedliche soziale Herkünfte haben können und die sich in besonderer Weise (fragend, reflexiv, zweifelnd, kritisch) mit der Welt auseinandersetzen.

(Stark modifiziert nach Kemper/Weinbach 2009)

◉ *Sinn der Übung*
Die Teilnehmer_innen reflektieren über differenzierte sozio-ökonomische Zuordnungen in der Gesellschaft und den daraus folgenden Partizipationsmöglichkeiten bzw. -unmöglichkeiten und setzen sich so auch mit Macht- und Herrschaftsverhältnissen auseinander.

E. Thesen über Klassismus

Die Teilnehmer_innen werden gebeten, sich anhand der Methode des World-Cafés mit unten stehenden Thesen auseinanderzusetzen. Hierfür werden die Begriffsdefinitionen im Raum verteilt. Die Teilnehmer_innen werden gebeten, sich gleichmäßig um die Begriffsstationen zu gruppieren. Jede Gruppe notiert neben ihrem Begriff ihre Perspektiven, Fragen und Nachdenklichkeiten. Nach einem festgelegten Zeitraum rotieren die Gruppen und bewegen sich zum nächsten Begriff. Dies wird so lange wiederholt, bis sich alle Gruppen mit allen Begriffen beschäftigt haben.

Thesen über Klassismus

- Über Klasse und Geld zu sprechen, ist in bestimmter Hinsicht tabuisiert. Besonders reiche und arme Menschen halten ihre Einkommensverhältnisse lieber geheim.
- Die familiäre Klassenherkunft entscheidet wesentlich über die Bildungsabschlüsse und das spätere Einkommen.
- Klasse ist ein relatives gesellschaftliches Ranking, das auf Einkommen, Reichtum, Status und/oder Bildung beruht.
- Produktivität, Wachstumssteigerungsraten, Gewinnerhöhungen, hoher Konsum werden in einer kapitalistischen Gesellschaft positiv bewertet. Ihre anderen Seiten wie Arbeitsplatzreduzierung, Einkommensreduzierung, Armut werden dahinter teilweise unsichtbar gemacht.
- Klassendiskriminierung wird in Deutschland selten zum Gegenstand der Diskussion. Es existiert kaum ein Bewusstsein dafür, dass es hier um eine komplexe Diskriminierungsform geht (z. B. keine Erwähnung im Allgemeinen Gleichbehandlungsgesetz).

Danach stellen die Teilnehmer_innen jedes Plakat vor; alle können Fragen stellen und weitere Perspektiven einbringen. Bei der Diskussion im Plenum geht es um die Sichtbarmachung möglicher unterschiedlicher Perspektiven und nicht darum, eine ‚richtige' Antwort zu finden.

◉ *Sinn der Übung*
Die Teilnehmer_innen nähern sich dem Thema Klassismus an, lernen verschiedene Sichtweisen kennen und geben sich wechselseitig Denkanstöße.

F. Analyse der Herstellung Struktureller Diskriminierung

Die Teilnehmer_innen werden gebeten, sich für die Analyse der Herstellung von Klassismus als Strukturelle Diskriminierung in Arbeitsgruppen zusammenzufinden. Die Themen können durch eine Internetrecherche, von den Trainer_innen bereitgestellte Materialien (z. B. kurze Texte) sowie unter Rückgriff auf eigenes Wissen bearbeitet werden. Die Trainer_innen erinnern vor der Übung noch einmal daran, dass neben der Gegenwart auch die historische Entwicklung von Diversitykategorien thematisiert werden kann, die eine Grundlage bildet für die spezifischen Formen, in denen sich Klassismus gegenwärtig manifestiert (Diskriminierungsmatrix). Die folgenden Gruppen sind Vorschläge, die von den Teilnehmer_innen um eigene Ideen ergänzt werden können.

- Fotogruppe: Objekte, Gegenstände (keine lebenden Menschen), die Klassismus verdeutlichen.
- Theoriegruppe: Texte zum Thema Klassismus.
- Recherchegruppe: zur Konstruktion von armen Menschen (historische und gegenwärtige Perspektiven).
- Recherchegruppe: zur Bedeutung von Intellektuellen (historische und gegenwärtige Perspektiven).
- Analysegruppe: zur Analyse eines konkreten gegenwärtigen ‚Falles'.

Im Falle der Analyse von Stereotypen, achtet/achten Sie bitte darauf, Stereotype nur soweit zu benennen, dass es der Reflexion über ihre Herstellung dienlich ist. Die Analyse dient dem Verständnis der hinter den Stereotypen stehenden Normen und Mechanismen, welche über bestimmte Sprach-/Bilder durchgesetzt werden sollen. Die Sprach-/Bilder selbst sollen dabei so wenig wie möglich als solche reproduziert werden.

Die Leitfragen bei der Bearbeitung der Tehmenfelder lauten:

- Wie wird Klassismus hergestellt: auf der individuellen, kulturellen und institutionellen Ebene?
- Gibt es Hinweise, in welchen historischen Kontexten die jeweiligen Stereotype entstanden sind?

Findet/finden Sie konkrete Beispiele und haltet/halten Sie diese auf Flipcharts oder Karteikarten für eine abschließende Präsentation im Plenum fest (Internet- oder Zeitungsrecherche als Möglichkeit).

Die Teilnehmer_innen präsentieren ihre Ergebnisse im Plenum, wo es die Möglichkeit des Nachfragens und der Ergänzungen gibt.

◉ *Sinn der Übung*
Die Teilnehmer_innen reflektieren die gesellschaftlichen Konstruktionsprozesse, die mit unterschiedlichen Gruppenzugehörigkeiten und -zuweisungen verbunden sind. Die Recherche ermöglicht einen konkreten Zugang.

G. Systemische Intersektionalitäten

Die Teilnehmer_innen werden gebeten, unter Rückgriff auf ihre persönlichen Erfahrungen ein Praxisbeispiel auszuwählen. An diesem Beispiel besprechen sie in Arbeitsgruppen im Modus der Mahloquet, welche Aspekte Systemischer Intersektionalität darin enthalten sein können. Folgende Frage wird von den Trainer_innen gestellt:

- Welche Überschneidungen mit anderen Diskriminierungsformen, wie z. B. Antiromaismus/Antisintiismus, Sexismus, Rassismus, Antisemitismus etc., gibt es konkret?

Im Plenum präsentieren die Teilnehmer_innen ihre Ergebnisse in einer selbst gewählten Form (Flipchart, Karteikarten, Bild, Theater etc.).

◉ *Sinn der Übung*
Die Teilnehmer_innen werden für intersektionale Bezüge, d. h. Überschneidungen von Klassismus mit anderen Diskriminierungsformen, sensibilisiert.

H. Historische Dimension: Zeitleiste – Beispiele aus der Geschichte des Klassismus

Die Trainer_innen geben ein Input zur Geschichte des Klassismus. Anstelle eines Inputs kann auch eine Übung durchgeführt werden, in der sich die Teilnehmer_innen über Lektüre, Internet oder zur Verfügung gestellte Materialien selbst historische Einblicke verschaffen. Als Grundlage hierfür kann das Buch *Klassismus. Eine Einführung* herangezogen werden.

In dem Buch *Klassismus. Eine Einführung* (Kemper/Weinbach 2009) wird Klassismus vom Klassenbegriff Karl Marx' abgegrenzt. Es werden historische und gegenwärtige Phänomene des Klassismus beschrieben und gezeigt, wie er mit der Herabsetzung von Menschen bzw. Gruppen einhergeht und auf welchen Stereotypen er basiert. Das Buch beinhaltet die Geschichte des Klassismusbegriffes und US-amerikanische Theorien zum Thema Klassismus, zeigt feministische Bezüge auf und diskutiert historische Widerstandskulturen. Zugleich thematisiert das Buch Klassismus im deutschsprachigen Raum (BRD, DDR) ebenso wie Klassismus im Kontext von Psychologie und Psychotherapie oder im Kontext unterschiedlicher Felder wie Bildung, Arbeit, Arbeiter_innensexualität, Familien- und Beziehungsstrukturen sowie Wohnverhältnisse.

◉ *Sinn des Inputs*
Ein Wissen um die Geschichte des Klassismus kann zu einem Verständnis für gegenwärtige Phänomene von Klassismus beitragen. Es kann darüber reflektiert werden, dass Klassismus kein naturgegebenes Phänomen ist.

I. Sichtbarmachung von Widerstandskulturen

Anhand eines filmischen Beispiels werden exemplarisch Ressourcen gezeigt, auf die Jugendliche zurückgreifen können, die von Klassismus betroffen sind.

Film *Freedom Writers* (LaGravenese 2007)

Der Film zeigt die Geschichte einer jungen Lehrerin und Schüler_innen in den USA, die in einer gewaltvollen und diskriminierenden Umgebung um ihr Überleben kämpfen. Die Schüler_innen werden zum Tagebuchschreiben bewegt, d. h. dazu, ihre eigenen Erlebnisse und Erfahrungen aufzuschreiben. Anlass ist die Lektüre des Buches *Tagebuch der Anne Frank*. Alle jungen Menschen schaffen als Erste in ihren Familien den Schulabschluss und beginnen ein Studium. Die Geschichte basiert auf einer wahren Begebenheit und verweist auf die Erfahrungen von Schüler_innen, die von Klassismus und Rassismus getroffen sind.

Nach dem Film stellen die Trainer_innen folgende Fragen, die in Arbeitsgruppen im Modus der Mahloquet besprochen werden.

- Wo begegnet dir/Ihnen Klassismus in deinem/Ihrem Alltag?
- Wo warst du/waren Sie schon einmal Verbündete?
- Wo würdest du/würden Sie gerne etwas verändern?
- Wo möchtest du/möchten Sie aktiv werden?
  Bitte entwickelt/entwickeln Sie konkrete Ideen dazu.

Danach besteht die Möglichkeit, sich im Plenum insbesondere über die letzte Frage auszutauschen.

◉ *Sinn der Übung*
Sichtbarmachung von Erfahrungen der Jugendlichen mit Klassismus. Dabei können die Teilnehmer_innen lernen, die Perspektiven von Anderen wahrzunehmen und sich mit ihnen auseinanderzusetzen.

J. Handlungsoptionen: Coaching

Den Teilnehmer_innen wird zum Abschluss des Moduls ein breites Feld an Handlungsmöglichkeiten eröffnet. Sie beantworten zunächst individuell eine Frage zur Vorbereitung einer konkreten Aktion in ihrem jeweiligen Lebens- oder Arbeitskontext:

- Wo sehe ich Möglichkeiten, in meinen verschiedenen Lebensbereichen Veränderungen vorzunehmen, die Klassismus verringern?

Darauf folgt eine mehrstufige Coaching-Phase in einer Arbeitsgruppe entlang folgender Fragen:

- Was brauchst du/brauchen Sie dafür?
- Wer kann dich/Sie unterstützen?
- Welche Verbündeten hast du/haben Sie?
- Was ist ein realistischer Zeitplan?

Nach der Übung können im Plenum einzelne Projekte, Ideen und Vorhaben vorgestellt und ergänzt werden.

◉ *Sinn der Übung*
Teilnehmer_innen entwickeln Handlungsoptionen für selbstorganisiertes Handeln und/oder Handeln als Verbündete, regen sich wechselseitig an, aktiv zu werden, das Thema weiter zu verfolgen und sich über eigene Ansatzpunkte und realistische Schritte für eine Umsetzung bewusst zu werden. Gleichzeitig können sich die Teilnehmer_innen miteinander vernetzen, um gegebenenfalls gemeinsame Projekte umzusetzen.

K. Abschlussreflexion

Das Modul wird damit beendet, dass die Teilnehmer_innen sich über folgende Fragen Gedanken machen: Welche Sichtweisen sind für dich/Sie neu gewesen? Worüber möchtest du/möchten Sie weiter nachdenken? Dabei können die Teilnehmer_innen die unterschiedlichen Übungsschritte noch einmal Revue passieren lassen und eine Weiterarbeit zum Thema Klassismus wird angeregt.

Quellen und Empfehlungen

BARBERY, MURIEL (2008): Die Eleganz des Igels. München: dtv.

ERIBON, DIDIER (2016): Rückkehr nach Reims. Berlin: Suhrkamp.

KEMPER, ANDREAS (2011): Klassenkörper. In: arranca!, 44/11. Online unter: https://arranca.org/archive?path=%2Fausgabe%2F44%2Fklassenkoerper [letzter Zugriff: 4.12.2018].

KEMPER, ANDREAS/WEINBACH, HEIKE (2009): Klassismus. Eine Einführung. Münster: Unrast.

VEREIN CHECK ART. VEREIN FÜR FEMINISTISCHE MEDIEN UND POLITIK (Hg.) (2014): an.schläge. Das feministische Magazin. Themenheft Klassismus, 10/14. Online unter: www.anschlaege.at/feminismus/klassismus-oktober-2014/ [letzter Zugriff: 11.2.2019].

LAgRAVANESE, RICHARD (2007): Freedom Writers [Spielfilm]. Deutschland/USA.

Blogs/Webseiten:

ARBEITERKIND.DE – FÜR ALLE, DIE ALS ERSTE IN IHRER FAMILIE STUDIEREN [Webseite]: www. arbeiterkind.de/ [letzter Zugriff: 4.12.2018].

4.10 Lookismus

Kurzdefinition: Lookismus bezeichnet die Strukturelle Diskriminierung aufgrund des Aussehens, des Körpers oder der Kleidung.

Inhalte und Intentionen

Im Modul sollen ein Verständnis von Lookismus im Kontext von gesellschaftlich konstruierten Schönheits-, Körper- und Kleidernormen sowie die Bedeutung von Geschmacks- und Stilvorstellungen hinsichtlich ihrer strukturellen Auswirkungen auf Menschen vermittelt werden. Die gesellschaftlichen Funktionszusammenhänge von Normalisierungsstrategien werden als individuelle, kulturelle und institutionelle Muster bewusst gemacht. Dabei werden sowohl die historische Entwicklung von Schönheits- und Körperbildern betrachtet, als auch antilookistische Strategien erkundet. Beides kann für die abschließende Entwicklung von Handlungsoptionen als Grundlage dienen.

Vertiefung und Übungen

A. Übung zur Mahloquet

Das Training beginnt – wie bei jedem Themenschwerpunkt – damit, die Methode Mahloquet als ethisch-dialogische Haltung und dialogische Gesprächsform bewusst zu machen. Hierzu wird eine Übung zur Vermittlung der Mahloquet durchgeführt (siehe Unterkapitel 4.14).

B. Einstiegsreflexion – Wissen über Lookismus

Im Plenum findet ein Brainstorming zum Begriff Lookismus statt. Die Teilnehmer_innen formulieren alles, was ihnen zu dem Begriff einfällt und was sie der Gruppe mitteilen möchten. Anschließend gibt es die Gelegenheit, gemeinsam über die Ergebnisse nachzudenken.

⦿ *Sinn der Übung*
Da das Thema Lookismus häufig noch nicht bekannt ist, zeigt diese Übung, wie viele Erfahrungen mit dem Thema dennoch vorhanden sind. Dies ermöglicht einen direkten Einstieg in das Modul.

C. Definition und Begriffe

Die Trainer_innen stellen die Definition von Lookismus vor, die im Anschluss von den Teilnehmer_innen im Modus der Mahloquet diskutiert wird, und erinnern zuvor nochmals an die Definition von Struktureller Diskriminierung (siehe Kapitel 1.2 und 2.2).

> Lookismus als Strukturelle Diskriminierung aufgrund des Aussehens liegen spezifische Schönheits-, Gesundheits- und Attraktivitätsnormen sowie Annahmen über den vermeintlichen gesellschaftlichen Status zugrunde. Lookismus führt zu gesellschaftlichem Ausschluss mit Bezug auf zugeschriebene Normen von Körper, Aussehen oder Kleidung. Eine spezifische Form des Lookismus ist das Bodyshaming, also ein Beschämt- und Diskriminiertwerden aufgrund eines Körpers, der nicht der vermeintlichen Norm entspricht.

⦿ *Sinn der Übung*
Durch das gemeinsame Gespräch haben die Teilnehmenden die Möglichkeit, Fragen zu klären und Dimensionen der Diskriminierungsform zu reflektieren.

D. Analyse von Schönheits- und Körpernormen sowie Körperbildern

Die Teilnehmer_innen suchen aus Zeitschriften (von den Trainer_innen oder Teilnehmer_innen mitgebracht) und/oder aus dem Internet Werbebilder für unterschiedliche Produkte aus. Sie hängen diese Bilder an Metaplanwänden auf. Danach reflektieren die Teilnehmer_innen in Arbeitsgruppen über sechs Fragen. Die Antworten auf die letzte Frage werden im Plenum präsentiert.

- Welche Gefühle/Reaktionen lösen diese Bilder bei dir/Ihnen aus?
- Wie beeinflussen diese Bilder das Leben von Menschen?
- Wie beeinflussen diese Bilder dich/Sie und dein/Ihr Leben bezüglich Gender, sexueller Orientierung und Klassenzuordnung?
- Wie verletzen diese Bilder Menschen?
- Welche Schönheits- und Körpernormen transportieren diese Bilder?

Im Plenum wird reflektiert, wie Schönheits- und Körpernormen konstruiert und wie sie gesellschaftlich wirksam werden.

◉ *Sinn der Übung*
Die Teilnehmer_innen reflektieren erste Zusammenhänge zwischen individuellen, kulturellen und institutionellen Herstellungsmechanismen von Lookismus.

E. Themenbezogene Biographiearbeit

Die Teilnehmer_innen reflektieren je für sich über die unten stehenden Fragen.

- Gab es eine Zeit in deinem/Ihrem Leben, als du dein/Sie Ihr Körpergewicht verändern wolltest/wollten?
- Gab es eine Zeit in deinem/Ihrem Leben, wo du/Sie über eine Schönheitsoperation nachgedacht hast/haben?
- Gab es eine Zeit in deinem/Ihrem Leben, wo du dein/Sie Ihr Aussehen, deine/Ihre Kleidung und Performance weitgehend verändert hast/haben?
- Hast du deine/haben Sie Ihre Kleidung schon einmal beruflichen Erfordernissen angepasst?
- Haben Menschen schon einmal dein/Ihr Aussehen, deine/Ihre Kleidung, deinen/Ihren Körper kommentiert? Welche Zuschreibungen hast du/haben Sie wahrgenommen?
- Hast du/haben Sie schon einmal beobachtet, dass das Aussehen, die Kleidung, die Körper anderer Menschen kommentiert wurden? Welche Zuschreibungen hast du/haben Sie wahrgenommen?
- Hast du schon/haben Sie schon einmal selbst das Aussehen, die Kleidung, die Körper von Menschen kommentiert? Welche Zuschreibungen hast du/haben Sie gemacht?

Danach finden sich die Teilnehmer_innen in Arbeitsgruppen zusammen und sprechen über die Fragen:

- Welche Rolle spielten Aussehen, Kleidung und Körper in meinem Leben?
- Welche Auswirkungen hatte dies auf mein Verhalten gegenüber anderen Menschen?

Wichtig ist zu betonen, dass die Teilnehmer_innen nur so viel mitteilen, wie sie jeweils möchten.

◉ *Sinn der Übung*
Die Teilnehmer_innen reflektieren ihre individuelle Einbindung in gesellschaftliche Strukturen von Lookismus.

F. Sozialisationsmechanismen von Lookismus reflektieren

Im Plenum wird die Kurzdokumentation *Marktlücke Prinzessin – Schönheitssalon für Fünfjährige* gezeigt.

Kurzdokumentation *Marktlücke Prinzessin – Schönheitssalon für Fünfjährige* (Veh/Röder 2012)

Die Kurzdokumentation berichtet von der Eröffnung eines Schönheitssalons in München, der sich speziell an junge Mädchen richtet. Dabei werden auch andere industrielle Erzeugnisse und Institutionen genannt, die sich mit Schönheitsangeboten an Kinder richten, wie z. B. Castingagenturen für Prinzessinnen oder Makeup speziell für Sechsjährige.

Danach werden die Teilnehmer_innen gebeten, in Arbeitsgruppen im Modus der Mahloquet über die Fragen zu reflektieren:

- Welche Gedanken löst der Film bei dir/Ihnen aus?
- Welche Schönheits- und Körpernormen werden Kindern und Jugendlichen vermittelt?

◉ *Sinn der Übung*
Die Komplexität von Sozialisationsmechanismen wird reflektiert und Chancen für Alternativen werden ausgelotet. Gegebenenfalls kann hier auch der Sozialisationszirkel (siehe Kapitel 4.15.G) eingebracht werden.

G. Reflexion von Privilegien hin zum Verbündet-Sein

Die Teilnehmer_innen werden gebeten, folgende Fragen in Arbeitsgruppen zu bearbeiten. Dabei halten sie ihre Ideen auf Karteikarten fest.

- Welche Vorteile entstehen in dieser Gesellschaft, wenn du dich/Sie sich lookistisch verhältst/verhalten?
- Wie stellst du/stellen Sie selbst Lookismus her? Bitte nennt/nennen Sie einige Beispiele.
  Bitte überlege/überlegen Sie auch, was du/Sie verändern könntest/könnten.

Die Teilnehmer_innen können im Plenum ihre Gedanken zur letzten Frage mitteilen. Zum Abschluss wird die Frage gestellt:

- Welches Interesse habe ich überhaupt an Veränderungen?

◉ *Sinn der Übung*
Die Teilnehmer_innen sehen sich selbst als aktiven Teil von Strukturen und damit auch der Möglichkeiten, diese zu verändern.

H. „Die feinen Unterschiede" – Geschmack, Kleidung und Stil als soziale Grenzziehungen

Die Teilnehmer_innen lesen einen Auszug aus Pierre Bourdieus soziologischen Betrachtungen im Buch *Die feinen Unterschiede* (Bourdieu 1987). Hier wird beschrieben, wie Kategorien von Geschmack, Kleidung und Körperpraktiken mit Zuschreibungen von Klassenzugehörigkeit und entsprechenden Bildern und Stereotypen einhergehen. In Arbeitsgruppen beantworten die Teilnehmer_innen im Modus der Mahloquet die folgenden Fragen:

- Welche lookistischen Stereotype und Bilder beschreibt der Text?
- Inwiefern existieren derartige feine Unterschiede auch heute noch? Findet/finden Sie konkrete Beispiele.

Im Plenum präsentieren die Teilnehmer_innen ihre Beispiele.

◉ *Sinn der Übung*
Die Übung ermöglicht es den Teilnehmer_innen, über Klassenzuschreibungen und Stereotype nachzudenken, die mit Aussehen, Kleidung und Körpernormen einhergehen.

I. Analyse der Herstellung Struktureller Diskriminierung

Ziel dieser Übung ist es, die strukturelle Verankerung von Lookismus im Rahmen einer längeren Recherchephase näher zu beleuchten. Hierfür können sich die Teilnehmer_innen in Arbeitsgruppen mit je spezifischen Schwerpunktsetzungen zusammenfinden. Die Themen können durch eine Internetrecherche, bereitgestellte Materialien (z. B. kurze Texte oder Broschüren) sowie unter Rückgriff auf eigenes Wissen bearbeitet werden.

- Recherchegruppe: Wie beeinflussen Schönheits-, Körper- und/oder Kleidungsnormen berufliche Kontexte und die beruflichen Chancen (siehe z. B. Bewerbungsratgeber, Umgang mit dem Verbot von Bewerbungsfotos etc.)?
- Diskriminierungsmatrix: Wie sind Schönheits-, Körper- und/oder Kleidungsnormen historisch erzeugt und über institutionelle, kulturelle und individuelle Maßnahmen als Strukturelle Diskriminierung verfestigt worden?
- Textgruppe: zur Verschränkung von Lookism und Klassismus
- Recherchegruppe: zu sozialen Bewegungen und politische Akteur_innen zugunsten von Partizipation

Im Falle der Analyse von Stereotypen, achtet/achten Sie bitte darauf, Stereotype nur soweit zu benennen, dass es der Reflexion über ihre Herstellung dienlich ist. Die Analyse dient dem Verständnis der hinter den Stereotypen stehenden Normen und Mechanismen, welche über bestimmte Sprach-/Bilder durchgesetzt werden sollen. Die Sprach-/Bilder selbst sollen dabei so wenig wie möglich als solche reproduziert werden.

Im Plenum präsentieren die Teilnehmer_innen anschließend die Ergebnisse ihrer Recherche in einer frei gewählten Form (Flipchart, Karteikarten, Bild, Theater etc.). Es besteht die Möglichkeit des Nachfragens und der Ergänzungen.

◉ *Sinn der Übung*
Die Teilnehmer_innen reflektieren die strukturelle Verankerung von Lookismus. Die Recherche ermöglicht einen faktenbasierten und konkreten Zugang.

J. Systemische Intersektionalitäten

Die Teilnehmer_innen werden gebeten, in Arbeitsgruppen über folgende Frage im Modus der Mahloquet zu reflektieren:

- Welche Überschneidungen mit anderen Diskriminierungsformen wie z. B. Rassismus, Altersdiskriminierung, Klassismus, Antisemitismus lassen sich feststellen?

Unterstützend können die Trainer_innen eine Textlektüre anregen: Der Text „‚Sich schön machen' im Alter" (Höppner 2010) handelt von Zusammenhängen zwischen gesellschaftlichen Schönheits- und Altersbildern. Die Ergebnisse werden anschließend im Plenum präsentiert.

◉ *Sinn der Übung*
Zusammenhänge zwischen unterschiedlichen Diskriminierungsformen werden an konkreten Themen nachvollziehbar.

K. Handlungsoptionen

Mithilfe der Übersicht Sphären der Einflussnahme (siehe Kapitel 4.15.H) wird den Teilnehmer_innen zum Schluss dieses Moduls ein breites Feld an Handlungsmöglichkeiten eröffnet. Die Teilnehmer_innen werden gebeten, sich für eine Sphäre der Einflussnahme zu entscheiden und sich hierfür eine konkrete Handlung/Aktion zu überlegen, die sie in nächster Zeit umsetzen möchten. Sie schreiben diese auf eine Karteikarte. Die Karten werden aufgehängt und im Plenum vorgestellt. Dann wird folgende Frage im Modus der Mahloquet reflektiert:

- Was regt mich zu weiteren Aktionen an?

Die Erarbeitung von Handlungsoptionen kann auch mithilfe eines gegenseitigen Coachings erfolgen (siehe dazu Kapitel 4.3).

◉ *Sinn der Übung*
Die Teilnehmer_innen haben die Möglichkeit, sich für die Aktionsform zu entscheiden, die für sie derzeit realistisch ist und Handlungen ermöglicht. Die Vielzahl von Möglichkeiten kann zu weiteren Handlungen anregen.

L. Abschlussreflexion

Das Modul wird damit beendet, dass die Teilnehmer_innen sich über folgende Fragen Gedanken machen: Welche Sichtweisen sind für dich/Sie neu gewesen? Worüber möchtest du/möchten Sie weiter nachdenken? Dabei können die Teilnehmer_innen die unterschiedlichen Übungsschritte noch einmal Revue passieren lassen und eine Weiterarbeit zum Thema Lookismus wird angeregt.

Quellen und Empfehlungen

BOURDIEU, PIERRE (1987): Die feinen Unterschiede. Kritik der gesellschaftlichen Urteilskraft. Frankfurt/Main: Suhrkamp.

HÖPPNER, GRIT (2010): „Sich schön machen" im Alter: Zur Verknüpfung neoliberaler Körperbilder, weiblicher Subjektivierungsformen und Gesundheitshandeln. In: Mauerer, Gerlinde (Hg.): Frauengesundheit in Theorie und Praxis. Feministische Perspektiven in den Gesundheitswissenschaften. Bielefeld: transcript, S. 113–126.

LEBER, SEBASTIAN (2016): Lookismus. Die Bevorzugung der Schönen. In: Der Tagesspiegel, 9.10.2016. Online unter: www.tagesspiegel.de/politik/lookismus-die-bevorzugung-der-schoenen/14659816-all.html [letzter Zugriff: 4.12.2018].

ROSE, LOTTE/SCHORB, FRIEDRICH (Hg.) (2017): Fat Studies in Deutschland. Hohes Körpergewicht zwischen Diskriminierung und Anerkennung. München/Weinheim: Beltz Juventa.

SCHMID, LEA/DIAMOND, DARLA/PFLASTER, PETRA (Hg.) (2017): Lookismus. Normierte Körper – Diskriminierende Mechanismen – (Self-)Empowerment. Münster: Unrast.

VEH, ELISABETH/RÖDER, EVA (2012): Marktlücke Prinzessin – Schönheitssalon für Fünfjährige. In: Quer [Fernsehsendung], 3.10.2012. Bayerischer Rundfunk. Online unter: www.youtube.com/watch?v=uXGT0KtzCH4 [letzter Zugriff 31.1.2019].

Blogs/Webseiten:

Mädchenmannschaft.net [Blog]. Serie „Mein Fett ist politisch": https://maedchenmannschaft.net/series/mein-fett-ist-politisch/ [letzter Zugriff: 31.1.2019].

4.11 Rassismus/Migratismus

Kurzdefinition: Rassismus bedeutet Strukturelle Diskriminierung von Schwarzen Menschen. Eine erweiterte Definition umfasst die Begriffe Antimuslimismus als Diskriminierung von Muslim_innen und Migratismus als Diskriminierung von Menschen mit Migrationsgeschichte und als Diskriminierung von geflüchteten Menschen.

Inhalte und Intentionen

In diesem Modul geht es um eine Analyse der Funktionsweisen und strukturellen Verankerung von Rassismus und Migratismus. Dabei werden sowohl persönliche biographische Bezüge zum Thema beleuchtet, als auch die Perspektive antirassistischer Akteur_innen aufgenommen. Durch die strukturierte Recherche zu institutionellen, kulturellen und individuellen Verankerungen von Rassismus in unterschiedlichen Gesellschaftsbereichen werden die Teilnehmer_innen für konkrete Ausprägungen von Rassismus und Migratismus in der Bundesrepublik Deutschland sensibilisiert. Zudem entsteht durch das Aufzeigen von Bezügen zu anderen Diskriminierungsformen ein differenziertes Bild der Systemischen Intersektionalität von Rassismus mit anderen Diskriminierungsformen. Der Blick auf aktivistische Gruppen und Erfahrungsberichte von gegen Rassismus Handelnden eröffnet Strategien zur Durchbrechung rassistischer und migratistischer Strukturen und zielt auf die Entwicklung von Handlungsoptionen.

Vertiefung und Übungen

A. Übung zur Mahloquet

Das Training beginnt – wie bei jedem Themenschwerpunkt – damit, die Methode Mahloquet als ethisch-dialogische Haltung und dialogische Gesprächsform bewusst zu machen. Hierzu wird eine Übung zur Vermittlung der Mahloquet durchgeführt (siehe Kapitel 4.14).

B. Einstiegsreflexion – Perspektive auf Rassismus

Zum Einstieg kann ein kurzer Videoclip gezeigt werden, z. B. *Rassismus: Meine Erfahrungen* (CurlyJay 2014). In dem Clip berichtet eine junge Frau von Erfahrungen von Alltagsrassismus und reflektiert über Fragen von Selbstbezeichnung und die Verwendung rassistischer Zuschreibungen. Im Plenum wird über folgende Frage im Modus der Mahloquet gesprochen:

- Was ist dir/Ihnen bewusst geworden?

◉ *Sinn der Übung*
Die Teilnehmer_innen gewinnen einen Eindruck von Begriffsverwendungen im Spannungsfeld von Selbstbezeichnung versus Fremdbezeichnung.

C. Definition und Begriffe

Die Teilnehmer_innen erhalten die im Rahmen des Social Justice und Diversity Trainings verwendete Definition von Rassismus. Wie bei den anderen Modulen auch, wird hierbei die Definition von Struktureller Diskriminierung hinzugezogen.

> Rassismus bedeutet die Strukturelle Diskriminierung von Menschen als Ineinandergreifen von kultureller, institutioneller und individueller Diskriminierung. Rassismus ist ein Prozess und eine gesellschaftliche Praxis, infolge derer Menschen aufgrund ihnen zugeschriebener Merkmale (z. B. Aussehen, Name, Sprache etc.) als soziale Gruppe und als die Anderen konstruiert, negativ bewertet und strukturell diskriminiert werden. Dabei sind verschiedene Formen von Rassismus zu unterscheiden: Rassismus gegen Schwarze Menschen, Antimuslimismus als Diskriminierung von Muslim_innen und Migratismus als Diskriminierung von Menschen mit Migrationsgeschichte und als Diskriminierung von geflüchteten Menschen.

Im Plenum besteht anschließend die Möglichkeit, Verständnisfragen zur Definition zu stellen und sich gegenseitig auszutauschen.

◉ *Sinn der Übung*
Durch das gemeinsame Gespräch haben die Teilnehmenden die Möglichkeit, Fragen zu klären und Dimensionen der Diskriminierungsform zu reflektieren.

D. Themenbezogene Biographiearbeit

Die Teilnehmer_innen reflektieren zunächst je für sich über unten stehende Fragen. Im Anschluss daran findet ein Austausch in Arbeitsgruppen im Modus der Mahloquet statt.

- Wann hast du/haben Sie realisiert, dass Menschen aufgrund der ihnen zugeschriebenen Merkmale bezogen auf ihr Aussehen (im Hinblick auf Rassismus) anders behandelt werden?
- Wann hast du/haben Sie realisiert, dass Menschen eine nationale/ethnische/kulturelle/religiöse Herkunft zugeschrieben wird?
- Wann hast du/haben Sie zum ersten Mal realisiert, dass Menschen aufgrund dieser zugeschriebenen Herkunft anders behandelt werden?

Im Plenum wird danach über die Frage gesprochen:

- Was ist dir/Ihnen bewusst geworden?

◉ *Sinn der Übung*
Über die themenbezogene Reflexion in Bezug auf die eigene Erfahrung erhalten die Teilnehmer_innen die Möglichkeit, einen persönlichen Bezug zum Thema herzustellen.

E. Sichtbarmachung von Perspektiven auf Rassismus

Im Plenum wird der Film *Hoffnung im Herz* gezeigt.

Dokumentarfilm *Hoffnung im Herz* (Binder 1997)

Der Film gibt einen Einblick in das Leben und Wirken der Lyrikerin, Wissenschaftlerin, Begründerin des Vereins Schwarzer Frauen in Deutschland (Adefra e.V.) und Schwarzen Deutschen Aktivistin May Ayim (1960-1996). Der Film zeigt die Perspektiven von Menschen, deren Stimmen in der Gesellschaft nicht immer wahrgenommen werden.

Nach dem Film tauschen sich die Teilnehmer_innen in Arbeitsgruppen über folgende Fragen aus:

- Welche Gefühle hat der Film in dir/Ihnen ausgelöst?
- In welcher Weise hat der Film deine/Ihre früheren Ideen und Annahmen herausgefordert oder verändert?
- Was hat dich/Sie irritiert und worüber möchtest du/möchten Sie mehr erfahren?
- Welche intersektionalen Bezüge werden deutlich?

Da die Protagonistin in einigen Abschnitten des Films Englisch spricht und das schnelle Lesen von Untertiteln für viele Menschen eine Herausforderung darstellen kann, ist es sinnvoll, im Vorfeld des Films eine schriftliche Übersetzung der jeweiligen Filmausschnitte zu verteilen. Diese methodische Entscheidung kann auf der Metaebene gemeinsam mit den Teilnehmer_innen in Bezug auf Diversität, Ein- und Ausschlüsse (durch Sprachkenntnisse, Vertrautheit mit Bild-Leseverfahren etc.) reflektiert werden.

Die Trainer_innen bitten die Arbeitsgruppen, die Ergebnisse zu den beiden letzten Fragen auf Karteikarten festzuhalten und im Plenum vorzustellen.

◉ *Sinn der Übung*
Die Sichtbarkeit und das Wahrnehmen von unterschiedlichen Perspektiven geben den Teilnehmer_innen die Möglichkeit, ihr Verständnis des Themas zu erweitern.

F. Reflexion von Privilegien hin zum Verbündet-Sein

In Arbeitsgruppen werden die Antworten auf folgende Frage festgehalten:

Wie privilegiert oder nicht-privilegiert bist du/sind Sie in dieser Gesellschaft aufgrund deines/Ihres Aussehens oder Namens im Hinblick auf Rassismus/Migratismus in Bezug auf …

- Mobilität (z. B. Bewegung im öffentlichen Raum),
- Zugänge (z. B. Arbeitsmarkt, Film, Theater),
- Institutionen (z. B. Schule, Universität, Behörden)?

Die Ergebnisse werden von den Gruppen für eine Präsentation im Plenum visualisiert. Im Plenum wird im Modus der Mahloquet über die Frage gesprochen:

- Was ist dir/Ihnen bewusst geworden?

◉ *Sinn der Übung*
Die Übung erlaubt eine Reflexion über den eigenen gesellschaftlichen Status und die damit verbundenen oder nicht verbundenen Handlungsmöglichkeiten.

G. Migrationskontexte wahrnehmen

In Arbeitsgruppen werden auf Karteikarten Gründe gesammelt, aufgrund derer Menschen migrieren. Die Karten werden aufgehängt und vorgelesen. Die Teilnehmer_innen können Verständnisfragen stellen und reflektieren dann im Plenum die Frage:

- Welche Migrationskontexte sind sichtbar, welche sind eher unsichtbar?

◉ *Sinn der Übung*
Durch die Übung kann den Teilnehmer_innen die Komplexität des Themas bewusst werden und eine Vorsicht vor vereinfachenden Kategorien und Zuschreibungen über Kontexte von Migration entstehen.

H. Analyse der Herstellung Struktureller Diskriminierung

In dieser Übung wird im Rahmen einer längeren Recherchephase die strukturelle Verankerung von Rassismus und Migratismus näher beleuchtet. Um zu einer möglichst konkreten Beschreibung rassistischer Strukturen in je unterschiedlichen Bereichen und auf unterschiedlichen Ebenen zu gelangen, werden die Teilnehmer_innen gebeten, jeweils eine Diskriminierungsform (Rassismus oder Migratismus) zu fokussieren. Dabei ist neben der Gegenwart auch eine Betrachtung der historischen Entwicklung bestimmter Aspekte der Diskriminierungsform möglich (Diskriminierungsmatrix). Die Themen können durch eine Internetrecherche, bereitgestellte Materialien (z. B. kurze Texte oder Broschüren) sowie unter Rückgriff auf eigenes Wissen bearbeitet werden.

- Recherchegruppe: z. B. Rassismus im Bereich Arbeit, Wohnungsmarkt, Bildung, Polizei
- Recherchegruppe: Welche Sprach-/Bilder von Migrant_innen und/oder geflüchteten Menschen werden über Medien und im politischen Diskurs transportiert?
- Recherchegruppe: zu sozialen Bewegungen und politische Akteur_innen zugunsten von Partizipation

- Theoriegruppe: Textauszüge zu den Themen Postkolonialismus und Kolonialität der Macht

Im Falle der Analyse von Stereotypen, achtet/achten Sie bitte darauf, Stereotype nur soweit zu benennen, dass es der Reflexion über ihre Herstellung dienlich ist. Die Analyse dient dem Verständnis der hinter den Stereotypen stehenden Normen und Mechanismen, welche über bestimmte Sprach-/Bilder durchgesetzt werden sollen. Die Sprach-/Bilder selbst sollen dabei so wenig wie möglich als solche reproduziert werden.

Im Plenum präsentieren die Teilnehmer_innen anschließend die Ergebnisse ihrer Recherche in einer frei gewählten Form (Flipchart, Karteikarten, Bild, Theater etc.). Es besteht die Möglichkeit des Nachfragens und der Ergänzungen.

◉ *Sinn der Übung*
Die Teilnehmer_innen reflektieren die strukturelle Verankerung von Rassismus und Migratismus. Die Recherche ermöglicht einen faktenbasierten und konkreten Zugang.

I. Systemische Intersektionalitäten

Auf Grundlage der Präsentationen der Ergebnisse zu den strukturellen Dimensionen von Rassismus/Migratismus wird im Plenum die Frage gestellt:

- Welche Überschneidungen mit anderen Diskriminierungsformen wie z. B. Sexismus, Klassismus, Ageismus könnt ihr/können Sie finden?

Nach einer kurzen individuellen Reflexionsphase halten die Teilnehmer_innen ihre Ideen und Gedanken auf Karteikarten fest. Diese werden im Plenum im Anschluss an die Präsentationen zur Analyse der Herstellung Struktureller Diskriminierung vorgestellt und im Modus der Mahloquet besprochen.

◉ *Sinn der Übung*
Die Teilnehmer_innen nehmen Unterschiede und Ähnlichkeiten von Rassismus und anderen Diskriminierungsformen wahr und erarbeiten ein Verständnis von Systemischer Intersektionalität in Bezug auf diese Diskriminierungsform.

J. Handlungsoptionen

Die Teilnehmer_innen erschließen sich zum Schluss des Moduls ein breites Feld an Handlungsmöglichkeiten. Die Erarbeitung von Handlungsmöglichkeiten, welche außerhalb des Trainings realisiert werden können, erfolgt in Arbeitsgruppen in Form des gegenseitigen Coachings. Coaching bedeutet in diesem Zusammenhang, dass die Ideen der einzelnen Teilnehmer_innen entlang des folgenden Leitfadens diskutiert werden:

- Wo spielt Rassismus/Migratismus in deinen/Ihren eigenen (Arbeits-) Kontexten eine Rolle?
- Kannst du dich/Können Sie sich an rassistische/migratistische Situationen erinnern, bei denen du/Sie schon einmal interveniert hast/haben?
- Welche zukünftigen Ideen hast du/haben Sie, um Rassismus/Migratismus zu unterbrechen oder zurückzuweisen?
  ... Was brauchst du/brauchen Sie dafür?
  ... Wer kann dich/Sie unterstützen?
  ... Welche Verbündeten hast du/haben Sie?
  ... Was ist ein realistischer Zeitplan?

Anschließend sollen einige Ergebnisse der dritten Frage (inklusive Unterfragen) im Plenum vorgestellt werden. Dabei ist es wichtig zu unterstreichen, dass es den Teilnehmer_innen freisteht, ob und wieviel sie von ihren Ideen berichten möchten.

◉ *Sinn der Übung*
In der Arbeit wird der Fokus auf die Handlungsmöglichkeiten gelegt und über das Coaching weitere Ideen entwickelt. Durch die Präsentation im Plenum erhalten alle Teilnehmer_innen die Möglichkeit, an den Ideen teilzuhaben.

K. Abschlussreflexion

Das Modul wird damit beendet, dass die Teilnehmer_innen sich über folgende Fragen Gedanken machen: Welche Sichtweisen sind für dich/Sie neu gewesen? Worüber möchtest du/möchten Sie weiter nachdenken? Dabei können die Teilnehmer_innen die unterschiedlichen Übungsschritte noch einmal Revue passieren lassen und eine Weiterarbeit zum Thema Rassismus/Migratismus wird angeregt.

Quellen und Empfehlungen

ARENDT, HANNAH (2016): Wir Flüchtlinge. Mit einem Essay von Thomas Mayer. Stuttgart: Reclam.

ARNDT, SUSAN/OFUATEY-ALAZARD, NAJA (Hg.) (2012): Wie Rassismus aus Wörtern spricht. (K)erben des Kolonialismus im Wissensarchiv deutsche Sprache. Ein kritisches Nachschlagewerk. Münster: Unrast.

AYIM, MAY (1995): Blues in schwarz weiss. Gedichte. Berlin: Orlanda Frauenverlag.

BINDER, MARIA (1997): Hoffnung im Herz: mündliche Poesie von May Ayim [Dokumentarfilm]. Berlin.

CASTRO VARELA, MARIA DO MAR/DHAWAN, NIKITA (2005): Postkoloniale Theorie. Eine kritische Einführung. Bielefeld: transcript.

CURLYjAY (2014): Rassismus – meine Erfahrungen [YouTube Clip], 31.7.2014. Online unter: www.youtube.com/watch?v=jhMA_cY-41g [letzter Zugriff: 31.1.2019].

HOOKS, BELL (1992): Black Looks. Race and Representation. Boston, Mass.: South End Press.

KILOMBA, GRADA (2008): Plantation Memories. Episodes of Everyday Racism. Münster: Unrast.

MESSERSCHMIDT, ASTRID (2008): Postkoloniale Erinnerungsprozesse in einer postnationalsozialistischen Gesellschaft – vom Umgang mit Rassismus und Antisemitismus. In: Peripherie, 28, 109/110, S. 42–60.

VEREIN FÜR POLITISCHE BILDUNG ANALYSE & KRITIK e.V. (Hg.) (2013): Critical Whiteness. Debatte um antirassistische Politik und nicht diskriminierende Sprache. Hamburg: Sonderbeilage, Herbst 13.

Blogs/Webseiten:

WOMEN IN EXILE & FRIENDS [Webseite]: www.women-in-exile.net/ [letzter Zugriff: 4.12.2018].

4.12 Sexismus/Heterosexismus/Homo- und Transmiseoismus

Kurzdefinition: Sexismus/Heterosexismus/Homo- und Transmiseoismus bedeutet Strukturelle Diskriminierung von Menschen aufgrund ihres (zugeschriebenen) Geschlechts und/oder ihres sexuellen Begehrens. Miseoismus kommt vom Altgriechischen *miseo* und bedeutet Hass.[10] Verbunden ist diese Diskriminierung mit Heteronormativität, die ein Denk- und Verhaltenssystem beschreibt, in dem lediglich zwei Geschlechter (Mann/Frau) als Norm anerkannt werden, woraus sich wiederum bestimmte Körper-, Verhaltens- und Sexualitätsnormen ergeben.

Inhalte und Intentionen

Im Modul Sexismus/Heterosexismus/Homo- und Transmiseoismus geht es um die Komplexität der Strukturellen Diskriminierung aufgrund von Geschlecht und Begehrensformen. Die Diskriminierung richtet sich gegen u. a. Lesben,

10 Wir verwenden diesen Begriff anstelle von Homo- und Transphobie, insofern Letzteres mit dem altgriechischen Begriff *phobos* suggeriert, dass Lesben, Schwule und Trans*Personen bei anderen Menschen Angst erzeugen würden und von daher selbst schuld seien, dass es Hass und Feindschaft gegen sie gäbe.

Schwule, Trans*Personen, intergeschlechtliche, bisexuelle, asexuelle, nonbinary Menschen. Es werden die engen Zusammenhänge zwischen Diskriminierung aufgrund von Geschlecht und Diskriminierung aufgrund von Begehrensformen transparent. Zudem wird die gesellschaftlich verankerte Norm der Zweigeschlechtlichkeit im Rahmen heteronormativer Denk- und Verhaltensweisen kritisch reflektiert. Dazu gehört eine Einführung in Queer-Theorien als Grundlage für das Verstehen von Sexismus, Heterosexismus sowie Heteronormativität und für die Reflexion der Komplexität der eigenen geschlechtlichen und sexuellen Identitäten. Durch eine Sensibilisierung für die Pluralität geschlechtlicher und sexueller Ausdrucksformen werden die Teilnehmer_innen dazu ermutigt, über Alternativen zu bestehenden gesellschaftlichen Regelungen nachzudenken. Dabei nimmt das Training auch auf Gegenstrategien und die Geschichte sozialer Bewegungen gegen Sexismus, Heterosexismus sowie Homo- und Transmiseoismus Bezug.

Vertiefung und Übungen

A. Übung zur Mahloquet

Das Training beginnt – wie bei jedem Themenschwerpunkt – damit, die Methode Mahloquet als ethisch-dialogische Haltung und dialogische Gesprächsform bewusst zu machen. Hierzu wird eine Übung zur Vermittlung der Mahloquet durchgeführt (siehe Kapitel 4.14).

B.1 Einstiegsreflexion I

Die Auseinandersetzung mit dem Thema beginnt mit einer Einstiegsfrage:

- Wie und wann bist du/sind Sie in den letzten drei Tagen daran erinnert worden, dass es Geschlechterzugehörigkeiten gibt?

Nach einer kurzen Selbstreflexion, die die Teilnehmer_innen je für sich durchführen, folgt ein Austausch in Arbeitsgruppen im Modus der Mahloquet. Danach kann ein Austausch über die Einstiegsfrage im Plenum stattfinden.

◉ *Sinn der Übung*
Die Reflexion hilft dabei, sich über die Alltagsrelevanz des Themas bewusst zu werden.

B.2 Einstiegsreflexion II

Alternativ bietet sich auch ein Einstieg mit einem kurzen Videoclip an. Hierfür wird den Teilnehmer_innen ein Clip aus folgendem Projektkontext gezeigt:

Videoclips *Tolerant? Sind wir selber* (Emcke/Maccarone 2014)

Das Projekt spielt ironisch mit Fragen von Toleranz und gesellschaftlichen Zuschreibungen im Kontext von pluralen Lebens- und Liebesformen.

Die Teilnehmer_innen werden gebeten, ihre Fragen und Nachdenklichkeiten zum Film in Arbeitsgruppen zu besprechen. Anschließend wird im Plenum die Frage gestellt:

- Was ist euch/Ihnen aufgefallen? Wodurch wurde in dem Clip ein Moment von Irritation erzeugt?

⦿ *Sinn der Übung*
Am Gegenstand einer künstlerischen Auseinandersetzung mit Sexismus/Heterosexismus können sich die Teilnehmer_innen mit Fragen von Ironie und Irritation als Umgang mit Diskriminierung beschäftigen.

C. Themenbezogene Biographiearbeit

Den Teilnehmer_innen wird ein Arbeitsblatt mit folgenden Fragen ausgeteilt:

- Beschreibe/beschreiben Sie eine frühe Erinnerung daran: Welches Verhalten und Handeln wurde von dir/Ihnen mit Bezug auf deine/Ihre Geschlechterzugehörigkeit erwartet?
- Beschreibe/beschreiben Sie, wie du gelernt hast/Sie gelernt haben, dass Heterosexualität als vermeintlich normales sexuelles Begehren gelten soll.
- Beschreibe deine/beschreiben Sie Ihre früheste Erinnerung daran: Wann hast du/haben Sie realisiert, dass lesbische, schwule oder Trans*Personen diskriminiert werden?

In Dreiergruppen spricht jede Person über die Erfahrungen, über die sie sprechen möchte. Die anderen hören zu, ohne Kommentare, d. h. ohne Zwischenfragen und ohne assoziatives Mitsprechen. Danach erfolgt ein Gespräch im Plenum zu folgenden Fragen:

- Wie war es, über deine/Ihre Erfahrungen in der Gruppe zu sprechen? Inwiefern war deine/Ihre Geschichte gefärbt durch soziale Erwartungen bezüglich Gender und sexuellem Begehren?
- Was hast du/haben Sie über die Sozialisation bezüglich Gender und sexuellem Begehren durch das Zuhören gelernt (von den Geschichten der anderen)?

◉ *Sinn der Übung*
Mit dieser Übung wird das Hören und Wahrnehmen der je anderen Geschichten und Perspektiven geübt. Dies kann dabei unterstützen, eigene Sozialisationsprozesse bewusster wahrzunehmen und zu verstehen.

D. Sozialisationszirkel

Die Struktur von Sozialisationsprozessen wird als Input der Trainer_innen vorgestellt (Arbeitsblatt siehe Kapitel 4.15.G). Die Teilnehmer_innen finden sich in Arbeitsgruppen zusammen und bearbeiten ein frei gewähltes Beispiel für die Sozialisierung von Geschlechterrollen, welches anhand des Sozialisationszirkels nachvollzogen werden soll. Im Plenum wird im Modus der Mahloquet über entstandene Fragen gesprochen.

◉ *Sinn des Inputs*
Die Konstruktion von Geschlecht und Geschlechterrollen in einem Sozialisationsprozess, und damit die Dynamik der Aneignung von Rollenmustern und stereotypen Zwängen, kann mit der Übung verdeutlicht werden. Geschlechterstereotype werden im Sinne der Strukturellen Diskriminierung auf individueller, kultureller und institutioneller Ebene betrachtet.

E. Definition und Begriffe

Die Definition von Begriffen wird anhand der Methode des World-Cafés durchgeführt. Hierfür werden die Begriffsdefinitionen im Raum verteilt. Die Teilnehmer_innen werden gebeten, sich gleichmäßig um die Begriffsstationen zu gruppieren. Jede Gruppe notiert neben ihrem Begriff ihre Perspektiven, Fragen und Nachdenklichkeiten. Nach einem festgelegten Zeitraum rotieren die Gruppen und bewegen sich zum nächsten Begriff. Dies wird so lange wiederholt, bis sich alle Gruppen mit allen Begriffen beschäftigt haben. Folgende Begriffe werden dafür verwendet:

Unter Sexismus wird jede Art der Diskriminierung von Menschen aufgrund ihres (zugeschriebenen) Geschlechts verstanden.

Heterosexismus ist ein Denk- und Verhaltenssystem, das Heterosexualität als die einzig vermeintlich normale Form sexuellen Begehrens und sexueller Beziehungen festschreibt. Dabei werden andere Identitäten, Verhaltensweisen oder Beziehungen, die dieser Norm nicht entsprechen, als abweichend dargestellt, verleugnet oder als krank stigmatisiert.

Mit **Heteronormativität** wird ein binäres Geschlechtersystem beschrieben, in dem zwei Geschlechter (Mann/Frau) als vermeintliche Norm anerkannt werden, und in dem Geschlecht aus einer Matrix von Körper-, Verhaltens- und Sexualitätsnormen hervorgeht. Heteronormativität bestimmt, was als vermeintlich normale Sexualität gilt, und ist gleichzeitig Bestandteil von gesellschaftlich verankerten und von vielen verinnerlichten Normen und Vorstellungen von Geschlecht, Körper, Familie, Identität, Verhaltensweisen (betrifft z. B.: Binarität weiblicher/männlicher Körper, medizinische Herstellung von Geschlecht, Familien- und Beziehungskonzepte, Ehe/Lebenspartner_innenschaft, Lebensentwürfe).

Der Begriff **Gender** meint das kulturell-gesellschaftlich konstruierte Geschlecht, Geschlechterrollen und -funktionen. Er wurde im Deutschen beibehalten, weil durch die mit ihm einhergehende Unterscheidungsmöglichkeit von Sex und Gender eine Unterscheidung zwischen dem biologischen Geschlecht und dem sozialen, gesellschaftlich-kulturell hergestellten Geschlecht getroffen werden konnte (betrifft z. B.: Geschlechterrollen in Familie und Beruf, Ungleichbezahlung).

Als **Queers** bezeichnen sich manche Menschen, die u. a. trans*, intergeschlechtlich, poly-, pan-, asexuell, non-binary, lesbisch oder schwul sind und dafür den politisch-strategischen Oberbegriff Queer benennen. Gleichzeitig gilt der Begriff Queer ungeachtet eines spezifischen So-Seins von Personen auch als politische Haltung, die sich als anti-normativ und als neue Lebensentwürfe konzipierend beschreiben lässt.

Im Plenum wird zuletzt die Frage gestellt:

- Was ist euch/Ihnen aufgefallen?

Zusätzlich kann mit den Teilnehmer_innen folgendes Arbeitsblatt mit einigen Begriffsdefinitionen im Kontext von Gender und Queer besprochen werden.

Doing Gender: Doing Gender verweist auf die permanenten Interaktionen der Ein- und Anpassung von Menschen in zweigeschlechtliche, heteronormative, durch Auf- und Abwertung strukturierte, hierarchische Geschlechterverhältnisse in der Schule, am Arbeitsplatz, in der Familie, im politischen Raum.

Drag: Als Drag King bezeichnen sich Menschen mit verschiedenen Geschlechteridentitäten, die traditionelle Männlichkeit in traditioneller Männerkleidung inszenieren und parodieren. Als Drag Queen bezeichnen sich Menschen mit verschiedenen Geschlechteridentitäten, die traditionelle Weiblichkeit in traditioneller Frauenkleidung inszenieren und parodieren.

Genderkonstruktion: Die Konstruktion von Gender bedeutet die gesellschaftlich-kulturelle Herstellung bestimmter Rollen, Rollenbilder und Funktionen von Frauen und Männern. Es geht um die Erzeugung bzw. Herstellung von bestimmten Bedeutungen und Klassifikationen der Geschlechter, um bestimmte Zuordnungen und Zuweisungen der Geschlechter „Mann“ und „Frau“ sowie um die Bestimmung ihres Verhältnisses.

Homomiseoismus: Homomiseoismus bezeichnet die Feindseligkeit und den Hass gegen Lesben und Schwule.

Intergeschlechtliche Menschen: Als intergeschlechtlich benennen sich Menschen, deren Körper männliche und weibliche (sichtbare und nicht sichtbare) Geschlechtsmerkmale aufweisen.

Queerfeministisch: Als queerfeministisch werden jene Ansätze bezeichnet, die sich sowohl auf feministische Theorien und Feminismus als auch auf Queer Studies beziehen und beides miteinander verbinden.[11]

Queer Studies bzw. Queer Theory: Queer Studies erweitern den Begriff Gender (Mann, Frau) hin zur Vielfältigkeit von Genderformen (intergeschlechtliche Menschen, Trans*Personen) und verfolgen die Infragestellung von festgelegten, stereotypen Identitäten und Normativitäten mit der Zielsetzung der gleichen Möglichkeiten und gleichberechtigten Partizipation an gesellschaftlichen (d. h. sozialen, materiellen, politischen, kulturellen) Ressourcen für queere Menschen. Plural ausgerichtete Queer-Theorien vertreten einen intersektionalen Ansatz und fokussieren so nicht nur die Kategorien Gender, Sex, Begehren, sondern beziehen auch intersektionale Verschränkungen mit anderen Diskriminierungsformen (z. B. Rassismus, Antisemitismus) mit ein.

Sex: Unter Sex wird das biologische Geschlecht verstanden. Während Geschlecht in den Gender Studies als biologische Gegebenheit aufgefasst wird, zeigen Queer Studies Sex und Gender als kulturell-gesellschaftlich konstruiert auf.

Trans*Personen: Als Trans*Personen bezeichnen sich Menschen, die ihre Geschlechtsidentität jenseits binärer Geschlechterordnungen (Frau/Mann) leben. Trans* wird auch als Oberbegriff für Menschen verstanden, für die das gelebte Geschlecht keine zwingende Folge aus dem bei der Geburt zugewiesenen Geschlecht ist.

---

11 Einige Vertreter_innen des Queerfeminismus initiierten die Boykottbewegung gegen Israel („Boykott, Desinvestitionen und Sanktionen“ BDS) und Pinkwashing mit oder schlossen sich diesen an, andere Queertheroretiker_innen lehnen das jedoch strikt ab; siehe dazu Czollek/Perko 2018.

Transmiseoismus: Transmiseoismus bezeichnet den Hass auf und die Feindseligkeit gegenüber Trans*Personen.

Transsexuelle Menschen: Als transsexuell bezeichnen sich Menschen, die mittels Hormonen und Operationen ihren Körper verändern, um in einem anderen Geschlecht zu leben als in demjenigen, welches ihnen bei Geburt zugewiesen wurde.

Undoing Gender: Undoing Gender bezeichnet eine Praxis, die Zuschreibung stereotyper Geschlechterrollen zu erkennen, zu problematisieren und schließlich zugunsten von pluralen Genderformen aufzubrechen. Verbunden damit ist der Begriff Genderdekonstruktion: Die Auffassung, dass Gender konstruiert ist, bedeutet, dass Geschlecht und die Rolle der Geschlechter variabel und veränderbar sind, und damit auch die Beziehung der Geschlechter, die keiner stereotypen Form aus ‚natürlichen' Gründen folgt: Männer können dieselben Funktionen und Rollen einnehmen wie Frauen und umgekehrt. Genderdekonstruktion meint, stereotype Auffassungen von Gender zu verschieben, zu transformieren, mehrere Variablen aufzuzeigen.

◉ *Sinn der Übung*
Die Teilnehmer_innen können ihre Perspektiven auf und ihr Verständnis von Gender, Queer und pluralen Lebens- und Liebesweisen erweitern.

*F. Sichtbarmachung: Diskriminierung und Gewalt gegenüber Trans*Sexarbeiter_innen*

Im Anschluss an die bisherigen Vertiefungen wird ein Input oder ein Film gezeigt.

Dokumentarfilm *Transsexworks – Transsexworkers on Frobenstrasse* (Donath 2017)

Der Film handelt von Trans*Personen, die als Sexarbeiter_innen in der Frobenstraße (Berlin) arbeiten. Er zeigt den Arbeitsalltag, die Gewalt und tägliche Bedrohung, der sie ausgesetzt sind. Gleichzeitig verdeutlicht der Dokumentarfilm Exklusionsprozesse von Trans*Sexarbeiter_innen aus der queerfeministischen Szene.

Folgende Fragen zum Film werden im Modus der Mahloquet anschließend im Plenum besprochen:

- Was war neu für dich/Sie?
- Worüber möchtest du/möchten Sie mehr erfahren?

Alternativ können die Trainer_innen ein Input zu Sexismus, Heterosexismus, Homo- und Transmiseoismus im Kontext von Macht- und Herrschaftsverhältnissen und im Kontext der Gendermatrix geben und anschließend mit den Teilnehmer_innen diskutieren.

◉ *Sinn der Übung*
Die gewaltvollen Auswirkungen konstruierter Geschlechterordnungen können wahrgenommen werden, die zuweilen auch von Menschen gestützt werden, die selbst ausgegrenzt sind.

G. Reflexion von Privilegien hin zum Verbündet-Sein

Die Teilnehmer_innen werden gebeten, folgende Fragen in Arbeitsgruppen zu besprechen. Sie halten ihre Ideen auf Karteikarten fest.

- Welche Vorteile entstehen in dieser Gesellschaft, wenn du dich/Sie sich genderkonform verhältst/verhalten?
- Wie wird Heteronormativität in unserer Gesellschaft erzeugt?
- Wie stellst du selbst/stellen Sie selbst Heteronormativität her?

Die Teilnehmer_innen stellen ihre Ideen im Plenum vor.

◉ *Sinn der Übung*
Durch diese Übung kann ein Bewusstsein dafür vermittelt werden, dass es nicht beliebig ist, welche Gender-Performance in einer Gesellschaft gelebt wird, die auf Zweigeschlechtlichkeit und Heteronormativität beruht. Die mögliche Eigenbeteiligung an der Herstellung von Heteronormativität sowie damit verbundene Privilegien können reflektiert werden.

Optional kann die Übung mit einer Metafrage zum Umgang mit Privilegien beendet werden:

- Was ist schwierig daran, sich mit Privilegien zu beschäftigen? Warum ist das schwierig?

Die Frage wird im Plenum im Modus der Mahloquet besprochen.

◉ *Sinn der Übung*
Über die Metafrage zum Umgang mit Privilegien können die Teilnehmer_innen für die Schwierigkeiten der Beschäftigung mit Privilegien, beispielsweise durch Gefühle wie Scham und Schuld, sensibilisiert werden.

H. Analyse der Herstellung Struktureller Diskriminierung

Die Teilnehmer_innen werden gebeten, sich für die Bearbeitung konkreter, aktueller Beispiele von Sexismus/Heterosexismus/Homo- und Transmiseoismus in Gruppen zusammenzufinden (unter Einbezug von Internetrecherche oder bereitgestellten Materialien). Die Recherche kann sich dabei auch auf die historische Entwicklung von Diversitykategorien richten (Diskriminierungsmatrix). Die folgenden Themen sind Vorschläge, die von den Teilnehmer_innen um eigene Ideen ergänzt werden können.

- Recherchegruppe: Sexismus auf dem Arbeitsmarkt, im Gesundheitswesen, Familie etc.
- Recherchegruppe: Diskriminierung von Trans*Personen auf dem Arbeitsmarkt
- Recherchegruppe: Homomiseoismus im Sport
- Theoriegruppe: Text über Kontinuitäten antisemitischer Stereotype im Queerfeminismus
- Intersektionalitäten: Aufzeigen von intersektionalen Bezügen

Im Falle der Analyse von Stereotypen, achtet/achten Sie bitte darauf, Stereotype nur soweit zu benennen, dass es der Reflexion über ihre Herstellung dienlich ist. Die Analyse dient dem Verständnis der hinter den Stereotypen stehenden Normen und Mechanismen, welche über bestimmte Sprach-/Bilder durchgesetzt werden sollen. Die Sprach-/Bilder selbst sollen dabei so wenig wie möglich als solche reproduziert werden.

Im Plenum präsentieren die Teilnehmer_innen anschließend die Ergebnisse ihrer Recherche in einer frei gewählten Form (Flipchart, Karteikarten, Bild, Theater etc.). Es besteht die Möglichkeit des Nachfragens und der Ergänzungen.

⦿ *Sinn der Übung*
Die Teilnehmer_innen reflektieren die strukturelle Verankerung von Sexismus/Heterosexismus/Homo- und Transmiseoismus und deren Manifestation in gesellschaftlichen Ungleichheitsverhältnissen. Die Recherche ermöglicht einen konkreten Zugang.

I. Systemische Intersektionalitäten

Die Teilnehmer_innen werden gebeten, im Anschluss an die vorausgehenden Übungen ein Beispiel für sexistische/heterosexistische/homo- und transmiseoistische Diskriminierung auszuwählen. In Arbeitsgruppen soll darüber nachgedacht werden, welche intersektionalen Zusammenhänge mit anderen Diskriminierungsformen bestehen.

- Welche Überschneidungen mit anderen Diskriminierungsformen wie z. B. Altersdiskriminierung, Klassismus, Lookismus lassen sich feststellen?

Im Plenum besteht die Möglichkeit der Vorstellung der einzelnen Gruppen.

◉ *Sinn der Übung*
Die Teilnehmer_innen erfahren in dieser Übung, welche Systemischen Intersektionalitäten sich beim Thema Sexismus, Heterosexismus, Homo- und Transmiseoismus aufzeigen lassen.

J. Modell einer gender-/queervielfältigen Gesellschaft am Beispiel von Familie

Die Teilnehmer_innen werden gebeten, ein Modell von Familie zu beschreiben, welches sich außerhalb der klassischen Anordnung von Vater-Mutter-Kind bewegt. Dabei können sie Überlegungen anstellen, wie ein gender- und queervielfältiges Familienmodell aussehen könnte.

- Wie könnte Familie beschrieben werden?
- Welche Rolle spielen gesellschaftliche Normen und Werte in Bezug auf
  ... die Anzahl der Liebes- und/oder Sexualpartner_innen?
  ... Romantik?
  ... Treue?
  ... Kinder?
  ... Wohnen?
  ... Arbeit?
  ... Sonstiges?
- Welche Grenzen könnte es geben: individuell, institutionell und kulturell?

Hierfür können sich die Teilnehmer_innen an den folgenden Definitionen von Familie orientieren, wie sie sich auf der Webseite der Bundeszentrale für Politische Bildung in einem Beitrag finden:

Unterschiedliche Wesensbestimmungen von Familie

„In der aktuellen gesellschaftspolitischen Diskussion, was Familie ist oder sein soll, sind drei unterschiedliche Positionen erkennbar:
Die erste Position ist sehr stark auf die Ehe zentriert: Familie ist nur dort, wo ein Ehepaar in einem Haushalt zusammenlebt. Ehe konstituiert Familie, Kinder sind aus dieser Perspektive für das Vorhandensein einer Familie nicht unbedingt erforderlich.

So gilt eine kinderlose Ehe als Familie, eine nichteheliche Lebensgemeinschaft mit Kindern dagegen nicht.
Die zweite Position rückt Elternschaft in den Mittelpunkt: Familie ist eine Verantwortungsgemeinschaft zwischen Eltern und Kindern bzw. zwischen Kindern und Eltern. Oder, prägnanter ausgedrückt: Familie ist überall dort, wo Kinder sind. Ehe und Haushaltsgemeinschaft sind für eine Familie demnach nicht länger konstitutiv. Damit konturiert sich ein neuer, weiter gefasster Familienbegriff, der einzig auf die Eltern-Kind-Beziehung abstellt.
Die dritte Position ist noch offener gefasst und hebt auf gelebte Solidarbeziehungen ab. Familie ist demnach jede exklusive Solidargemeinschaft zwischen zwei oder mehr Personen, die auf relative Dauer ausgerichtet ist. Auf das Vorhandensein von Ehe und Kindern kommt es dabei nicht an. Diese Position ist in Deutschland noch wenig bedeutsam. In Schweden, Dänemark und Frankreich gibt es bereits entsprechend angelegte Rechtsinstitute."

(Schneider 2012: o.S.)

Die verschiedenen Entwürfe gender-/queervielfältiger Familienmodelle werden abschließend im Plenum präsentiert und wertschätzend reflektiert.

◉ *Sinn der Übung*
Die Teilnehmer_innen reflektieren, inwiefern das Konzept Familie eine Vielfalt an unterschiedlichen Lebensweisen und Konstellationen beinhalten kann und welche Rolle Strukturelle Diskriminierung bei ihrer Realisierung spielen kann.

K. Handlungsoptionen

Anhand des Arbeitsblattes Sphären der Einflussnahmen (siehe Kapitel 4.15.H) können die Teilnehmer_innen Ideen und Vorstellungen entwickeln, wie sie gegen Sexismus/Heterosexismus/Homo- und Transmiseoismus in ihren jeweiligen Lebensbereichen wirken können. Zur Unterstützung kann ein Austausch zu folgenden Anregungen durch die Trainer_innen stattfinden:

- Stell' dir/stellen Sie sich vor, in welchen Situationen du/Sie in den nächsten Wochen sein wirst/sein werden, bei denen du/Sie die Gelegenheit hättest/hätten, Heterosexismus zu thematisieren und dagegen aktiv zu werden.
- Schreibe/Schreiben Sie diese Situationen auf.

In der Gruppe werden die Beispiele kurz vorgestellt. Die Erarbeitung von Handlungsoptionen kann auch mithilfe eines gegenseitigen Coachings erfolgen (siehe dazu Kapitel 4.3).

L. Abschlussreflexion

Das Modul wird damit beendet, dass die Teilnehmer_innen sich über folgende Fragen Gedanken machen: Welche Sichtweisen sind für dich/Sie neu gewesen? Worüber möchtest du/möchten Sie weiter nachdenken? Dabei können die Teilnehmer_innen die unterschiedlichen Übungsschritte noch einmal Revue passieren lassen und eine Weiterarbeit zum Thema Sexismus/Heterosexismus/Homo- und Transmiseoismus wird angeregt.

Quellen und Empfehlungen

ANTMANN, DEBORA (2015): Politik in Widersprüchen. In: Don't degrade Debs, Darling! [Blog], 5.11.2015. Online unter: https://dontdegradedebsdarling.wordpress.com/2015/11/05/politik-in-widerspruechen/ [letzter Zugriff: 31.1.2019].

BEAUVOIR, SIMONE DE (1968): Das andere Geschlecht. Reinbek: Rowohlt.

CZOLLEK, LEAH CAROLA/PERKO, GUDRUN (2018): Wem hören wir zu? Über Kontinuitäten antisemitischer Stereotype und Denkfiguren im Queerfeminismus. In: Missy Magazine, 01/18, S. 62–64.

CZOLLEK, LEAH CAROLA/PERKO, GUDRUN/WEINBACH, HEIKE (2009): Lehrbuch Gender und Queer. Grundlagen, Methoden und Praxisfelder. Weinheim/München: Beltz Juventa.

DONATH, NAOMI (2017): Transsexworks – Transsexworkers on Frobenstrasse [Dokumentarfilm]. Berlin.

EMCKE, CAROLIN/MACCARONE, ANGELINA (2014): „Tolerant? Sind wir selber" – Eine filmische Intervention [Videoclips)]. Online unter: https://carolin-emcke.de/tolerant-sind-wir-selber-eine-filmische-intervention/ [letzter Zugriff: 31.1.2019].

KUHRIG, HERTA/THÜRMER-ROHR, CHRISTINA (2003): Ein Dialog über den Dialog: Zwischen dem „Kommunistischen Manifest" und dem „Feminismus". In: Czollek, Leah Carola/Perko, Gudrun (Hg.): Verständigung in finsteren Zeiten. Interkulturelle Dialoge statt „Clash of Civilizations". Köln: PapyRossa, S. 65–92.

PERKO, GUDRUN (2013): Bedenken. Kritiken des Antijudaismus, Antisemitismus und Rassismus gegen die Neue Frauenbewegung in Theorie und Praxis und ihre Aktualität in Queer Studies – eine kritische Bestandsaufnahme. In: Guggenheimer, Jacob/Isob, Utta/Leibetseder, Doris/Mertlitsch, Kirstin (Hg.): When we were gender ... Geschlechter erinnern und vergessen. Analysen von Geschlecht und Gedächtnis in den Gender Studies, Queer-Theorien und feministischen Politiken. Berlin: transcript, S. 225–245.

PERKO, GUDRUN (2006): Queer-Theorien als Denken der Pluralität: Kritiken – Hintergründe – Alternativen – Bedeutungen. In: Quer – denken, lesen, schreiben, 12/06, S. 4–11. Online unter: www.ash-berlin.eu/fileadmin/Daten/Einrichtungen/Frauen beauftragte/Quer/12_2006_Queer.pdf [letzter Zugriff: 31.1.2019].

SALZMANN, SASHA MARIANNA (2017): Außer sich. Berlin: Suhrkamp.

SCHNEIDER, NORBERT F. (2012): Was ist Familie? Eine Frage von hoher gesellschaftspolitischer Relevanz. Online unter: www.bpb.de/politik/grundfragen/deutsche-verhaeltnisse-eine-sozialkunde/138023/was-ist-familie [letzter Zugriff 12.2.2019].

VUKADINOVIĆ, VOJIN SAŠA (Hg.) (2018): Freiheit ist keine Metapher. Antisemitismus, Migration, Klassismus, Religionskritik. Berlin: Querverlag.

4.13 Perspektivenverschiebung und Empowerment

Beim Modul Perspektivenverschiebung und Empowerment geht es darum, über Widerstandsstrategien in Bezug auf unterschiedliche Diskriminierungsformen nachzudenken und sie im Rahmen des Social Justice und Diversity Konzeptes zu reflektieren.

Inhalte und Intentionen

Dieses Modul nimmt insbesondere Ressourcen und Widerstandsstrategien derjenigen in den Blick, die von Diskriminierung getroffen sind. Damit knüpft es auch an die Übungen zu Handlungsoptionen am Ende jedes Moduls an. In der Beschäftigung wird deutlich, dass die Perspektivenvielfalt, die eine Grundlage von Social Justice und Diversity ist, insbesondere auch für Formen des Empowerments gilt. Für Widerstandsstrategien gilt außerdem, was auch für die Strukturelle Diskriminierung gilt – sie manifestieren sich in ganz unterschiedlichen Feldern wie z. B. Aktivismus, Theater, Journalismus, Literatur, Wissenschaft. Die Mittel der Satire, Provokation sowie Aneignung diskriminierender Sprache geben dabei weitere Impulse zur Reflexion der Bedeutung und Wirkungsweise von Empowerment innerhalb und außerhalb des Social Justice und Diversity Trainings. Nicht zuletzt deshalb bietet sich das Modul zum Abschluss eines längeren Trainings bzw. einer längeren Trainingsreihe an.

Vertiefung und Übungen

A. Übung zur Mahloquet

Das Training beginnt – wie bei jedem Themenschwerpunkt – damit, die Methode Mahloquet als ethisch-dialogische Haltung und dialogische Gesprächsform bewusst zu machen. Hierzu wird eine Übung zur Vermittlung der Mahloquet durchgeführt (siehe Kapitel 4.14).

B. Einstiegsreflexion

Die Teilnehmer_innen diskutieren folgende Frage im Modus der Mahloquet.

- Was bedeutet Empowerment?

Die Trainer_innen geben im Anschluss keine Definition des Begriffs, sondern verweisen auf die Perspektivenvielfalt in Bezug auf den Begriff Empowerment.

◉ *Sinn der Übung*
Die Teilnehmer_innen erarbeiten sich unterschiedliche Perspektiven zum Thema Empowerment und finden damit zugleich einen Einstieg in das Thema.

C. Definition und Begriffe

Für einen Überblick über die relevanten Begriffe teilen die Trainer_innen folgende Definition von Perspektivenverschiebung an die Teilnehmer_innen aus:

Perspektivenverschiebung zielt auf das Einnehmen einer Perspektive, die Strukturelle Diskriminierung sowie Systemische Intersektionalitäten kritisch reflektiert und zugleich offen bleibt für neue Strategien im kritischen Umgang mit gesellschaftlichen Zuschreibungsdynamiken (wie z. B. Othering).

Neben einer Kritik an Struktureller Diskriminierung bedeutet dies, anzuerkennen, dass künstlerische, politische, wissenschaftliche und andere Interventionen in der Verwendung von u. a. Ironie, Überzeichnung, Aneignung, Verdrehung, Irritation, Ambivalenz und Verunsicherung bestehen.

Um diese Perspektive als Social Justice und Diversity Trainer_in einzunehmen, bedarf es sowohl der Differenz- als auch der Ambivalenzkompetenzen. Das bedeutet, eine Haltung einzunehmen, die neben Strategien der Antidiskriminierung bestehende oder neue Empowermentstrategien frei von polarisierender Bewertung (richtig/falsch) wahrnimmt.

Anschließend haben die Teilnehmer_innen die Möglichkeit, im Plenum Verständnisfragen zu klären.

◉ *Sinn des Inputs*
Die Definition soll das gemeinsame Nachdenken über Perspektivenverschiebung und Empowerment aus Sicht von Social Justice und Diversity anregen.

D. Sichtbarmachung von Empowerment

Im Plenum wird der Film *DesintegratiЯ!* gezeigt. Vor Beginn des Films geben die Trainer_innen einen kurzen Input zum Konzept des Gedächtnistheaters (Bodemann 1996) und zum Verhältnis der jüdischen Position zu der deutschen Dominanzkultur.

Dokumentarfilm *DesintegratiЯ!* (Schmidt 2016)

Der Film handelt von der Veranstaltung „Desintegration. Ein Kongress zeitgenössischer jüdischer Positionen“, die vom 6. bis 8. Mai 2016 am Maxim Gorki Theater,

Studio Я, stattfand. Im Film werden Perspektiven und Hintergründe zum Konzept der Desintegration vorgestellt.

Die Teilnehmer_innen werden gebeten, beim Film auf folgende Fragen zu achten:

- Wie hast du dich/haben Sie sich gefühlt? Welche Fragen haben sich ergeben?
- Welche Perspektivenverschiebung hast du/haben Sie wahrgenommen?
- Was waren Aspekte des Empowerments, die du/Sie wahrgenommen hast/haben?

Nach dem Film werden die Fragen im Plenum besprochen.

◉ *Sinn der Übung*
Der Bezug auf die jüdischen Perspektiven von Künstler_innen und Theoretiker_innen hilft bei der weiteren Vertiefung des Themas Empowerment. Wie immer im Social Justice und Diversity Training geht es nicht darum, den Ansatz der Desintegration zu bewerten, sondern unterschiedliche Perspektiven darauf zu entwickeln.

E. Empowermentstrategien

Die Teilnehmer_innen werden gebeten, sich in Arbeitsgruppen zusammenzufinden und konkrete Beispiele für Empowermentstrategien zu recherchieren. Die folgenden Punkte sind Vorschläge, die von den Teilnehmer_innen um eigene Ideen ergänzt werden können:

- Recherchegruppe: Leidmedien.de
- Filmgruppe: ausgewählter Film durch die Trainer_innen
- Diskussionsrunde: Welche Empowermentstrategien kennt ihr?
- Recherchegruppe: Recherche zu anderen Beispielen von Empowermentstrategien

Im Plenum präsentieren die Teilnehmer_innen anschließend die Ergebnisse ihrer Recherche in einer frei gewählten Form (Flipchart, Karteikarten, Bild, Theater etc.).

◉ *Sinn der Übung*
Die gesellschaftlichen und konzeptionellen Rahmenbedingungen für das Social Justice und Diversity Training werden in Bezug auf Empowermentstrategien reflektiert. Die Teilnehmer_innen werden dazu angeregt, offen zu bleiben für neue Ansätze und Perspektiven auf das Thema Diskriminierung.

F. Empowerment und Social Justice und Diversity

Die Teilnehmer_innen werden gebeten, sich in Arbeitsgruppen zusammenzufinden und gemeinsam über folgende Frage nachzudenken.

- Was waren Aspekte des Empowerments/der Empowermentstrategien, die ihr/Sie im Laufe des Social Justice und Diversity Trainings kennengelernt habt/haben?

Die Ergebnisse des Gespräches werden auf Karteikarten festgehalten und anschließend im Plenum zusammengetragen.

◉ *Sinn der Übung*
Die Teilnehmer_innen erhalten die Möglichkeit, noch einmal auf eine andere Weise über das Social Justice und Diversity Konzept nachzudenken. Der Fokus auf Perspektivenverschiebung und Empowerment ermöglicht dabei nochmals eine vertiefende Beschäftigung mit dem Thema Handlungsoptionen.

G. Systemische Intersektionalitäten

Die Teilnehmer_innen tauschen sich im Plenum über folgende Frage im Modus der Mahloquet aus:

- Was bedeutet Systemische Intersektionalität in Bezug auf Empowerment und Perspektivenverschiebung?

◉ *Sinn der Übung*
Die Teilnehmer_innen werden angeregt, darüber zu nachzudenken, auf welche Weise Systemische Intersektionalität auch im Kontext von Empowermentstrategien und Perspektivenverschiebung eine Rolle spielen kann – oder sollte.

H. Abschlussreflexion

Die Abschlussreflexion erfolgt über die Frage: Was bedeutete es, keine Wahrheit zu haben?

Quellen und Empfehlungen

BALLHAUS NAUNYNSTRAẞE (2016): Sesperado – Revolution of Color [Trailer]. Online unter: https://vimeo.com/171378159 [letzter Zugriff: 31.1.2019].

BODEMANN, MICHAL Y. (1996): Gedächtnistheater. Die jüdische Gemeinschaft und ihre deutsche Erfindung. Hamburg: Rotbuch.

COHEN, RICH (2000): Murder Inc.: oder Nicht ganz koschere Geschäfte in Brooklyn. Berlin: Fischer.

CZOLLEK, MAXIMILIAN (2018): Desintegriert Euch! München: Hanser.

ERGÜN, MUTLU (2016): Kara Günlük. Die geheimen Tagebücher des Sesperado. Münster: Unrast.

REIFENBERGER, JULIA (2013): Girls With Guns. Rape & Revenge Movies: Radikalfeministische Ermächtigungsfantasien? Berlin: Bertz + Fischer.

SCHMIDT, MORITZ RICHARD (2016): DesintegratiЯ! [Dokumentarfilm]. Berlin.

TOBIAS, JIM G./ZINKE, PETER (2003): Nakam. Jüdische Rache an NS-Tätern. Berlin: Aufbau.

Blogs/Webseiten:

LEIDMEDIEN.DE [Blog]: https://leidmedien.de/ [letzter Zugriff: 4.12.2018].

4.14 Übungen zur Mahloquet

Jedes Training beginnt damit, die Bausteine von Social Justice und Diversity Trainings und insbesondere der dialogischen Methode Mahloquet bewusst zu machen. Dabei wird hervorgehoben, dass Wertschätzung und Respekt sowie Dialog- und Kommunikationsbereitschaft zentral für die Durchführung sind. Bei längeren Trainings kann auch auf das Grundmodul Bezug genommen werden, in welchem ausführlich über Strukturelle Diskriminierung und die Systemische Intersektionalität zwischen den Diskriminierungsformen, über den Lernraum Social Justice und Diversity und die damit verbundenen Maximen des Arbeitens gesprochen wurde. Alternativ kann die Bewusstmachung aber auch in einigen Übungen zu Trainingsbeginn erfolgen. Hier stellen wir eine Reihe von Beispielübungen vor, die zur Vermittlung der Mahloquet in jedem Modul verwendet werden können.

A. Dialogerfahrungen austauschen

Die Teilnehmer_innen finden sich in Zweiergruppen zusammen und schildern eine persönlich erlebte Dialogsituation. Zuerst erzählt die eine Person, während die nicht erzählende Person zuhört. Dann wechseln sie die Rollen und die jeweils andere Person erzählt, während die nicht erzählende Person zuhört. Im Plenum erfolgt die Auswertung entlang der Fragen: Was bedeutet es, im Dialog mit einem Menschen zu sein? Welche Bedeutung hat das Zuhören im Dialog?

◉ *Sinn der Übung*
Die Teilnehmer_innen vergegenwärtigen sich Elemente des dialogischen Zuhörens.

B. „Schwalbe oder etwas anderes"

In dieser Übung wird auf einer Flipchart eine „Schwalbe" angedeutet: Σ. Das Papier wird auf den Fußboden in die Mitte des Raumes gelegt. Die Teilnehmer_innen haben je nach Blickrichtung auf die Zeichnung eine unterschiedliche Perspektive. Sie beginnen ein Gespräch darüber, was sie wahrnehmen und was das Zeichen bedeuten könnte. Diese Übung kann auch mit einer angedeuteten 9 oder anderen mehrdeutigen Zeichen durchgeführt werden.

◉ *Sinn der Übung*
Ziel der Übung ist es, einige Aspekte der Perspektivenvielfalt zu verdeutlichen. Je nachdem, welchen Standort die Teilnehmer_innen einnehmen, nehmen sie im Bild etwas anderes wahr; je nach persönlichen Vorstellungen kann das Bild andere und mehrere Bedeutungen haben. Zugleich wird die dialogische Methode Mahloquet im direkten Gespräch miteinander erfahrbar. Jede Vorstellung davon, was das Bild sein könnte, ist gleichwertig, es kommt zu keinem Konsens, es gibt keine Instanz, die über richtig und falsch entscheiden kann. Dabei übernehmen die Teilnehmer_innen Verantwortung für ein anerkennendes Gespräch.

C. Dialogerfahrung

Die Teilnehmer_innen erinnern sich an eine Situation, die von ihnen als Dialog erlebt wurde, und überlegen: Was waren die Gründe dafür? Die Antworten werden in Stichworten auf Karteikarten geschrieben und aufgehängt und anschließend von allen gelesen. Die Auswertung der Übung erfolgt im Plenum anhand der Frage: Was fällt euch auf?

◉ *Sinn der Übung*
Unterschiedliche Perspektiven auf die Idee des Dialogischen werden sichtbar gemacht und die Komplexität dialogischen Handelns in der Gestalt der jeweiligen Erfahrungen der Teilnehmer_innen anerkannt.

D. Improvisieren zu einer Frage

Die Teilnehmer_innen bilden Arbeitsgruppen und denken gemeinsam über eine Frage nach, die im Zusammenhang mit der Methode Mahloquet und dem Social Justice und Diversity Training steht, z. B.: Was bedeutet es, respektvoll gegenüber Menschen zu sein? In Arbeitsgruppen sprechen die Teilnehmer_innen im Modus der Mahloquet über das Thema: Sie versuchen, an die Aussagen der anderen anzuschließen, indem sie nachfragen, unterstützen, den Gedanken weiterführen oder neue Aspekte einbringen. Die Auswertung im Plenum erfolgt anhand der Frage: Ist es mir gelungen, im Sinne der Mahloquet im Dialog zu bleiben?

◉ *Sinn der Übung*
Die Teilnehmer_innen haben die Möglichkeit, im Übungsraum eine neue Form der Kommunikation auszuprobieren und diese zugleich mit einem Thema des Trainings zu verknüpfen. Auf der Metaebene können sie über Gelungenes und Herausforderungen nachdenken.

E. Text von Rabbi Mendel

In Arbeitsgruppen deuten die Teilnehmer_innen den unten stehenden Text von Martin Buber („Ich verstehe diesen Satz folgendermaßen …"), lassen sich von verschiedenen Deutungen anregen und nehmen die Deutungsaspekte der anderen Teilnehmer_innen auf. Diese Vielfalt unterschiedlicher Perspektiven wird im Plenum vorgestellt.

„[...] Rabbi Mendel von Kozk sprach einmal zur versammelten Gemeinde: ‚Was verlange ich denn von euch! Drei Dinge nur: aus sich nicht herausschielen, in den anderen nicht hineinschielen, und sich nicht meinen.' Das bedeutet: erstens, jeder soll seine eigene Seele in ihrer eigenen Art und an ihrem eigenen Ort bewahren und heiligen, nicht aber fremde Art und fremden Ort neiden; zweitens, jeder soll das Geheimnis der Seele seines Mitmenschen ehren und nicht mit frecher Neugier in es eindringen und es gebrauchen; und drittens, jeder soll im Leben mit sich selbst und im Leben mit der Welt sich hüten, auf sich abzuzielen." (Buber 2001: 47)

◉ *Sinn der Übung*
Die Teilnehmer_innen üben sich darin, verschiedene Perspektiven bestehen zu lassen und dadurch die eigene Perspektive in Bewegung zu bringen.

F. Text zum Thema Recht haben

Die Teilnehmer_innen lesen den Text zum Thema ‚Recht haben' und besprechen in Arbeitsgruppen im Modus der Mahloquet die Fragen: Warum ist es Menschen wichtig, Recht zu haben? Was bedeutet Nicht-Recht-haben-Wollen?

„JOSSEL klagt beim Rabbi über einen betrügerischen Lieferanten. Der Rabi erklärt: „Du hast recht."
Bald danach kommt der beschuldigte Lieferant und klagt über Jossel.
Der Rabbi sagt: „Du hast recht."
Als der Lieferant weggegangen ist, sagt die Frau des Rabbi: „Es können doch niemals beide recht haben!"
Da sagt der Rabbi: „Du hast auch recht."

(Landmann 1983: 118)

Im Plenum wird über die Frage gesprochen: Welche Herausforderungen haben sich gestellt?

◉ *Sinn der Übung*
Die Teilnehmer_innen haben die Möglichkeit, ein Gespräch zu führen und die eigenen Sichtweisen aus einer möglicherweise neuen Perspektive zu erfahren.

G. Andersheit

Die Teilnehmer_innen kreieren individuell eine eigene Definition/Beschreibung des Begriffs ‚Andersheit'. Dann lesen sie einen Text von Martin Buber und vergleichen ihre Beschreibung mit dessen Sichtweise. In Arbeitsgruppen tauschen sie verschiedene Perspektiven auf das Thema aus.

„Das echte Gespräch, und so jede aktuale Erfüllung der Beziehung zwischen Menschen, bedeutet Akzeptation der Andersheit. Wenn zwei Menschen einander ihre grundverschiedenen Meinungen über einen Gegenstand mitteilen, jeder in der Absicht, seinen Partner von der Richtigkeit der eigenen Betrachtungsweise zu überzeugen, kommt im Sinn des Menschseins alles darauf an, ob jeder den andern als den meint, der er ist, bei allem Einflusswillen, also ihn doch in seinem Dieser-Menschsein, in seinem So-beschaffen-sein rückhaltlos annimmt und bestätigt. Die Strenge und Tiefe der menschlichen Individuation, das elementare Anderssein des Andern, wird dann nicht bloß als notwendiger Ausgangspunkt zur Kenntnis genommen, sondern von Wesen zu Wesen bejaht." (Buber 1978: 30)

Im Plenum wird die Frage besprochen: Welche Perspektiven waren neu für mich?

◉ *Sinn der Übung*
Die Teilnehmer_innen lernen historische und aktuelle Perspektiven auf das Thema Andersheit und die Bedeutungsvielfalt von Texten als weitere Lernmöglichkeit kennen.

H. Sich-Beziehen im Dialog

Die Teilnehmer_innen sehen einen Ausschnitt aus dem Film *Patch Adams*.

Spielfilm *Patch Adams* (Shadyac 1998)

Der Ausschnitt zeigt eine Dialogsequenz in einer Klinik. Zwischen Arzt_Ärztin und Patient_in findet ein Dialog statt, dessen Ausgangspunkt die Angst des_der Patient_in ist, zur Toilette zu gehen. Dialogisch bewältigen sie gemeinsam diese Situation.

Die Teilnehmer_innen reflektieren mit der Methode der Mahloquet im Plenum die Frage: Was heißt in einem Gespräch Sich-Beziehen?

◉ *Sinn der Übung*
Die Teilnehmer_innen haben die Möglichkeit, ihre Erfahrungen und Sichtweisen auszutauschen und ihre eigenen Perspektiven auf das Thema zu hinterfragen.

I. Fishbowl – Dialog über eine Sichtweise

Ein Teil der Gruppe führt in einem Kreis in der Mitte des Raumes einen Dialog im Modus der Mahloquet über das folgende Zitat:

> „Die Meinungen der Menschen gleichen einander so wenig wie ihre Gesichter." (Landmann 2010: 51)

Diejenigen, die im äußeren Kreis sitzen, hören zu. Anschließend wechseln sie die Positionen. Wiederum sprechen diejenigen im Innenkreis über das Zitat. Im Plenum wird über die Frage reflektiert: Wie hat der Dialog meine Sichtweisen in Bewegung gebracht?

◉ *Sinn der Übung*
Die Teilnehmer_innen können das Veränderliche und Bewegliche in der Herstellung von Sichtweisen kennenlernen.

J. Praktizieren der Mahloquet in einer Gruppe

Die Teilnehmer_innen überlegen sich eine Frage, die sich entweder auf die Methode des Trainings bezieht oder auf einen der Themenschwerpunkte (Diskriminierungsformen und ihre Systemische Intersektionalität). Sie werden gebeten, über die Frage einen Dialog im Sinne der Mahloquet zu führen. Dazu erhalten sie ein Arbeitsblatt mit der Bitte, sich an die vorgegebene Reihenfolge der Fragen zu halten.

> Die Diskussion beginnt damit, dass alle Teilnehmer_innen gebeten werden, ihre Haltung zu erörtern. Anschließend finden sich die Teilnehmer_innen in Arbeitsgruppen zusammen und wägen die erörterten Haltungen ab:
>
> - Der historisch-biographische Kontext (der der anderen und der eigene) wird bei der gegenseitigen Befragung mit einbezogen: Warum hast du/ haben Sie diese oder jene Haltung zum Thema?
> - Der gesellschaftliche Kontext/die strukturellen Bedingungen der Dialogbeteilig-

ten wird bei der gegenseitigen Befragung mit einbezogen: Welche allgemeinen strukturellen Bedingungen berücksichtigst du/berücksichtigen Sie bei deiner/Ihrer Meinung?
- Argumentiere deine/argumentieren Sie Ihre Meinungen unter Einbeziehung von Gelesenem und Gehörtem: Durch wen und warum könnten Sie ihre Meinung zum Thema stärken?
- Lass'/lassen Sie alle Meinungen zum Thema bestehen und schreibe/schreiben Sie diese auf (Konsensfindung bleibt offen und der Gruppe überlassen).
- Zu welcher neuen Erkenntnis bist du/sind Sie gelangt?

Im Plenum erfolgt ein Austausch über die Dialogübung.

◉ *Sinn der Übung*
Im Praktizieren des Dialoges und im Einhalten der vorgegebenen Reihenfolge können Teilnehmer_innen lernen, sich auf einen Dialog einzulassen und gegebenenfalls Schwierigkeiten reflektieren, auf die sie dabei stoßen.

4.15 Modulübergeordnete Übungen zu Diskriminierungsformen

Als modulübergeordnet bezeichnen wir jene Übungen im Social Justice und Diversity Training, die sowohl im Grundmodul als auch in den thematischen Modulen mit Bezug auf eine Diskriminierungsform durchgeführt werden können. Eine weitere Möglichkeit ist, dass Übungen in Trainings, die sich über mehrere Treffen erstrecken, wiederholt bzw. variiert werden. Hier stellen wir einige Übungen vor, die sich in unserer Praxis bewährt haben.

A. Lerntagebuch

Beinhaltet ein Training mehrere Sitzungen über einen längeren Zeitraum oder findet das Training im Rahmen der Ausbildung zum_zur Social Justice und Diversity Trainer_in statt, werden die Teilnehmer_innen angeregt, ein individuelles Lerntagebuch zu führen, das ihnen eine Reflexionsmöglichkeit bietet. Hierzu stellen die Trainer_innen zwischen einzelnen Übungen oder am Ende einer Einheit oder eines Tages immer wieder Reflexionsfragen, die zum Nachdenken über das Erfahrene anregen können:

- Was war neu für dich/Sie?
- Was hat dich/Sie heute am meisten herausgefordert?
- Was hat dich/Sie am meisten beschäftigt?
- Woran möchtest du/möchten Sie weiterarbeiten?

- Was wirst du/werden Sie als nächstes lesen oder recherchieren?
- Was war heute wichtig für dich/Sie?

◉ *Sinn der Übung*
Das Lerntagebuch ermöglicht eine zusätzliche individuelle Reflexionsebene, deren Fokus auf der Reflexion von Veränderungsprozessen und Perspektiven auf den eigenen Lernprozess liegt.

B. Respektvolle Anerkennung

Die Teilnehmer_innen werden gebeten, sich mit folgenden Fragen auseinanderzusetzen:

- Was bedeutet für dich/Sie respektvolle Anerkennung?
- Wie würdest du/würden Sie gerne von anderen behandelt werden?
- Wie behandelst du/behandeln Sie andere Menschen?
- Gibt es Momente, wo es dir/Ihnen nicht gelingt?
- Warum gelingt es dir/Ihnen nicht?
- Würdest du/würden Sie gerne an deinem/Ihrem Verhalten (Sprechen und Handeln) etwas verändern?

◉ *Sinn der Übung*
Die Teilnehmer_innen lernen, ihr Verhalten anderen Menschen gegenüber zu reflektieren und für die Gründe aufmerksam zu werden, warum respektvolles Sprechen und Handeln nicht immer gelingen. Dies kann ein Ausgangspunkt für die Veränderung des eigenen Verhaltens sein.

C. Eine Idee gemeinsam weiterdenken – „Ja aber/Ja genau"

Die Teilnehmer_innen stellen sich eine gemeinsame Reise vor, deren Ausgangspunkt der Seminarraum ist. Eine Person beginnt die Reise, beispielsweise mit der Aussage: „Lass uns erst mal zum Bahnhof fahren …“. Die weiteren Beiträge schließen an das jeweils zuvor Gesagte mit dem Satzanfang an: „Ja, aber …“. Jeder Beitrag beginnt mit diesen Worten. In einer zweiten Runde geht die Reise ebenfalls vom Seminarraum aus, aber diesmal beginnen alle Sätze mit „Ja, genau …“.

◉ *Sinn der Übung*
Es entsteht ein Eindruck davon, wann eine Idee, ein Gedanke, eine Perspektive weitergedacht werden. So kann ein Prozess des Miteinander-Denkens unterstützt werden.

D. Ebenen der Strukturellen Diskriminierung

Die Ebenen der Strukturellen Diskriminierung werden mit den Teilnehmer_innen besprochen:

Strukturelle Diskriminierung bezeichnet die Verwobenheit individueller, institutioneller und kultureller Praxen von Diskriminierung (zur detaillierten Definition siehe Kap. 2).

- Individuell: beschreibt diskriminierendes Sprechen und Handeln eines Subjekts als einzelne Person.
- Institutionell: beschreibt diskriminierende Politiken, Gesetze, Regeln, Normen, Sitten, die von Institutionen durchgesetzt und durchgeführt werden; die institutionelle Ebene bezieht sich auch auf rechtlich verankerte Praxen.
- Kulturell: bedeutet die diskursive, epistemische Ebene, d. h. die Normen, Werte, Sichtbarkeiten und Unsichtbarkeiten in Musik, Kunst, Literatur etc., in denen zum Ausdruck gebracht wird, dass eine soziale Gruppe über einer anderen steht, eine Gruppe sichtbar und hörbar ist, eine andere Gruppe nicht.

Diese drei Ebenen sind ineinander verwoben und werden getragen von Akteur_innen, aber auch von sich institutionell und kulturell verselbständigenden Praxen. Sie beruhen auf der Diskriminierungsmatrix (historisch) und Systemischer Intersektionalität (Gegenwart). Dabei können diskriminierende Praxen bewusst und/oder unbewusst ausgeübt werden. Für die von Struktureller Diskriminierung getroffenen Menschen macht das in Bezug auf die Auswirkungen keinen Unterschied.

In Arbeitsgruppen finden die Teilnehmer_innen konkrete Beispiele für Diskriminierung auf allen drei Ebenen, reflektieren über das Ineinandergreifen der Ebenen und stellen ihre Ergebnisse im Plenum vor.

◉ *Sinn der Übung*
Die Teilnehmer_innen können das Ineinandergreifen verschiedener Ebenen von Struktureller Diskriminierung reflektieren und transparent machen. Bei einer längeren Dauer des Trainings ist es sinnvoll, die Übung mehrmals zu wiederholen und die Teilnehmer_innen daran zu erinnern, wie Strukturelle Diskriminierung im Social Justice und Diversity Training gedacht wird.

E. Bild für Systemische Intersektionalität

Die Teilnehmer_innen erarbeiten in Arbeitsgruppen ein Bild für Systemische Intersektionalität. Das Bild kann aufgezeichnet (mit Stiften oder Computeranimation), durch Personen/Gegenstände aufgestellt oder durch Hörbeiträge dargestellt werden. Die Ergebnisse werden im Plenum präsentiert.

◉ *Sinn der Übung*
Die komplexe Struktur systemisch-intersektionaler gesellschaftlicher Zusammenhänge wird sinnlich erfahrbar gemacht.

F. Stereotype

In allen Modulen geht es auch um die Frage, wie Stereotype auf individueller, institutioneller und kultureller Ebene hergestellt werden. Dabei wird das folgende Arbeitsblatt ausgeteilt und als Input durch die Trainer_innen vorgestellt und besprochen:

- Stereotype sind vereinfachende Verallgemeinerungen, die Menschen und sozialen Gruppen bestimmte Eigenschaften, Verhaltensweisen und Fähigkeiten zuweisen.
- Stereotypen folgend zu handeln produziert Strukturelle Diskriminierung. Dabei speisen sich die Stereotype aus der Diskriminierungsmatrix und haben mit den Verhaltensweisen und Eigenschaften jener Menschen, die sie betreffen, nichts zu tun.
- Stereotype als verallgemeinernde Zuweisungen und Zuschreibungen werden auf die Mitglieder einer Gruppe übertragen, ungeachtet ihrer Individualität und ohne Beachtung von historischen Kontexten, in denen sie entstanden sind.
- Stereotype sind mit dem historischen Gewordensein und der Verwobenheit Struktureller Diskriminierung verbunden. Sie gewinnen ihre konkreten Inhalte im Koordinatenfeld der Diskriminierungsmatrix.

Stereotypisierungen haben Auswirkungen:

- Sie sollen Menschen beschämen und ihnen das Gefühl vermitteln, das zu bekommen, was sie verdient hätten.
- Sie entmenschlichen und machen es dadurch leichter zu diskriminieren, weil die Verletzung und Diskriminierung rationalisiert oder geleugnet wird.
- Sie werden von Angehörigen der Gruppe, auf die sie sich richten, als verletzend erlebt.
- Stereotype fordern immer wieder dazu auf, zu generalisieren und aus den Generalisierungen Rückschlüsse über Individuen zu ziehen.

Die Teilnehmer_innen werden gebeten, in Arbeitsgruppen mit je spezifischen Themen die Herstellung von Stereotypen auf der individuellen, institutionellen und kulturellen Ebene zu erarbeiten und zu analysieren. Das geschieht unter Zuhilfenahme von Texten, Fotographien und Internetrecherchen. Die Herausforderung bei der Betrachtung der Herstellung von Stereotypen im Social Justice und Diversity Training ist, den Teilnehmer_innen Instrumente an die Hand zu geben, die Übung durchzuführen, ohne Stereotype über das notwendige Maß hinaus zu reproduzieren. Dabei geht es auch um eine Sensibilisierung für das Problem der Reproduktion: Eine Benennung ist nur dann sinnvoll, wenn es für die Analyse unumgänglich ist – so macht es beispielsweise einen Unterschied, ob ein Stereotyp stundenlang auf einer Flipchart steht, oder ob es nur einmal genannt wird.

◉ *Sinn der Übung*

Die Teilnehmer_innen befassen sich mit der Herstellung von Stereotypen und analysieren diesen Prozess im Zusammenhang mit Struktureller Diskriminierung. Sie erfahren, wie tief Stereotypen gesellschaftlich verankert sind und welche davon sie möglicherweise selbst verinnerlicht haben. Dabei lernen sie, diese Stereotypen zu hinterfragen, nicht den Stereotypen gemäß zu handeln und sensibel zu sein für ihre Reproduktion.

G. Sozialisationszirkel

Um den Reproduktionsmechanismus von Struktureller Diskriminierung noch einmal bewusst zu machen und die Einsatzpunkte für mögliche Veränderungen zu markieren, wird der Sozialisationszirkel von den Trainer_innen vorgestellt:

Abb. 4: Sozialisationszirkel

Nach der Besprechung wird der Sozialisationszirkel in Arbeitsgruppen an einem Beispiel bearbeitet. Dieses Beispiel wird im Anschluss der Gruppe präsentiert.

◉ *Sinn der Übung*
Der Sozialisationszirkel macht bewusst, durch welche Mechanismen sich gesellschaftliche Strukturen reproduzieren können, wenn Handlungsalternativen kein Raum gegeben wird.

H. Sphären der Einflussnahme

Den Teilnehmer_innen wird das Arbeitsblatt Sphären der Einflussnahme vorgestellt. Es kann als Unterstützung für die Übungen zu den Handlungsoptionen verwendet werden:

Das Selbst

- Was kann ich selbst tun, um Strukturelle Diskriminierung zu erkennen und dagegen zu handeln?

Familie/Freund_innen/Umfeld (Nachbarschaft, Bekanntenkreis)

- Wie kann ich mit jenen Menschen über Strukturelle Diskriminierung sprechen, die mir nahestehen?

Arbeitsbereiche

- Was kann ich in Bezug auf Personen, mit denen ich im Arbeitskontext zu tun habe (Kolleg_innen, Mitarbeiter_innen), gegen Strukturelle Diskriminierung tun?

Öffentliche Bereiche (Schule, Hochschule, Ausbildungsorte)

- Wie kann ich hier tätig werden gegen Strukturelle Diskriminierung?

Die Teilnehmer_innen werden gebeten, in Arbeitsgruppen über die Fragen zu reflektieren: In welchem Bereich ist es für dich/Sie leicht, aktiv zu werden? Wo fällt es dir/Ihnen eher schwer? Wo möchtest du/möchten Sie aktiver sein? Im Plenum wird über die Frage gesprochen: Welche neuen Sichtweisen hast du/haben Sie kennengelernt?

◉ *Sinn der Übung*
Die Teilnehmer_innen reflektieren Möglichkeiten eines Ansatzpunktes für alternative Handlungsmöglichkeiten.

I. Verbündet-Sein

Die Teilnehmer_innen lernen das Konzept des Verbündet-Seins kennen. Dazu wird folgendes Arbeitsblatt ausgeteilt und besprochen:

Verbündet-Sein ist eine spezifische Form der Solidarität, eine Art der politischen Freundschaft, wo die Anliegen der Anderen die je eigenen Anliegen sind. Dabei wird nicht das eigene Ich ins Zentrum gesetzt, sondern Menschen, die von Struktureller Diskriminierung getroffen sind. Verbündet-Sein meint, sich im Hinblick auf eigene Privilegien und vorhandene Ressourcen für jene Menschen einzusetzen, die strukturell diskriminiert werden (z. B. für Migrant_innen, wenn ich kein_e Migrant_in bin), ohne paternalistisch zu sein. Die identitätspolitische Gleichheit zwischen Verbündeten und jenen, für die sie sich einsetzen, wird dabei nicht als Voraussetzung für ein Sprechen und Handeln im Sinne des Verbündet-Seins betrachtet.

Was sind Verbündete?
Verbündete sind Menschen, die in bestimmten Kontexten zu privilegierten sozialen Gruppen gehören und ihre soziale Macht nutzen, um sich gegen die Strukturelle Diskriminierung nicht-privilegierter Menschen zu wenden.

Was zeichnet Verbündete aus?

- Sie haben ein Bewusstsein für vorhandene Privilegien.
- Sie setzen sich mit eigenen Verhaltensmustern auseinander und arbeiten an deren Veränderung.
- Sie übernehmen Verantwortung dafür, dass die Perspektiven von diskriminierten Menschen und Gruppen sichtbar und Diskriminierungsmechanismen thematisiert werden.
- Sie arbeiten an der Umverteilung von Ressourcen.
- Sie handeln auch gegen Strukturelle Diskriminierung, wenn es nicht in ihrem unmittelbaren Interesse ist.

Danach finden die Teilnehmer_innen in Arbeitsgruppen Beispiele zu der Frage: Wann warst du/waren Sie schon einmal Verbündete? Im Plenum haben die Teilnehmer_innen die Möglichkeit, Beispiele zu teilen und über das Konzept des Verbündet-Seins nachzudenken.

◉ *Sinn der Übung*
Die Teilnehmer_innen reflektieren Privilegien, die sie in bestimmten Kontexten haben, und inwiefern sie sich im Sinne des Verbündet-Seins in diesen Kontexten für Menschen einsetzen können, die von Struktureller Diskriminierung getroffen sind.

5 Rolle als Trainer_in und Herausforderungen

Social Justice und Diversity Trainings zeichnen sich durch eine spezifische Methode, Vermittlungsweise und Themensetzung aus und stellen hohe Anforderungen an die Trainer_innen. Auch als Trainer_innen und Ausbildner_innen können wir Struktureller Diskriminierung ausgesetzt sein oder selbst diskriminieren, können verletzt werden oder selbst verletzen. Auch wir laufen Gefahr, unsere eigenen Stereotype nicht zu erkennen und sind nicht frei von Selbstgerechtigkeit im Urteilen über Andere. Aus diesem Grund ist es wichtig, die kritische Selbstreflexion im Hinblick auf Strukturelle Diskriminierung und alle Diskriminierungsformen zu einem Bestandteil der Arbeit als Trainer_in zu machen. Um die eigene Arbeit immer wieder gemeinsam und aus verschiedenen Perspektiven reflektieren zu können, werden Social Justice und Diversity Trainings folglich stets im Team durchgeführt. Auch Supervision oder kollegiale Beratung stellen einen wichtigen Bestandteil des Reflexionsprozesses dar. Im Folgenden gehen wir auf Aspekte ein, die für die Trainer_innenrolle im Social Justice und Diversity Training zentral sind und die zuweilen Herausforderungen darstellen können. Zuvor klären wir noch, wer berechtigt ist, solche Trainings durchzuführen.

5.1 Berechtigung zur Durchführung von Social Justice und Diversity Trainings

Die zertifizierte Ausbildung zur_zum Social Justice und Diversity Trainer_in wird ausschließlich vom Institut Social Justice und Radical Diversity, oftmals in Kooperation mit Institutionen wie Hochschulen oder Bildungsträgern, angeboten. Die durch das Institut ausgebildeten Trainer_innen erwerben die Qualifikation zur Durchführung von Social Justice und Diversity Trainings. Dabei sind folgende Aspekte zu beachten:

- Die Ausbildung qualifiziert zur Durchführung von Trainings, nicht zur Ausbildung von Trainer_innen.
- Die ausgebildeten Trainer_innen übernehmen für ihre Trainings selbst die Verantwortung.
- Trainings, die Personen ohne Zertifikat im Namen des Bildungskonzeptes Social Justice und Diversity durchführen, sind nicht durch das Institut legitimiert.

Abgesehen von der Berechtigung, alle im Rahmen der Ausbildung durchgeführten Module als Trainings anzubieten, können zertifizierte Trainer_innen – unter Beachtung der Prämissen und Leitlinien des Konzeptes Social Justice und Diversity (siehe Kapitel 2, 3) – weitere Themen ausarbeiten oder bestehende Themen und Übungen zielgruppenspezifisch modifizieren. Die Legitimation, Social Justice und Diversity Trainings durchzuführen, geht dabei von der Qualifikation der Trainer_innen aus, nicht von ihren identitätspolitischen Merkmalen. Dies bedeutet auch für uns, dass wir die Berechtigung, Trainings zu Themen wie z. B. Antisemitismus, Ableismus oder Klassismus anzubieten, nicht daraus ableiten, selbst von diesen Diskriminierungsformen getroffen zu sein.

Als Trainer_innen werden wir immer wieder zu sogenannten ‚Selbst-Positionierungen' aufgefordert oder danach gefragt, welche Diversitykategorien uns dazu berechtigen, Trainings zu einzelnen Themen durchzuführen. Diesen Forderungen setzen wir konzeptuell das Modell der *Positionierung in der Nicht-Positionierung* entgegen (siehe Kapitel 2.7): Es ist nicht die eigene Getroffenheit von einer bestimmten Diskriminierungsform, die uns zum Sprechen und Handeln gegen Diskriminierung qualifiziert. Stattdessen positionieren wir uns themenbezogen, mit der (gemeinsamen) Intention, gegen Strukturelle Diskriminierung zu sprechen und zu handeln. Zusammengefasst beruht unsere Position als Social Justice und Diversity Trainer_innen also darauf, dass wir:

- keine persönliche Getroffenheit aufweisen müssen, um ein Training zu einem bestimmten Thema anzubieten.
- ein Anliegen und die nötige Qualifikation mitbringen, Formen von Struktureller Diskriminierung zu analysieren und Handlungsoptionen gegen Diskriminierung zu entwickeln.
- themen- und nicht identitätsbezogen arbeiten.

5.2 Haltung als Social Justice und Diversity Trainer_in

In Anlehnung an die Methode der Mahloquet liegt dem Trainingskonzept eine spezifische Haltung der Trainer_innen zugrunde. Diese umfasst eine Gleichgewichtung von kognitiven und emotionalen Zugangsweisen als Formen intellektueller Praxis, die sich nicht wechselseitig ausschließen. Den Referenzrahmen für diese Haltung, innerhalb dessen wir uns als Trainer_innen stets bewegen und der in den Trainings nicht verlassen wird, bilden die UN-Menschenrechtscharta und Gewaltfreiheit. Die Trainer_innenhaltung betrifft außerdem eine Perspektive der radikalen Verschiedenheit (siehe Kapitel 1 und 2) als Grundlage für den Umgang mit den Teilnehmenden. Der Lernraum wird nicht als homogener Raum aufgefasst, sodass die Teilnehmer_innen in ihrer Vielfalt und radikalen Verschiedenheit wahrgenommen und anerkannt werden können. Letzteres ist auch deshalb von Bedeutung, da in länger andauernden Gruppenprozessen – nicht zuletzt aufgrund eines geteilten Interesses am Thema oder eines allgemeinen Sympathiegefühls – oft an einem gewissen Punkt der Eindruck unter den Teilnehmer_innen entsteht, sie seien und dächten doch ‚alle gleich' und die eigentlichen Differenzen befänden sich außerhalb der Gruppe.

In der nachfolgenden Übersicht sind die zentralen Punkte der Trainer_innenhaltung nochmals festgehalten:

Der Zugang zur Welt in kognitiver *und* emotionaler Weise

Die kognitive und emotionale Haltung sind nicht voneinander zu trennen. Denn dem Denken liegen Gefühle zugrunde und den Gefühlen liegen Gedanken zugrunde.

Ein kognitiver Zugang als intellektuelle Praxis bedeutet:

- Theorien, die den Hintergrund des Trainings bilden, und Theorien, die wir für das Konzept Social Justice und Diversity konzipiert haben, als Grundlage zu verwenden (weitere Theorien können selbstverständlich einbezogen werden).
- empirische Fakten über Diskriminierung in Bezug auf Macht- und Herrschaftsverhältnisse heranzuziehen.
- die Gegenwart im geschichtlichen Kontext zu verstehen (Diskriminierungsmatrix).
- Systemische Intersektionalitäten unterschiedlicher Diskriminierungsformen und Mechanismen Struktureller Diskriminierung analytisch zu reflektieren.
- keine Hierarchisierung der Diskriminierungsformen vorzunehmen.
- Sprechen und Handeln im Rahmen von Social Justice und Diversity (Anerkennungs-, Verteilungs-, Befähigungs- und Verwirklichungsgerechtigkeit).
- sich fragend auf die Welt zuzubewegen im Sinne des Hinterfragens von Normen, Werten und vermeintlichen Gewissheiten.

Ein emotionaler Zugang als intellektuelle Praxis bedeutet:

- berührbar zu sein für alle Diskriminierungsformen.
- die Fähigkeit zur Anerkennung, auch wenn die eigene Perspektive nicht die Perspektive von anderen Menschen ist.
- Menschen nicht als Repräsentant_innen einer identitätspolitischen Gruppe wahrzunehmen.
- die Anerkennung des jeweils einzelnen Menschen als Mensch mit individuellen Bedürfnissen, Erlebnissen und einer individuellen Perspektive.
- sich auf die radikale Fremdheit in der Begegnung mit dem Gegenüber einzulassen: Jede_r ist im Sinne der Gastfreundschaft des Anderen Gast.

Die Haltung gegenüber Teilnehmer_innen ist charakterisiert durch:

- die Anerkennung von Diversity (Vielfalt, Radikale Verschiedenheit) der Teilnehmer_innen.
- das Absehen von Beurteilung und (moralisierender) Bewertung der Teilnehmer_innen.
- das Absehen vom Erziehen-Wollen.

Referenzrahmen, die der Haltung zugrunde liegen:

- Gewaltfreiheit
- UN-Menschenrechtscharta

5.3 Kenntnisse, Wissen und Reflexion

Um die Inhalte des Social Justice und Diversity Trainings vermitteln zu können, müssen wir als Trainer_innen selbst über ein umfangreiches Wissen über historische und gesellschaftliche Kontexte Struktureller Diskriminierung und die vielfältigen Systemischen Intersektionalitäten verfügen. Darüber hinaus ist es sinnvoll, sich einen Überblick über den Stand der theoretischen Diskussionen zur jeweiligen Diskriminierungsform zu erarbeiten. Dies ist die Voraussetzung dafür, historische, ideengeschichtliche und theoretische Inputs zu erarbeiten und mit den Teilnehmenden zu diskutieren. Als Trainer_innen müssen wir uns auch immer wieder darüber informieren, welche Menschen von Struktureller Diskriminierung getroffen sind und wie diese Menschen über Diskriminierung nachdenken. Zentral hierfür sind Aussagen und Publikationen von Struktureller Diskriminierung getroffener Menschen, aber auch der Rückgriff auf aktuelle wissenschaftliche Publikationen und empirische Studien, die Fakten über jeweils aktuelle Macht- und Herrschaftsverhältnisse bezogen auf Strukturelle Diskriminierung präsentieren.

Eine weitere Voraussetzung für das Social Justice und Diversity Training ist, dass sich die Trainer_innen auch selbst kognitiv und emotional mit Struktureller Diskriminierung auseinandergesetzt haben. So kann die im Training intendierte themen- und handlungsbezogene (Selbst-)Reflexion von Diskriminierung auf individueller, institutioneller und kultureller Ebene angeleitet werden. Die ethisch-dialogische Haltung sowie die dialogische Gesprächsform, die dem Training zugrunde liegen, sind weitere Bestandteile der Professionalität der Trainer_innen. Damit wird es möglich, mit den Teilnehmenden einen dialogischen Raum herzustellen, der getragen ist von einer anerkennenden Haltung gegenüber den je Einzelnen und ihren Perspektiven.

5.4 Teamarbeit und Moderation

Social Justice und Diversity Trainings handeln von schmerzhaften Themen. In der Auseinandersetzung mit Struktureller Diskriminierung und ihrer Systemischen Intersektionalität kann es bei Teilnehmenden zu verletzten Gefühlen, Retraumatisierungen, aber auch zur Abwehr und zu Projektionen unliebsamer Gefühle auf die Trainer_innen kommen. Letztere werden nicht selten als ‚Überbringer_innen schlechter Nachrichten' – der Realität von Diskriminierung – wahrgenommen und fungieren so als Projektionsflächen. Um mit der Vehemenz von Projektionen umgehen zu können, braucht es ein Wissen über die ihnen zugrunde liegenden Mechanismen und Funktionsweisen aufseiten der Trainer_innen. Auch die Arbeit im Team erleichtert den Umgang mit trainingsbezogenen Gruppendynamiken, da die Trainer_innen so dialogisch miteinander sprechen und sich gegenseitig unterstützen können. Auf diese Weise bildet das Team die Mahloquet – als die dem Training zugrunde liegende Methode und ethisch-dialogische Haltung – nicht nur verbal ab, sondern übt sie selbst aus.

Nach den jeweiligen Inputs und Übungen moderieren die Trainer_innen die Gespräche unter den Teilnehmer_innen. Ihre Rolle besteht nicht zuletzt darin, immer wieder auf die Mahloquet und die vereinbarte Kommunikationsunterstützung aufmerksam zu machen, um die Möglichkeit von Teilnehmenden zu unterstützen, Diskriminierungsmechanismen und Diskriminierungsstrukturen durch das Einnehmen unterschiedlicher Perspektiven zu reflektieren. Das Ausüben dieser Funktion erfordert je nach Zeitpunkt unterschiedliche Handlungen, zum Beispiel:

- Aktives Eingreifen in den Prozess, indem z. B. die Stimme des Nicht-Ausgesprochenen übernommen bzw. die nicht-bedachte Perspektive in die Reflexion mit eingebracht wird. Damit werden zum Schweigen gebrachte Stimmen und/oder noch nicht bekannte Perspektiven wahrnehmbar gemacht.
- Thematisieren struktureller Zusammenhänge, also von Dimensionen Struktureller Diskriminierung auf individueller, institutioneller und kultureller Ebene.
- Sorge tragen für einen nicht-bewertenden Umgang der Teilnehmenden miteinander, gegebenenfalls durch Einzelgespräche oder zusätzliche Übungen.
- Die Teilnehmenden auf ihre je eigene Verantwortung für ihr Sprechen und Handeln aufmerksam machen, beispielsweise durch den Verweis auf die Kommunikationsunterstützung (siehe Kapitel 4.2.2.C).
- Kein konfrontatives und polarisierendes, sondern ein dialogisches Arbeiten.

Das Social Justice und Diversity Training intendiert, ein bestimmtes Verständnis von Struktureller Diskriminierung zu vermitteln und die Reflexion über eigene Zugehörigkeiten zu sozialen Gruppen, verinnerlichte Stereotype und individuelle Verwobenheiten sowie den eigenen Lernprozess anzuregen. Im Hinblick auf die Trainer_innenrolle ist es dabei wichtig, realistische Erwartungen an das unmittelbar im Training zu Erreichende anzulegen. So haben wir beispielsweise die Erfahrung gemacht, dass Veränderungen langsam vor sich gehen und die Trainings ihre Wirkung zuweilen erst im Nachhinein (manchmal Jahre nach einem Training) zeigen. Insofern ist es hilfreich, darauf zu vertrauen, dass Lernen als Prozess stattfindet. Dabei wird eine bestimmte Haltung oder ein bestimmtes Denken vonseiten der Trainer_innen vermittelt, aber nicht durchgesetzt. Die Rolle der Trainer_innen besteht folglich darin, Angebote zum Reflektieren, zur Auseinandersetzung und zum Lernen zu unterbreiten, von denen sie nicht garantieren können, dass Teilnehmende diese auch annehmen. Im Social Justice und Diversity Konzept liegt es in der Verantwortlichkeit der Teilnehmer_innen, ob und was sie durch ein Training lernen.

5.5 Anerkennendes Sprechen – Reproduktion von und Sprechen über Diskriminierung

Ein wichtiger Aspekt der Arbeit als Trainer_innen ist die kritische Auseinandersetzung mit Sprache (siehe Kapitel 3.4). Entsprechend verfolgen wir Diskussionen darüber, welche Begriffe diskriminierend sind und wie sich Perspektiven darauf verändern. Dabei ist es uns wichtig, uns auf das zu stützen, was von Diskriminierung getroffene Menschen selbst zum Thema sagen und schreiben. Dies bedeutet, den aktuellen Diskurs über diskriminierende Sprache immer wieder aufzugreifen und im Team zu reflektieren. Auch als Trainer_innen sind wir durch Sozialisationsprozesse und als Teil der gesellschaftlichen Gegenwart nicht davor gefeit, Sprache zu verwenden, die ableistisch, sexistisch, adultistisch etc. ist. Auch deshalb verstehen wir die reflexive Aufmerksamkeit für Sprache als Aufgabe von Social Justice und Diversity Trainer_innen. Dabei richten wir das Augenmerk immer auch auf Diskurse und Sprachreflexionen, die gerade nicht im Zentrum der öffentlichen Aufmerksamkeit stehen, auf alltäglich gewordene Begriffe, die dennoch an diskriminierenden Praxen teilhaben, sie festschreiben oder aufrufen.

Eine Herausforderung, eine anerkennende Sprache zu vermitteln, besteht darin, Menschen nicht moralisierend gegenüberzutreten, sie nicht zu beschämen, wenn sie einen diskriminierenden Begriff verwenden, sondern im Training damit und daran zu arbeiten. Denn Social Justice und Diversity bedeutet auch, dass wir keine Teilnehmer_innen vorführen, sondern mit ihnen im Gespräch bleiben und einen Lernraum eröffnen. Um als Trainer_innen mit dem Werkzeug Sprache so umgehen zu können, dass Sprechen ermöglicht wird, sind folgende Fragen relevant:

- Gibt es Perspektiven, die geäußert werden dürfen, und Perspektiven, die nicht geäußert werden dürfen?
- Werden Äußerungen oder Perspektiven hierarchisiert?
- Gibt es Diskurse, die den einen bekannt sind, den anderen nicht?
- Existieren Codes, die die einen entschlüsseln können, die anderen nicht?

Im gemeinsamen Gespräch mit der Gruppe thematisieren die Trainer_innen, welche Wahrnehmungsraster die Teilnehmenden hinsichtlich Diskriminierung und Sprachcodes teilen, d. h. welche diskriminierenden Begrifflichkeiten inakzeptabel sind und welche benutzt werden dürfen, wer die eigene Geschichte erzählen darf und wer nicht, wer auf Unterstützung hoffen kann und wer nicht. Anliegen dieser Reflexion ist es, dass auch hinsichtlich der Sprache und des Sprechens alle Diskriminierungsformen und die damit verbundenen diskriminierenden Begriffe und Äußerungen gleichermaßen in den Blick genommen werden. Besonders herausfordernd ist dabei erfahrungsgemäß die „Analyse der Herstellung Struktureller Diskriminierung“, eine der zentralen Übungen in jedem Themenmodul. Die Übung zielt auf ein vertiefendes Verständnis von Diskriminierungsformen, die auch über bestimmte Sprach-/Bilder durchgesetzt werden. Die Herausforderung für die Trainer_innen besteht darin, ein Bewusstsein für den gewaltvollen und verletzenden Gehalt spezifischer Sprach-/Bilder zu erzeugen und aufrechtzuerhalten, ohne dadurch ein Sprechen über die Wirkungsweisen der Diskriminierungsform – z. B. aus Angst vor Reproduktion und Verletzung – zu unterbinden. So können Teilnehmer_innen darum gebeten werden, Stereotype nur soweit zu benennen, als es der Reflexion über ihre Herstellung dienlich ist. Die Sprach-/Bilder selbst sollen dabei so wenig wie möglich als solche reproduziert werden.

5.6 Schweigepausen

Zur Methode Mahloquet gehören Schweigepausen. Diese dienen der Eröffnung von Denkräumen. Aufseiten der Trainer_innen ist es daher erforderlich, dass sie selbst Schweigen können – und das Schweigen der Teilnehmenden aushalten können. Auch wenn es uns als Trainer_innen zuweilen drängt, etwas zu sagen, oder uns das Schweigen verunsichert, achten wir darauf, die Schweigepausen zuzulassen und anzuregen. Ihnen liegt keine Erwartung an die Teilnehmenden zugrunde, etwas zu sagen. Vielmehr intendieren sie eine Verlangsamung des Dialoges mit dem Ziel des nachdenklichen Reflektierens über die jeweiligen Themen.

5.7 Kritische Reflexion von Methoden

Die einzelnen Übungen, die wir entwickelt haben, führen wir auch als Trainer_innen immer wieder untereinander durch und werten sie nach jedem Training im Team aus. Dabei ist es uns wichtig, die Methoden und Übungen (als Teilmethoden) kritisch auch hinsichtlich der Grundlagen des Social Justice und Diversity Trainings zu reflektieren. Folgende Fragen können diese Reflexion unterstützen:

Visuelle Übungen (z. B. Mindmap, Powerpoint):
- Wer kann teilnehmen, wer nicht?
- Welche Verantwortung habe ich als Trainer_in: Wie gehe ich z. B. damit um, wenn ein_e Teilnehmer_in nicht sehen kann?

Verbale/auditive Übungen (z. B. Diskussionsrunden, Hörübungen, Singen):
- Wer kann teilnehmen, wer nicht?
- Welche Verantwortung habe ich als Trainer_in: Wie gehe ich z. B. damit um, wenn ein_e Teilnehmer_in nicht sprechen kann und/oder Teilnehmende unterschiedliche Modi des Sprechens (z. B. Ausdruck, Fremdwörter, Schweigen) haben; oder wenn ein_e Teilnehmer_in nicht hören kann und/oder ihre Stimme nicht gerne exponiert?

Körperübungen (z. B. Theater, Tanz, Warm-Ups):
- Wer kann teilnehmen, wer nicht?
- Welche Verantwortung habe ich als Trainer_in: Wie gehe ich z. B. damit um, wenn ein_e Teilnehmer_in in der Bewegungsfähigkeit eingeschränkt ist und/oder sich entblößt fühlen könnte?

Im Social Justice und Diversity Training wenden wir eine Vielfalt von Methoden nicht um der Methodenvielfalt willen an, also im Sinne eines möglichst abwechslungsreichen Programms. Unterschiedliche Methoden dienen uns vielmehr dazu, verschiedenen Lernzugängen, Arbeitsmodi und Reflexionszielen gerecht zu werden, weshalb den Teilnehmenden für jede Übung unterschiedliche Durchführungsoptionen ermöglicht werden. Das gilt insbesondere für Übungen, die längere Gruppenarbeitsphasen mit anschließenden Präsentationen beinhalten, bei denen die Teilnehmenden zwischen unterschiedlichen Arbeits- und Präsentationsformen (u. a. Schaubilder auf Flipcharts, theatrale, dialogische oder Foto-Präsentationen) wählen können. Darüber hinaus ist kein_e Teilnehmer_in dazu verpflichtet, an Übungen teilzunehmen. Es besteht kein Zwang zum Mitmachen.

5.8 Distanz und Nähe: Trainer_innen und Teilnehmer_innen

Die Trainer_innen nehmen eine andere Rolle ein als die Teilnehmer_innen. Trainer_innen sind Moderierende, sie vermitteln theoretische, historische und ideengeschichtliche Inputs und ihr Wissen zu den einzelnen Themengebieten. Sie leiten die Übungen an und machen damit immer auch bestimmte Vorgaben. Dieser Unterschied in der Rollenverteilung bleibt bestehen – bei aller Nähe auf persönlicher Ebene und unabhängig von der Frage, ob sich Trainer_innen und Teilnehmende duzen oder siezen. Die Trainer_innen werden im Training nicht zu Teilnehmenden. Dies bedeutet nicht, dass Trainer_innen niemals verletzlich und verletzbar sind und ihre Gefühle nicht zeigen dürfen, sondern, dass sie ihre Rolle – und damit ihre Verantwortung als Trainer_innen – reflektieren und erfüllen. Zentral ist dabei auch, dass sich Trainer_innen nicht bestimmten Teilnehmenden zu- oder sich von ihnen abwenden, je nachdem, welche Diskriminierungserfahrungen sie gegebenenfalls teilen oder nicht. Hier muss eine professionelle Distanz eingehalten werden, unter Beachtung der Maßgabe, Diskriminierungsformen nicht zu hierarchisieren oder zur Grundlage für persönliche Nähegefühle zu machen. Die unterschiedliche Rolle von Trainer_innen und Teilnehmenden bedeutet ferner, dass die Trainer_innen ihr Wissen zur Verfügung stellen und Verantwortung für den Verlauf der Gruppenprozesse übernehmen. Die Teilnehmenden werden dabei nicht zu Abhängigen gemacht, sondern können in der Auseinandersetzung mit den Themenfeldern im Training etwas lernen. Auch für die Trainer_innen gilt dabei, dass sie etwas von den Teilnehmenden lernen können.

5.9 Umgang mit Evaluierungen

In den verschiedenen Kontexten, in denen Social Justice und Diversity Trainings durchgeführt werden, haben wir es immer wieder mit Evaluierungsprozessen zu tun. Diese sind zumeist standarisiert und nicht spezifisch auf die Themen und Intentionen des Trainings abgestimmt. So findet es zumeist keine Berücksichtigung, dass unsere Trainings von schmerzhaften und gewaltvollen Themen handeln, die Gegenreaktionen auslösen können, was sich nur schwerlich anhand standardisierter Fragebögen nachvollziehen lässt. Hinzu kommen die Besonderheiten des Trainingsansatzes, der vielen noch unbekannt ist und gerade darum ansprechen kann – oder auch nicht. Auch die Tatsache, dass sich die Auswirkungen des Gelernten unter Umständen erst einige Zeit nach einem Training zeigen, bleibt in Evaluierungen unberücksichtigt. Als Trainer_innen versuchen wir darauf zu achten, in einem guten Kontakt zu Teilnehmenden zu stehen, sodass Kritiken, positive wie negative, auch direkt formuliert und bearbeitet werden können.

6 Praxisbereiche und -anwendungen

Das Social Justice und Diversity Training gehört zu den etablierten Bildungs- und Trainingskonzepten im deutschsprachigen Raum. Neben den Trainer_innen-Ausbildungen, die wir seit 2006 durchführen, wenden wir das Training auch in unterschiedlichen Praxisfeldern an. Von Teilnehmenden an unseren Ausbildungen erfahren wir außerdem, dass sie das Konzept in ihre beruflichen und sonstigen Kontexte einbringen. Viele von ihnen gestalten Trainings zu ausgewählten Themenschwerpunkten, andere wiederum greifen Elemente des Konzeptes für ihre jeweiligen Tätigkeitsfelder auf. Nicht immer müssen oder können dabei alle Module als durchgängiges Training durchgeführt werden (siehe Kapitel 4). Vielmehr bietet es sich an, Übungen zu kombinieren oder einzelne Aspekte des Ansatzes der Herausforderung entsprechend anzuwenden.

6.1 Möglichkeiten in allen Praxisfeldern

Es existieren keine Praxisfelder, in denen die Durchführung von Social Justice und Diversity Trainings von vornherein ausgeschlossen ist. Unsere Trainingserfahrungen reichen von sozialen Projekten im Kinder-, Jugendlichen- und Erwachsenenbildungsbereich bis zu politischen Bildungsangeboten in Krankenhäusern und Pflegeeinrichtungen, Universitäten, Hochschulen, Schulen und Behörden. Je nach Kontext und Zielgruppe werden dabei Übungen und Inputs modifiziert, beispielsweise ins Englische oder in Leichte Sprache übersetzt, oder an die zeitlichen und räumlichen Bedingungen angepasst. Darüber hinaus erhält das Institut Social Justice und Radical Diversity immer wieder positive Rückmeldungen zur Verwendung von Elementen des Social Justice und Diversity Trainingsansatzes in der Lehre an Schulen, Hochschulen und Universitäten, an Schnittstellen des Jobcenters, Projektmanagements oder in Beratungen.

Anhand von sechs Beispielen möchten wir im Folgenden näher ausführen, wie das Trainingskonzept auch über die Durchführung von Social Justice und Diversity Trainings hinaus angewendet wird. Eine solche Betrachtung unterstreicht nicht nur, dass unterschiedliche Felder von einer Perspektive, wie sie von Social Justice und Diversity vermittelt wird, profitieren können. Sie verdeutlicht auch, wie viele unterschiedliche Herangehensweisen im Konzept selbst bereits enthalten sind.

6.2 Perspektiven im Jugendbildungsbereich

Eine zentrale Praxisanwendung des Social Justice und Diversity Trainings ist der Bildungsbereich für Jugendliche und junge Erwachsene. Hier haben wir zahlreiche Einzeltrainings bei verschiedenen Trägern und in unterschiedlichen Projekten durchgeführt, wobei wir meistens ein Schwerpunktthema (z. B. Klassismus) und systemisch-intersektionale Zusammenhänge fokussierten. Das Schwerpunktthema wird immer von den Auftraggebenden vorgegeben.

Die Struktur eines jeden Trainings war folgende: Auf eine kurze Einführung in das Konzept Social Justice und Diversity und in die Methode Mahloquet folgten eine Vertiefung in das Schwerpunktthema, das Aufzeigen Systemischer Intersektionalitäten und das Eruieren von Handlungsoptionen. Die in der vorliegenden Ausgabe des Buches beschriebenen Methoden, Übungen und Inputs wurden hierfür herangezogen und gegebenenfalls modifiziert. Interessant war, dass wir kaum sprachliche oder inhaltliche Veränderungen zum Verständnis für die Jugendlichen und jungen Erwachsenen vornehmen mussten. Die Modifikation betraf lediglich die Auswahl von Dokumentarfilmen zur inhaltlichen Vertiefung, wofür wir kurze Videos verwendeten, die an die Lebenswelten und -situationen der Zielgruppe angepasst und in der Regel von Jugendlichen und jungen Erwachsenen selbst hergestellt waren. Die Mahloquet als ethisch-dialogische Grundlage unseres Konzeptes wurde von den Teilnehmer_innen schnell verstanden und angenommen.

Beispielhaft wird hier auf ein wissenschaftlich evaluiertes Training mit Jugendlichen im Alter von 16 bis 22 Jahren eingegangen, das insgesamt eineinhalb Jahre dauerte und 21 Trainings mit Jugendlichen umfasste. Wir verweisen auf dieses Projekt, weil es bisher das einzige in einem solchen Umfang durchgeführte und wissenschaftlich evaluierte Social Justice und Diversity Training außerhalb unserer Ausbildung ist. Das Projekt *Antirassismusarbeit für Jugendliche mit Elementen des Social Justice und Diversity Trainings* wurde in Hamburg und Dortmund angeboten. Den Jugendlichen sollte durch das Training ein antirassistisches Denken und Handeln ermöglicht werden. Dabei stand eine Sensibilisierung für das Thema Rassismus mit seinen Erscheinungsformen im Mittelpunkt, wobei Rassismus als Form Struktureller Diskriminierung vermittelt und auf Systemische Intersektionalitäten im Hinblick auf Sexismus und Antisemitismus aufmerksam gemacht wurde. Intention des Trainingsprogrammes war es, den Jugendlichen ein Bewusstsein für unterschiedliche Diskriminierungserfahrungen zu ermöglichen, ohne sie zu hierarchisieren. Darüber hinaus ging es um die Förderung kritischen Denkens, wobei die Teilnehmenden ihr eigenes Verhalten in Bezug auf Rassismus reflektieren und Handlungsoptionen dagegen entwickeln konnten.

Die wissenschaftliche Evaluierung ergab, dass für jene Jugendliche, die sich bereits mit dem Thema Rassismus auseinandergesetzt hatten, das Training eine wichtige Vertiefung darstellte. Dieser Effekt war besonders deutlich bei Übungen zu Perspektivenvielfalt und Perspektivenverschiebung. Für jene Jugendlichen, die sich noch nicht mit Rassismus auseinandergesetzt hatten, eröffnete das Training eine wichtige Möglichkeit für eine themenbezogene Reflexion. Aufgrund der Sichtbarmachung unterschiedlicher Perspektiven konnten die Jugendlichen lernen, diese jeweils anzuhören und zu respektieren. Gerade weil die Trainings an die Lebenswelten der Jugendlichen und jungen Erwachsenen anschlossen, wirkten sie auch als Empowerment-Training. Wichtig war zudem, dass keine Aussagen der Teilnehmenden von den Trainer_innen moralisierend bewertet wurden, was den Jugendlichen ein Sprechen und Reflektieren des jeweils Gesagten ermöglichte. (Siehe dazu im Detail Perko 2009)

6.3 Anwendung in der Lehre

Für die Lehre an Hochschulen und Universitäten nehmen wir Elemente des Social Justice und Diversity Konzeptes sehr häufig auf; insbesondere dann, wenn es bei unserer Lehre inhaltlich um Fragen der Inklusion und Exklusion, um Fragen von Gerechtigkeit und Ungerechtigkeit, um Benachteiligung und Bevorteilung, Fragen von Ethik und/oder Struktureller Diskriminierung geht. Im Rahmen von Vorlesungen oder theoriebasierten Seminaren können die Theorien und Ansätze, die diesem Konzept zugrunde liegen, mit Studierenden diskutiert und Parameter einer macht- und herrschaftskritischen Perspektive reflektiert werden. Auch bei praktisch orientierten Veranstaltungen können Methoden und Übungen aus dem Trainingskonzept Social Justice und Diversity dabei unterstützen, Strukturelle Diskriminierung vertiefend zu reflektieren und zu bearbeiten. Existierende Modelle wie jene zur Sozialen Gruppenarbeit oder zur sozialpädagogischen Beratung können so mit diesem Ansatz erweitert werden. Ausgehend von den Grundlagen des Social Justice und Diversity Trainings haben wir in Verbindung mit Grundlagen der Sozialen Arbeit die *Diskriminierungskritische Soziale Arbeit* sowie eine *Diskriminierungskritische Beratung* im Kontext der sozialpädagogischen Beratung entwickelt, die wir in der Lehre vermitteln (siehe dazu im Detail Perko 2017; Czollek 2018; Perko 2018). Damit fokussieren wir eine politisierte Soziale Arbeit, die sich sowohl theoretisch als auch praktisch mit Struktureller Diskriminierung beschäftigt und so die Möglichkeit bietet, die Perspektive von Social Justice und Diversity mit der sozialarbeiterischen Berufsethik zu verbinden.

Das Arbeiten mit Studierenden bietet die Möglichkeit, einen dialogischen und reflexiven Raum zu eröffnen, in dem auch mit der Methode der Mahloquet einzelne Themen in Bezug auf Strukturelle Diskriminierung und Prämissen einer anerkennenden Sprache vertiefend behandelt werden können. Studierende fragen ferner immer wieder nach möglichen Handlungsoptionen gegen Diskriminierungen, für die ein Rückgriff auf spezifische Übungen oder auf Konzepte wie das Verbündet-Sein hilfreich ist. Zentral ist in jedem der genannten Fälle die Vermittlung einer Haltung gegen jede Form von Struktureller Diskriminierung zugunsten der radikalen Verschiedenheit von Menschen und zugunsten einer pluralen Gesellschaft mit Blick auf das Radical Diversity, wie sie dem Konzept Social Justice und Diversity zugrunde liegt.

6.4 Perspektiven im Rahmen institutioneller Diversity-Implementierung

In vielen institutionellen Kontexten sind inzwischen Maßnahmen zur Chancengleichheit und zur Umsetzung von Diversity verankert worden. Diese beziehen sich zumeist auf spezifische Tätigkeitsbereiche und -felder, wie z. B. den universitären und hochschulischen Kontext sowie außeruniversitäre Bildungsinstitutionen, Ämter und Behörden oder Unternehmen in der Wirtschaft. Auch hier konnten wir bisher mit unserem Konzept Social Justice und Diversity vor allem im Kontext von Hochschulen eine wichtige Erweiterung der Perspektiven und Handlungsmöglichkeiten anbieten.

Für die Implementierung von Diversity benötigen Institutionen, Organisationen und Unternehmen Organisationsentwicklungskonzepte, die einer stringenten Logik folgen müssen. Diese Anforderung bedeutet jedoch nicht, dass eine manageriale Stringenz im Sinne eines Optimierungs- und Vielfaltsverwaltungsschemas alternativlos wäre, in dessen Kontext Menschen nur noch als ‚Humankapital' verstanden werden. So erlaubt Social Justice und Diversity einen erweiterten Blick in der Organisationsentwicklung, der die Frage nach Diversity mit Fragen Struktureller Diskriminierung verbindet.

In Bezug auf Hochschulen hat die Antidiskriminierungsstelle des Bundes bereits 2013 festgestellt: „Während das Thema ‚Diversity' an Hochschulen an Bedeutung gewinnt, steht das Thema ‚Diskriminierungsschutz' bisher noch eher selten im Fokus von Hochschulen. Verantwortliche im Hochschulbereich tun sich oft damit schwer, Diskriminierung bzw. Diskriminierungserfahrung als Problem anzuerkennen. […] Hochschulen stehen daher vor der Herausforderung, einen konstruktiven Umgang mit konkreten Diskriminierungserfahrungen von Mitarbeitenden und Studierenden zu finden." (Antidiskriminierungsstelle des Bundes 2013: 3) Hier kann das Konzept Social Justice und Diversity unterstützend wirken, indem es ein Modell des *Diskriminierungskriti-*

schen Diversity vorschlägt. Eine Umsetzung von Diversity in diesem Sinne bedeutet, die Ermöglichung und Förderung personeller, aber auch thematischer Vielfalt explizit mit einer Analyse und Kritik Struktureller Diskriminierung zu verbinden. (Siehe dazu im Detail Perko 2016)

6.5 Zielgruppenorientierte Förderprogramme

Aus Perspektive des Social Justice und Diversity Ansatzes sind zielgruppenorientierte Förderprogramme (z. B. Chancengleichheitsprogramme für Frauen) eine Möglichkeit, die Umsetzung eines Radical Diversity in der Gesellschaft zu fördern. Voraussetzung dafür ist, die Teilhabe an Ressourcen nicht als Kampf zwischen unterschiedlichen Interessensgruppen zu verstehen. Vielmehr sollten Förderprogramme an einer gerechteren Verteilung von Ressourcen, Anerkennung und Repräsentation mitwirken. Im Sinne des Verbündet-Seins setzen wir bei unseren Beratungen im Kontext von Förderprogrammen aus der Perspektive von Social Justice und Diversity bei einer Kritik konkreter (Verteilungs-) Ungerechtigkeiten und Ausschlüsse an.

Aus diesen Überlegungen ergibt sich, dass wir nicht danach fragen, wie bestimmte, festgelegte Gruppe von Menschen etwas vom umkämpften Kuchen der Ressourcen bekommen können. Vielmehr richtet sich der Blick auf die Frage der Bündnisse, die Menschen ausgehend von ihrer jeweils spezifischen (professionellen) Praxis eingehen können. Aus der Perspektive von Social Justice und Diversity fokussieren zielgruppenorientierte Förderprogramme im Idealfall nicht nur die diskriminierte Gruppe, sondern befragen auch die nicht-diskriminierte Position hinsichtlich ihres Verbündet-Seins: Welche konkreten Möglichkeiten habe ich bezogen auf einen bestimmten Kontext, Ressourcen zu teilen, Zugänge zu ermöglichen oder Personen Gehör zu verschaffen, die aus meinem Tätigkeitsbereich für gewöhnlich ausgeschlossen sind? Intention ist, dass sich beide Seiten im Aufbegehren gegen Diskriminierung aufeinander zubewegen, im Sinne der gemeinsamen Vorstellung einer möglichst gerechten Inklusion sowie Teilhabe und Partizipation aller Menschen an gesellschaftlichen und materiellen Ressourcen.

6.6 Desintegration – Radical Diversity und künstlerische Praxis

Einen Versuch, die konkrete Utopie des Radical Diversity (siehe Kapitel 2.8) im ästhetisch-gesellschaftlichen Diskurs aufzugreifen, stellt die *Desintegration* dar (Czollek/Kaszner/Czollek/Perko 2017). Unter dem Schlagwort sind seit 2016 eine Reihe von Interventionsstrategien am Maxim Gorki Theater durchgeführt worden, die sich vordergründig einer Kritik und Neuverortung jüdischer Positionen im gesellschaftlichen Diskurs widmeten. Die Künstler_innen um das Kurator_innenteam Max Czollek und Sasha Marianna Salzmann gingen dabei zunächst von einer gesellschaftlichen Verortung als Juden_Jüdinnen aus, um sie in der Folge mit anderen Identitätskategorien zu verbinden und dadurch Systemische Intersektionalitäten aufzuzeigen. Dass die Desintegration dabei über den jüdischen Kontext hinaus eine Bedeutung erlangte, wird auch daran sichtbar, dass sie zum Motto für den 3. Berliner Herbstsalon gemacht wurde, der im November 2017 im Anschluss an die Radikalen Jüdischen Kulturtage am Maxim Gorki Theater stattfand.

Desintegration ist von Max Czollek als Konzept und konkrete Strategie entwickelt worden (Czollek 2018). Indem sie gleichzeitig eine Haltung der Selbstbestimmung und eine Initiative zur Handlung formuliert, ist sie Empowerment der marginalisierten (jüdischen/postmigrantischen) Position. Radical Diversity wird hierbei als Modell gesellschaftlichen Zusammenlebens angelegt. Bei einer desintegrativen künstlerischen Intervention geht es darum, sichtbar zu machen, dass eine marginalisierte Position jenes Außen bildet, welches für die Erzeugung einer deutschen[12] Identität und Gesellschaft in Integrations- oder Leitkulturdebatten notwendig ist. Im Fall der jüdischen Desintegration zielt diese Intervention auf ein Unterlaufen der Funktionalisierung von Juden_Jüdinnen ab. Um diese Dynamik zu unterbrechen, müssen auch vonseiten der Marginalisierten eingeübte Reiz- und Reaktionsmuster überdacht, neue Allianzen gesucht und die eigene Funktionalisierung für das Selbstbild der Dominanzkultur reflektiert werden.

Bei der Umsetzung bedient sich die Desintegration explizit der Mittel der Kunst. Denn Theater und Literatur, bildende Kunst und Musik bergen das Potential, vertraute Seh- und Hörgewohnheiten zu erschüttern. Diese Erschütterung kann Grundlage sein für eine Erkundung alternativer Selbstbilder, die für eine Überwindung gesellschaftlicher Marginalisierung notwendig sind. Künstlerische Formen können daher als Ergänzung für eine Weiterentwicklung gesellschaftlicher Diskurse und Denkweisen gelten, wie sie im Social Justice und Diversity Konzept gedacht und umgesetzt werden. Aber die Kunst eröffnet nicht nur einen wichtigen Denkraum für das Social Justice und Diversity Konzept, das Konzept liefert auch Impulse für die künstlerische Arbeit selbst und die institutionellen Strukturen, in denen sie sich entfaltet. So führten Leah Carola Czollek und Gudrun Perko eine Reihe von Workshops als eine Form des

12 „Mit dem Adjektiv *deutsch* wird jene unsichtbare Normativität der postnationalsozialistischen Dominanzkultur markiert, die dem Gedächtnistheater seine Form gibt. Es verweist also auf die Zuschreibungspraxen, welche ‚die Juden' als Statist_innen in einem deutschen Erinnerungsdiskurs verorten." (Czollek/Kaszner/Czollek/Perko 2017: 76)

wissenschaftlichen Aktivismus am Maxim Gorki Theater durch, die auf eine Reflexion Struktureller Diskriminierung und eine Implementierung eines Radical Diversity im Theater zielten.

6.7 Rechtliche Bezüge

In den verschiedenen Praxisbereichen, insbesondere im Hinblick auf Institutionen und Organisationen, ist es wichtig, die relevanten rechtlichen Grundlagen zu kennen. In den vorherigen Kapiteln haben wir immer wieder den Referenzrahmen – UN-Menschenrechtscharta (1948) und Gewaltfreiheit – betont, auf den sich unser Konzept Social Justice und Diversity bezieht. Für den Kontext der BRD ist außerdem das *Grundgesetz für die Bundesrepublik Deutschland* (1949) zentral. Für die jeweiligen Themenschwerpunkte sind ferner die verschiedenen Rechtsgrundlagen von Bedeutung, wie die *UN-Behindertenrechtskonvention* (2008), die *UN-Kinderrechtskonvention* (1992), das *Allgemeine Gleichbehandlungsgesetz* (AGG; 2006), aber auch das *Gender Mainstreaming* (GM; 1999) als EU-weite Verankerung. Das AGG und GM sind darüber hinaus auch dann wichtig, wenn wir Social Justice und Diversity im Rahmen institutioneller Diversity-Implementierung anwenden, weil sie Institutionen dazu anhalten, Chancengleichheit zu fördern und nicht zu diskriminieren.

Während wir das AGG als gesetzlichen Rahmen anerkennen, fordern wir zugleich, die ‚Personenbezogenen Merkmale', die im AGG als Grundlage für eine Klage in Bezug auf Diskriminierung genannt werden, zu erweitern. Bislang erlaubt das AGG beispielsweise keine Klage aufgrund von Klassismus oder Lookismus. Auch das GM als EU-weite Richtlinie, um Chancengleichheit für Menschen in den Bereichen zu fördern, in denen sie unterrepräsentiert sind, wird üblicherweise nur auf Frauen und Männer sowie Mädchen und Jungen bezogen. Aus der Perspektive von Social Justice und Diversity regen wir hier einen Blick für die Geschlechtervielfalt jenseits des binären, heteronormativen Denkens an und öffnen so das klassische Gender Mainstreaming in Richtung queerer Geschlechtervielfalt. Das hat auch Auswirkungen auf die institutionelle Realisierung von Diversity, die aus unserer Perspektive als Diskriminierungskritisches Diversity zu implementieren wäre.

7 Theoriebezüge im Konzept Social Justice und Diversity

Das folgende Kapitel ist der Betrachtung der theoretischen Grundlagen gewidmet, die für die Entwicklung des Social Justice und Diversity Konzeptes prägend waren und sind. Hierfür werden vorhandene theoretische Konzeptionen vorgestellt und im Hinblick auf ihre Bedeutung für unser Konzept diskutiert. Die einzelnen Theorien verstehen wir dabei als Inspirationsquellen für ein Denken gegen Strukturelle Diskriminierung und bewertende Hierarchisierung von Menschen sowie gesellschaftlichen Gruppen zugunsten des Radical Diversity (siehe Kapitel 2.8). Bestehende Theorien dienen als Ausgangspunkt für die eigene Theoriebildung. Um die für das Social Justice und Diversity Konzept oftmals sehr komplexen theoretischen Hintergründe zu vermitteln, zitieren wir aus den Originaltexten häufiger, als es üblich ist. Im Anschluss an die einzelnen Darstellungen pointieren wir, wovon wir in unserem Konzept inspiriert wurden, was wir übernommen und in welche Richtung wir es weitergedacht haben.

Eine wichtige Grundlage für das Rezipieren und Interpretieren von Theorien bildet für uns die Annahme, dass theoretische Konzeption und politische Praxis in einem wechselseitigen Inspirationszusammenhang stehen. Wir gehen davon aus, dass die von uns besprochenen Theorien nicht aus dem Nichts entstanden sind, sondern im gesellschaftlichen Raum und in Erfahrungen wurzeln. Theoretische Konzepte speisen sich unserer Vorstellung nach aus sozialen und politischen Praxen – gleichermaßen bedürfen diese wiederum theoretischer Konzepte. Von den vielen Beispielen für diesen Zusammenhang ließen sich die Frauenrechts-, die Arbeiter_innen-, die Bürger_innenrechts-, die Antirassismus- oder Behindertenrechtsbewegung nennen. Auch für den Zusammenhang von Theorie und politischer Praxis gilt dabei die Nicht-Hierarchisierung als Prämisse, insofern keine Seite wichtiger ist als die jeweils andere.

Während im Folgenden Denker_innen dargestellt werden, die als Grundlage für das Bildungs- und Trainingskonzept Social Justice und Diversity dienen, werden Theoriebezüge und Quellen für die jeweils spezifischen Module am Ende jeder Modulbeschreibung im vierten Kapitel angegeben. Dabei rekurrieren wir bewusst auch auf exilierte und marginalisierte Perspektiven. Theoretische Konzeptionen werden herangezogen, um eine Auseinandersetzung mit Struktureller Diskriminierung von Menschen zu vertiefen. Wir gehen davon aus, dass jede Person sich auf ihre Weise einer Theorie oder einem Text nähern kann. Diese Beschäftigung ist für uns nicht an ein bestimmtes Vorwissen oder einen bestimmten Bildungsgrad geknüpft, sondern stellt eine Möglichkeit des reflektierenden und dialogischen Zugangs zur Welt dar.

7.1 Social Justice Theorien

In der Geschichte des philosophischen Gerechtigkeitsdiskurses wird mit dem Konzept *Social Justice* ein neues Denken von Gerechtigkeit eingeführt. Entstanden im US-amerikanischen Kontext, kann Social Justice nicht einfach mit ‚Soziale Gerechtigkeit' übersetzt werden. Denn im deutschsprachigen Raum verweist Soziale Gerechtigkeit in erster Linie auf Konzepte, Interventionen und Aktionen im Feld der Sozial- und Arbeitsmarktpolitik und zuweilen auch auf Generationenpolitik, weshalb Soziale Gerechtigkeit für gewöhnlich mit Bildungspolitik, Chancengerechtigkeit und Verteilungsgerechtigkeit assoziiert wird. Der deutsche Begriff würde also nur Teilaspekte des Begriffes Social Justice erfassen, wie wir ihn für das Training zugrunde legen. Auch darum halten wir am englischen Begriff fest.[13]

Zentral für die in Deutschland in den 1980er Jahren wieder aufkommenden Diskussionen um Soziale Gerechtigkeit war die Bezugnahme auf amerikanische Gerechtigkeitstheorien, insbesondere die in den 1970er Jahren verfasste liberale Theorie von John Rawls (1982) sowie die in den 1980er Jahren diskutierten Theorien von Michael Walzer (1992) und Charles Taylor (1929). Während im US-amerikanischen Kontext jedoch schon früh Kritik an den liberalen Gerechtigkeitsmodellen geäußert und auch theoretische Konsequenzen gezogen wurden – feministische Kritiker_innen wie Iris Marion Young (1990), Martha C. Nussbaum (1999), Nancy Fraser (2001) oder Susan Okin (1989) sahen sowohl bei Rawls als auch bei Walzer und Taylor Versäumnisse in der Thematisierung von Macht und Herrschaft auf allen Ebenen der Gesellschaft und deren realen Folgen für das Leben von Menschen –, blieb dieser paradigmatische Wechsel von Sozialer Gerechtigkeit hin zum Social Justice in Deutschland lange Zeit unberücksichtigt. (Siehe dazu Großmaß/Perko 2011)

Die Ende der 1980er Jahre zur Diskussion gestellten Social Justice Theorien zielten alle auf eine kritische Thematisierung von Macht- und Herrschaftsverhältnissen. Bei den jeweiligen Denkerinnen finden sich jedoch unterschiedliche

13 Als Entstehungskontext von Social Justice wird zumeist auf John Stuart Mill und die Tradition des englischen Utilitarismus im 19. Jahrhundert verwiesen, die zwischen ‚distributive justice' und ‚social justice' unterscheidet. Ein wesentliches Merkmal der Philosophie Mills ist eine differenzierte, an Erfahrungen geknüpfte Theorie der Ungerechtigkeit, bei der Mill auch die Frage der Rechte von Frauen und Arbeiter_innen aufgriff. (Mill 1997)

Schwerpunktsetzungen. Wesentlich für das Konzept Social Justice und Diversity sind die Ansätze von Iris Marion Young und Martha C. Nussbaum, auf die wir im Folgenden eingehen.

7.1.1 Iris Marion Young

Iris Marion Young (1949–2006) ist von besonderer Bedeutung für die Entwicklung von Social Justice Theorien. In ihrem 1990 erschienenen Buch *Justice and the Politics of Difference* verortet sie den Begriff Social Justice im Kontext neuer sozialer Bewegungen und grenzt ihn somit von älteren Vorstellungen von Gerechtigkeit (‚justice') ab. Den Ausgangspunkt ihres Buches bildet die Frage:

> „Auf welche Konzeptionen von Social Justice beziehen sich diese neuen sozialen Bewegungen implizit, und wie konfrontieren oder modifizieren sie traditionelle Konzepte von Gerechtigkeit?" (Young 1990: 3; Übers. d. A.)

Während marxistische Gerechtigkeitskonzepte lediglich ökonomische Ungerechtigkeit in den Blick nehmen, setzt Social Justice bei Unterdrückung und Herrschaft auf allen gesellschaftlichen Ebenen und zugunsten der Beseitigung jeder Form von institutioneller und anderer Unterdrückung an (Young 1990).

Nachfolgend werden Youngs Social Justice Theorie sowie ihre analytische Einteilung von Unterdrückungsformen genauer betrachtet. Dabei sei vorab angemerkt, dass in unserem Bildungs- und Trainingskonzept Social Justice und Diversity von Diskriminierung statt von Unterdrückung die Rede ist. Darüber hinaus haben wir Youngs Bezugnahmen auf diskriminierte Gruppen im US-amerikanischen Kontext (u. a. Frauen, Black People, Chicanos, Puerto Ricans) im Hinblick darauf aktualisiert, welche Menschen hierzulande von Struktureller Diskriminierung getroffen sind (siehe Kapitel 8).

Verteilungs- und Anerkennungsgerechtigkeit

Neu an den Social Justice Theorien im Vergleich zu vorhergehenden Gerechtigkeitstheorien ist die Auffassung, dass es bei Social Justice

- um ein *Denken von Gerechtigkeit über Fragen der Verteilung hinaus* geht: „Gerechtigkeit sollte nicht nur die Verteilung betreffen, sondern sich auch auf die für die Entwicklung und Ausübung individueller Fähigkeiten sowie die für die kollektive Kommunikation und Kooperation notwendigen institutionellen Bedingungen beziehen." (Young 1996: 99)

- um die *Vorstellung von Gerechtigkeit* geht, die sich gegen die Bestimmungen von Ungerechtigkeit – „Unterdrückung und Herrschaft“ (Young 1996: 99) – stellt.
- um *Fragen der Macht* im Zusammenhang von „Entscheidungsprozessen, Arbeitsteilung und Kultur“ (Young 1996: 99) geht, darum also, wer an welchen Stellen aus welchen Gründen über Entscheidungs- und Anweisungsmacht verfügt, wie die Arbeit aufgeteilt ist und welche kulturellen Reproduktionsmechanismen dabei eine Rolle spielen.
- um *Fragen der Anerkennung* geht, vor dem Hintergrund, dass machthabende Menschen diese erfahren, während machtlose Menschen sie nicht erfahren. Young führt hierbei folgendes Beispiel an: „Angehörige der höheren Berufsklassen erfahren ihren Aufstieg zuerst in der Aneignung von Sachwissen sowie im Verlauf ihres beruflichen Fortkommens und des Zugewinns an Status. Im Gegensatz dazu ist das Leben eines ungelernten Arbeiters machtlos in dem Sinne, daß es nicht auf eine progressive Entwicklung der Fähigkeiten und der Wege zur Anerkennung hin orientiert ist.“ (Young 1996: 125)

Diese Auffassungen inspirieren dazu, im Konzept Social Justice und Diversity von *Anerkennungs- und Verteilungsgerechtigkeit* zu sprechen, die nicht getrennt voneinander zu denken sind (siehe Kapitel 2.1), und eine spezifische Definition des Begriffes Macht- und Herrschaftsverhältnisse vorzunehmen (siehe Kapitel 2/Einleitung).

Iris Marion Young definiert Social Justice als Gegenteil von Unterdrückung (im engl. ‚oppression‘). In ihrer Analyse der *Fünf Formen von Unterdrückung* (siehe weiter unten), die wir im Social Justice und Diversity als Charakteristika von Struktureller Diskriminierung aufgreifen, ist der Begriff der Macht zentral. Ihn beschreibt Young im Kontext von Machtlosigkeit:

> „So partizipieren die meisten Menschen in dieser Gesellschaft nicht regelmäßig an Entscheidungen, die die Bedingungen ihres Lebens oder ihrer Handlungen betreffen, und in diesem Sinne haben viele Menschen keine entscheidende Macht.“ (Young 1996: 124)

Umgekehrt verweist dies auf eine Definition von Macht, über die bestimmte Individuen im Hinblick auf Partizipation und Teilhabe an Entscheidungen verfügen, und die sich in Herrschaft verfestigen kann (als institutionelle Macht auf der Grundlage von Gesetzen und politischen Systemen und Ordnungen). Die Formen von Unterdrückung sind eingebettet in Herrschaftsverhältnisse, die nur durch eine Veränderung ihrer Reproduktionsweisen sowie der damit verbundenen Stereotype beseitigt werden können. Social Justice richtet sich gegen diese Macht- und Herrschaftsverhältnisse und wird von Young folgenderweise bestimmt:

> „Ich habe Gerechtigkeit [Social Justice; Anm. d. A.] definiert als das Vorhandensein von institutionellen Voraussetzungen, die es allen ermöglichen, befriedigende Fähigkeiten in sozial anerkannten Umfeldern zu erlernen und auszuüben, an Entscheidungsprozessen beteiligt zu sein und ihre Gefühle, Erfahrungen und Perspektiven, die sie auf das gesellschaftliche Leben und mit ihm haben, in Kontexten artikulieren zu können, wo andere ihnen zuhören können." (Young 1990: 91; Übers. Heike Weinbach in Czollek/Perko/Weinbach 2012: 22)

Der Begriff der Gerechtigkeit umfasst für Young das gesamte Feld, den der Begriff des Politischen absteckt, also alle öffentlichen, institutionellen Bereiche, alle Entscheidungsebenen im öffentlichen Handeln, alle sozialen Praktiken und Verhaltensweisen. Politik in diesem Sinne bezieht sich also auf Staat und Regierung, kann aber ebenso auf jede andere Art von Institution bezogen werden. Entsprechend fokussiert Youngs Gerechtigkeitskonzept den öffentlichen Raum, die Herstellung demokratischer Partizipations-, Artikulations- und Anerkennungspraxen. (Young 1990)

Gerechtigkeit im Sinne Youngs bedeutet die Aufforderung, sich sämtliche Praxen von Unterdrückung bewusst zu machen und sie nicht im Privaten verschwinden zu lassen, sondern sie im öffentlichen Raum zu thematisieren und zu analysieren, d. h. sie unentwegt zu politisieren. Als Ziel einer Politik der Differenz und der Differenzierung von Unterdrückung aufgrund von Gruppenzugehörigkeiten formuliert Young eine gesellschaftliche Vision, in der Differenz keinen Unterschied mehr macht bezüglich der Teilhabe an gesellschaftlichen Bereichen, der Partizipationsmöglichkeit und der Anerkennung sowie Lebbarkeit einer Vielfalt von Lebensformen. So operiert Social Justice zwar noch mit der Anerkennung von Differenz, zielt aber auf die Anerkennung des Individuums in seiner Einzigartigkeit ab. Eine Politik im Sinne des Social Justice muss dem einzelnen Subjekt als Individuum gerecht werden und es mit seinen spezifischen Erfahrungen, Bedürfnissen, Zielen, Wünschen etc. in den Mittelpunkt rücken.

Fünf Formen der Unterdrückung

Youngs Überlegungen zu einer Theorie des Social Justice setzen bei der Geschichte Sozialer Bewegungen in den USA an. Die dabei thematisierten Erfahrungen von Gewalt und gesellschaftlichem Ausschluss dienen ihr als Grundlage für eine Systematisierung unterschiedlicher Unterdrückungsformen. Unterdrückung versteht Young als Begriff, der „[...] auf ein strukturelles Phänomen verweist, das eine Gruppe bewegungsunfähig macht oder sie erniedrigt" (Young

1996: 104). Die *fünf Formen der Unterdrückung* benennt Young folgendermaßen:

- *Ausbeutung:* „Die Ungerechtigkeit der Ausbeutung offenbart sich in jenen sozialen Prozessen, die eine Energieübertragung von einer Gruppe auf eine andere bewirken und somit ungleiche Verteilung zur Folge haben und in der Art, in der gesellschaftliche Institutionen es einigen wenigen ermöglichen, Reichtum anzuhäufen, während sie viele andere unter Zwang halten." (Young 1996: 118) Mit Ausbeutung ist also gemeint, dass bestimmte Gruppen durch ihre Arbeit dazu beitragen, dass andere Gruppen Reichtum anhäufen und ein gutes Leben führen können, während die marginalisierten Gruppen von Armut bedroht sind oder prekär leben, ihre Arbeit verlieren oder keine finden.
- *Marginalisierung:* „Marginalisierung ist vielleicht die gefährlichste Form der Unterdrückung. Eine ganze Kategorie von Personen ist von der [...] Partizipation am sozialen Leben ausgeschlossen und somit potentiell gravierender materieller Depravation oder sogar der Vernichtung ausgesetzt." (Young 1996: 119) Marginalisierung beschreibt demnach die Situation jener Personengruppen, die aufgrund bestimmter Gruppenzugehörigkeiten keine Arbeit finden oder annehmen können, die als Abhängige der Sozialsysteme institutionelle Zwänge und Kontrollen erdulden müssen und/oder durch den Mangel an verfügbaren Mitteln von gesellschaftlichen Strukturen, Institutionen und Aktivitäten ausgeschlossen oder gar in ihrem Leben bedroht sind.
- *Machtlosigkeit:* „Machtlos sind diejenigen [...], über die bestimmte Macht ausgeübt wird und die nie selbst Macht ausüben. Die Machtlosen sind so situiert, daß sie stets Anordnungen befolgen müssen und selten selber berechtigt sind, Anordnungen zu verfügen. Der Begriff ‚Machtlosigkeit' bezeichnet auch eine Position im Rahmen der Arbeitsteilung und der damit einhergehenden gesellschaftlichen Stellung, und zwar eine, die den betreffenden Personen wenig Möglichkeit läßt, ihre Fähigkeiten zu entwickeln und auszuüben." (Young 1996: 124) Überall dort also, wo Menschen aufgrund ihrer Position, zum Beispiel im beruflichen Feld, Macht über andere ausüben, indem sie ihnen Aufträge erteilen, sie ein- oder ausschließen können etc., entsteht Machtlosigkeit aufseiten derer, die nicht über die entsprechenden institutionellen Positionen verfügen.
- *Kulturimperialismus:* „Unter Kulturimperialismus zu leiden, heißt zu erfahren, wie durch die in einer Gesellschaft herrschenden Werte die besondere Perspektive der eigenen Gruppe unsichtbar gemacht und wie zugleich die eigene Gruppe stereotypisiert und als das Andere gekennzeichnet wird. Kulturimperialismus bedeutet, daß die Erfahrungen und die Kultur der herrschenden Gruppe universalisiert und zur Norm gemacht werden." (Young 1996: 127) Unter Kulturimperialismus versteht Young also eine Situation

und einen Prozess, bei dem die Werte, Normen und Vorstellungen einer dominierenden Gruppe über die Werte, Normen und Vorstellungen einer anderen Gruppe gestellt und als einzig richtige gesehen werden.

- *Gewalt:* „Was Gewalt zu einer Form der Unterdrückung macht, sind weniger die einzelnen Handlungen selbst, obwohl diese meist furchtbar sind; vielmehr ist es der soziale Kontext, der diese Handlungen umgibt, sie ermöglicht und mitunter sogar akzeptabel erscheinen läßt. Was Gewalt zu einem Phänomen sozialer Ungerechtigkeit macht und nicht nur zu einer bloß individuellen, moralisch falschen Handlung, ist der systemische Charakter, die Existenz von Gewalt als Form sozialer Praxis." (Young 1996: 131) Als soziale Praxis ist Gewalt nach Young dann systemisch, wenn sie sich gegen Menschen richtet, weil sie einer bestimmten Gruppe angehören, die die Gewalt immer zu befürchten hat (z. B. Frauen fürchten sich nicht grundlos vor möglichen Vergewaltigungen). Gewalt ist institutionalisiert, insofern „[...] Institutionen und soziale Praktiken Gewalttaten gegen Mitglieder bestimmter Gruppen ermutigen, tolerieren oder ermöglichen" (Young 1996: 133).

Young kommentiert die Formen von Unterdrückung im Hinblick auf Social Justice:

> „Jede dieser Formen kann distributive (verteilende; Anm. d. A.) Ungerechtigkeit nach sich ziehen, aber alle betreffen Anliegen der Gerechtigkeit, die über reine Verteilungsfragen hinausgehen." (Young 1996: 101)

Unterdrückung bezieht sich auf soziale Gruppenzugehörigkeiten, trifft aber immer auch einzelne Menschen. Deshalb lässt sich Youngs Analyse auch dahingehend verstehen, dass die Herstellung von Gerechtigkeit letztlich auch mit der Auflösung normativer Gruppenidentitäten zusammenfällt. Im Konzept Social Justice und Diversity erweitern wir die fünf Formen der Unterdrückung um den Begriff der *Exklusion*, verstanden als nachhaltigen Ausschluss einzelner Menschen oder sozialer Gruppen von gesellschaftlichen Ressourcen und aus gesellschaftlichen Bereichen.

Unterdrückung, der bestimmte Menschen ausgesetzt sind, versteht Young als strukturellen Begriff: sie geschieht nicht nur in Diktaturen, sondern auch durch die institutionellen und kulturellen Praxen demokratisch verfasster Gesellschaften (Young 1996). Die fünf Formen der Unterdrückung sind dabei nicht strikt voneinander trennbar, sondern überschneiden sich in vielen Fällen und verstärken sich gegenseitig. Der Strukturbegriff illustriert, dass Young nicht mehr von einem Modell der Unterdrückten einerseits und Unterdrückenden andererseits ausgeht, sondern die institutionelle Verankerung betont. Das verdeutlicht, dass es nicht nur um ein individuelles Gefühl im Erleben von Unterdrückung geht, sondern um gesellschaftliche Verankerungen bestimmter Praxen. So können die Eigenarten und jeweiligen Ähnlichkeiten der Unterdrückungsformen analysiert werden. Dabei liegen Young zufolge Ursachen von Unterdrückung in unhinterfragten Normen, Gewohnheiten, Verhaltensweisen, kulturellen Codes und Symbolen, Regeln und Annahmen. Sie ist umso hartnäckiger, als es sich nicht um eine identifizierbare Menge weniger Menschen handelt, die in einem bewussten Akt bestimmte Menschen marginalisieren, ausbeuten oder mit Gewalt etc. konfrontieren.

7.1.2 Martha C. Nussbaum

Martha C. Nussbaum (geb. 1947) entwickelt einen universalen Gerechtigkeitsansatz, mit dem sie nach den Grundbedürfnissen aller Menschen und den Mechanismen ihrer Verweigerung fragt. Im Zuge dessen beschreibt sie Grundfähigkeiten (*Capabilities*), die in Menschen potentiell angelegt sind und auf deren Ausbildung und Ausübung sie einen Anspruch haben. Nussbaums Bestimmung des Wohlergehens von Menschen fokussiert dabei die staatliche und institutionelle Förderung zugunsten eines gelungenen, guten Lebens. Neben Armartya Sen (2010) gilt Nussbaum als eine wichtige Vertreterin des *Capability-Ansatzes*, den wir in unserem Konzept als *Befähigungs- und Verwirklichungsansatz* übersetzen. Insofern ihr Ansatz eine inhaltliche Bestimmung von Gerechtigkeit im Sinne von Social Justice bedeutet, verstehen wir den Capability-Ansatz als Erweiterung der Verteilungs- und Anerkennungsgerechtigkeit im Kontext von Social Justice und Diversity.

Der Begriff Capability rekurriert auf den Begriff *dynamis* (Kraft, Potential), der auf Aristoteles zurückgeht. Während *dynamis* auf Deutsch eigentlich mit dem Begriff ‚Vermögen' übersetzt wird, hat sich in der Auseinandersetzung mit Nussbaum die Bezeichnung des ‚Befähigungs- und Verwirklichungsansatzes' etabliert. Nussbaum schlägt eine Liste von zehn Capabilities (wir verwenden die Bezeichnung Befähigungen/Vermögen) vor, die für ein Menschsein im Sinne der Verwirklichung von Gerechtigkeit wesentlich sind. Diese zehn Capabilities stellen keine unveränderliche Liste dar. Im Gegenteil betont Nussbaum selbst, dass die Liste interkulturell und global veränderbar und erweiterbar bleibt – wobei das Ziel eine Einigung über alle politischen, religiösen und geographischen Grenzen hinweg ist.

Nussbaum zufolge bedarf es der Möglichkeit zur Ausbildung und Verwirklichung folgender Capabilites, die hier nur skizzenhaft dargestellt werden (Nussbaum 2010: 112–144):

- *Leben:* die Befähigung/das Vermögen, ein erfülltes und gutes Leben bis zum Ende zu führen und nicht vorzeitig zu sterben.

- *Körperliche Gesundheit:* die Befähigung/das Vermögen, sich guter Gesundheit zu erfreuen, sich ausreichend zu ernähren, eine angemessene Unterkunft zu haben.
- *Körperliche Integrität:* die Befähigung/das Vermögen, sich frei an einen anderen Ort zu bewegen, sich sexuell ausleben zu können, sich in Fragen der Reproduktion frei entscheiden zu können.
- *Sinne, Vorstellungskraft und Denken:* die Befähigung/das Vermögen, seine fünf Sinne zu benutzen, sich etwas vorzustellen, zu denken und zu urteilen. Die Entwicklung dieser Befähigung/dieses Vermögens erfordert die Bereitstellung beispielsweise von Bildungsmöglichkeiten sowie die gesetzliche Garantie für politische und künstlerische Meinungsfreiheit.
- *Gefühle*: die Befähigung/das Vermögen, Bindungen mit anderen Dingen und Menschen aufzubauen, zu lieben, zu trauern, Zorn, Sehnsucht etc. zu fühlen und nicht an der eigenen emotionalen Entwicklung gehindert zu werden.
- *Praktische Vernunft:* die Befähigung/das Vermögen, sich eine Vorstellung vom Guten zu machen und kritische Überlegungen zur eigenen Lebensplanung anzustellen. Dies schließt die Gewissens- und Religionsfreiheit ein.
- *Zugehörigkeit:* die Befähigung/das Vermögen, mit anderen und für andere zu leben, sie zu verstehen, andere Menschen anzuerkennen, sich in die Lage eines anderen hineinversetzen zu können. Hierzu gehört, über Grundlagen der Selbstachtung zu verfügen, mit Würde behandelt zu werden und Maßnahmen gegen Diskriminierung zu erfahren.
- *Andere Spezies:* die Befähigung/das Vermögen zur Anteilnahme am Leben von Tieren, Pflanzen und der Natur und sorgsam mit ihnen umzugehen.
- *Spiel:* die Befähigung/das Vermögen, zu lachen, zu spielen und sich an erholsamen Tätigkeiten zu erfreuen.
- *Kontrolle über die eigene Umwelt:* Politisch gehören dazu die Befähigung/das Vermögen, wirksam an politischen Entscheidungen teilzunehmen, das Recht auf Partizipation, der Schutz der freien Rede. Inhaltlich gehören dazu die Befähigung/das Vermögen, Eigentum zu besitzen, einer Beschäftigung, einer Arbeit nachzugehen, aber auch geschützt zu sein beispielsweise vor Durchsuchungen und Festnahmen.

In Bezug auf diese zehn Befähigungen/Vermögen unterscheidet Nussbaum zwischen *internen* und *externen Capabilities*: Interne Capabilities bestimmen das Ausmaß an Befähigungen/Vermögen, über die Menschen potentiell verfügen, während externe Capabilities das Ausmaß betreffen, in dem Befähigungen/Vermögen unter Berücksichtigung der gesellschaftlichen Umstände ausgeübt werden können (Nussbaum 1988). Die Verbindung von internen und externen Capabilities unterstreicht, dass Subjekte immer schon in einem gesellschaftlichen Zusammenhang stehen. So hebt Nussbaum hervor, dass Menschen zwar über die Anlagen (Dispositionen) der Befähigungen/Vermögen verfügen, es aber die gesellschaftlichen Kontexte sind, die es ermöglichen, sie ausbilden und ausüben zu können. Erst die Möglichkeit, Capabilities auszubilden und zu realisieren, kann zu einem guten Leben führen. Folglich gilt für Nussbaum eine Gesellschaft erst dann als gerecht, „[…] wenn sie gewährleistet, dass Menschen die Grundfähigkeiten ausbilden können" (Nussbaum 2010: 112 f.).

Nussbaum rückt damit die Befähigung/das Vermögen zur Verwirklichung von Capabilities in das Zentrum der Auseinandersetzung. Das hat konkrete politische Konsequenzen, insofern soziale und politische Institutionen sich demgemäß verändern müssten. Im Sinne einer proportionalen Gerechtigkeit fordert Nussbaum, die Capabilities als Mindeststandards in einer Gesellschaft sicherzustellen und damit für jene Menschen ein höheres Maß an Fürsorge bereitzustellen, die mehr Unterstützung in der Ausbildung und Verwirklichung der Capabilities benötigen (Nussbaum 2006). Sie verlangt darüber hinaus,

> „[…] dass die gesamte Struktur des Gemeinwesens im Hinblick auf diese Fähigkeiten und Tätigkeiten entworfen wird. […] [D]ie Verteilung des Grund und Bodens, die Eigentumsformen, die Gestaltung der Arbeitsverhältnisse, die institutionelle Förderung der Familie und der sozialen Beziehungen, der Umweltschutz und die Freizeit- und Erholungseinrichtungen – all dies sowie die konkreteren Programme und Maßnahmen in diesen Bereichen werden im Hinblick auf ein gutes menschliches Leben gewählt" (Nussbaum 1999: 66).

Damit stellt der Capability-Ansatz auch konkrete politisch-ökonomische Strukturen in Frage, wie sie auch im Konzept Social Justice und Diversity relevant sind, wie den gegenwärtigen Kapitalismus, insofern er beispielsweise Armut und Wohnungsnot erzeugt, die eine Verwirklichung von Capabilities einschränken. Auch das Recht auf Partizipation, Teilhabe an politischen Entscheidungen, Bildung u.v.m. ist so lange nicht eingelöst, wie bestimmte Menschen nicht daran teilhaben können. Der Blick, den Nussbaum auf die Rolle richtet, die der (Partei-)Politik, dem Staat und seinen Institutionen sowie dem Gemeinwesen bei der Ermöglichung der Realisierung menschlicher Bedürfnisse zukommt, ist für ein Verständnis von Struktureller Diskriminierung im Konzept Social Justice und Diversity wesentlich. Dabei ist zentral, dass die individuelle Inanspruchnahme der bereitgestellten Möglichkeiten nicht verpflichtend ist; vielmehr obliegt es jeder Person selbst, ob sie beispielsweise zur Verfügung gestellte Bildungsangebote nutzen oder am politischen Leben partizipieren möchte.

Dass Nussbaum nicht nur national verfasste Gesellschaften, sondern auch die internationalen Beziehungen im Blick hat, unterstreicht sie folgenderweise:

„Viele der drängendsten Probleme von Verteilung und Gerechtigkeit, vor denen Menschen stehen, die in Nationalstaaten leben, sind heute auch internationale Probleme, für deren effektive Lösung es einer weltweiten Kommunikation und gemeinsamer Anstrengungen bedarf. [...] Wenn wir als Gattung und Planet überleben wollen, müssen wir weltweit über Wohlbefinden und Gerechtigkeit nachdenken." (Nussbaum 1999: 31)

7.1.3 Auf einen Blick: Relevanz für das Konzept Social Justice und Diversity

Iris Marion Youngs Social Justice Theorie bildet eine wichtige Grundlage für das Konzept Social Justice und Diversity. Bei der Übertragung in den Kontext der Bundesrepublik verwenden wir den Begriff der ‚Diskriminierung' anstelle des von Young verwendeten Begriffes der ‚Unterdrückung'. Damit wollen wir unterstreichen, dass Diskriminierungsformen nicht von oben nach unten ‚verordnet' werden, sondern dass es sich um individuelle, institutionelle und kulturelle Praxen handelt, die gemeinsam Formen der Strukturellen Diskriminierung erzeugen. Gleichwohl stellen Youngs ‚fünf Formen von Unterdrückung' einen analytischen Bezugsrahmen für die Bestimmung von Diskriminierung bereit: Wir ziehen sie als Charakteristika der Diskriminierungsformen heran, was zugleich verdeutlicht, dass Diskriminierung kein beliebiger Begriff ist (nicht jede Verletzung ist Diskriminierung). Im Rahmen des Social Justice und Diversity Konzeptes inspiriert Youngs Perspektive dazu, Diskriminierung als Strukturelle Diskriminierung im Kontext von Macht- und Herrschaftsverhältnissen und Prozessen des Othering zu begreifen.

Für das Konzept Social Justice und Diversity beziehen wir uns ferner auf den von Martha C. Nussbaum entwickelten Capability-Ansatz, insofern darin ein Perspektivenwechsel von der individuellen zur gesellschaftlichen und institutionellen Verantwortung vollzogen wird, die Verwirklichungsbedingungen menschlicher Befähigungen/Vermögen bereitzustellen. Zentral ist ferner, dass Nussbaum keinen defizitären oder ressourcenorientierten Blick auf Menschen und die Arbeit mit Menschen richtet, sondern das individuelle Recht unterstreicht, Rechte zu haben. Für eine Umsetzung dieser Perspektive bedarf es einer Veränderung gesellschaftlicher Bedingungen, die über das Zur-Verfügung-Stellen von Ressourcen hinausgeht. Diesen Perspektivenwechsel greifen wir auf, insofern wir davon ausgehen, dass die Abschaffung von Struktureller Diskriminierung immer auch mit strukturellen und systemischen Veränderungen einhergehen muss. Wir rekurrieren außerdem auf Nussbaum, wenn wir annehmen, dass die Forderung nach Gerechtigkeit nicht den Zwang einschließt, dass Menschen die bereitgestellten Angebote auch nutzen müssen.

7.2 Pluralitäts- und Handlungstheorien

In den Philosophien von Hannah Arendt (1906–1975) und Cornelius Castoriadis (1922–1997) finden sich wesentliche Anknüpfungspunkte für das Konzept Social Justice und Diversity, wobei ihre Totalitarismuskritik den zentralen theoretischen Bezugspunkt bildet. Die Theorien von Arendt und Castoriadis sind sehr unterschiedlich; dennoch können sie beide als Denker_innen der Pluralität gelesen werden, denen es in jeweils unterschiedlicher Weise darum ging, die Gefahren totalitären Denkens zu analysieren und Gegenstrategien sowie Alternativen aufzuzeigen. Die folgende Darstellung konzentriert sich auf jene Inhalte des Arendt'schen und Castoriadis'schen Denkens, die für unser Konzept von Social Justice und Diversity von Bedeutung sind.

7.2.1 Hannah Arendt

Hannah Arendts Fokus auf den Zusammenhang von Pluralität und Anerkennung mit gesellschaftlichen Fragen stellt sie in eine Reihe mit anderen Denker_innen der Anerkennung und des Dialogischen. Sie betont, dass die Anerkennung des Anderen bereits in dem Moment stattfindet, in dem Menschen in ihrer Pluralität wahrgenommen werden (Arendt 2003). Damit ist ein Kern der Arendt'schen Philosophie berührt: die Pluralität von Menschen in ihrer Gleichheit und Verschiedenheit als „absolutes Unterschiedensein" voneinander (Arendt 1967: 48). Das Faktum der Pluralität bedeutet die „Tatsache, daß nicht ein Mensch, sondern viele Menschen auf der Erde leben und die Welt bevölkern" (Arendt 1967: 14).[14]

Perspektivenwechsel und dialogisches Prinzip

Arendts Theorie der Perspektivenvielfalt, in der Denken als ein ‚Denken ohne Geländer' beschrieben wird, verweist auf das dialogische Denken und auf das dialogische Prinzip. Social Justice und Diversity greift darauf mit der Intention zurück, die je eigenen Perspektiven zu erweitern, wobei nicht davon ausgegangen wird, dass es möglich ist, alle Perspektiven anderer Menschen einzunehmen. Vielmehr geht es darum, Themen aus mehreren Sichtweisen zu reflektieren, also nicht nur bei der je eigenen Sichtweise zu verharren, um sich eine Meinung oder ein Urteil zu bilden. Das beschreibt Arendt folgenderweise:

14 Eine ausführliche Bearbeitung zu Arendts Denken findet sich in Perko 1993a; 2003.

> „Eine Meinung bilde ich mir, indem ich eine bestimmte Sache von verschiedenen Gesichtspunkten aus betrachte, indem ich mir die Standpunkte der Abwesenden vergegenwärtige und sie so mit repräsentiere. [...] Es handelt sich hier weder um Einfühlung noch darum, [...] irgendeine Majorität zu ermitteln und sich ihr dann anzuschließen. Vielmehr gilt es, [...] ohne die eigene Identität aufzugeben, einen Standort in der Welt einzunehmen, der nicht der meinige ist [...]. Je mehr solcher Standorte ich in meinen Überlegungen in Rechnung stellen kann, und je besser ich mir vorstellen kann, was ich denken und fühlen würde, wenn ich an der Stelle derer wäre, die dort stehen, desto besser ausgebildet ist dieses Vermögen der Einsicht [...] und desto qualifizierter wird schließlich das Ergebnis meiner Überlegungen, meine Meinung, sein." (Arendt 1985: 137)

Wir können nicht denken, fühlen und wahrnehmen, wie andere Menschen denken, fühlen und wahrnehmen. Aber das Einnehmen verschiedener Sichtweisen, das Sich-Hineinversetzen und das Heranholen anderer Perspektiven können das eigene Urteil zu einem nicht mehr ausschließlich subjektiven Urteil machen. Seine Bedeutung wird folgenderweise pointiert: „Das Urteilen ist eine bedeutende, wenn nicht die bedeutendste Tätigkeit, bei der dieses Die-Welt-mit-anderen-Teilen stattfindet." (Beiner 1985 in Arendt 1985: 134) So verstanden zielt das dialogische Denken im Sinne Arendts nicht darauf, sich in die Position der Anderen ‚authentisch' einzufühlen. Vielmehr geht es darum, „vom Gesichtspunkt eines anderen Menschen aus sich etwas vorzustellen" (Arendt 1986: 78)[15] und dadurch den nur je eigenen Standpunkt zu erweitern. Damit wird auch der Verschiedenheit als absolutes Unterschiedensein *und* der Gleichheit von Menschen affirmativ Rechnung getragen. Gegen das monologische Prinzip der Einheit und Gewissheit ist diese Haltung und Herangehensweise im Konzept Social Justice und Diversity zentral, denn sie drückt das Interesse an den Anderen aus, die nicht so sind, wie Ich bin. Ferner geht es um das Aufgeben rein privater Interessen – das Aufgeben des Egozentrismus. Meinungen, feststehende Standpunkte, vermeintliche Gewissheiten können so ebenso hinterfragt werden wie vermeintliche Wahrheiten, wie sie sich im Zusammenhang mit Struktureller Diskriminierung (z. B. in Bezug auf Stereotype) finden.

---

15 Arendt entwickelt ihre Konzeption der Perspektivenvielfalt vor dem Hintergrund ihrer Analyse des Nationalsozialismus mit seiner „erschreckenden Banalität des Bösen [...], vor der das Wort versagt und an der das Denken scheitert" (Arendt 1986: 300). Damit betont Arendt, dass Eichmann und die meisten Nationalsozialist_innen weder pervers noch sadistisch, vielmehr unbegreiflich normal waren. Arendt führt die ‚Banalität des Bösen' nicht zuletzt auf einen Mangel an Einbildungskraft zurück: Mangel als Unfähigkeit, sich in die Lage der Opfer zu versetzen (Arendt 1986).

Dialog anstelle des Monologes

Arendt hebt die politische Relevanz des Dialoges in Anlehnung an Aristoteles hinsichtlich der politischen (und nicht intim-persönlichen) Bedeutung der Freundschaft hervor: „Im Gespräch manifestiert sich die politische Bedeutung der Freundschaft.“ (Arendt 1989a: 35) In dieser *politischen Freundschaft*, wie wir es nennen, gilt das Gespräch, „so sehr es von der Freude an der Anwesenheit des Freundes durchdrungen sein mag, der gemeinsamen Welt [...]“ (Arendt 1989a: 35). Der Dialog wird zu einem politischen Instrument, in dem Sprechen schließlich die Bedeutung des Vermenschlichens zukommt:

> „Diese Menschlichkeit, die sich in den Gesprächen der Freundschaft verwirklicht, nannten die Griechen ‚philanthropia‘, eine ‚Liebe zu den Menschen‘, die sich daran erweist, dass man bereit ist, die Welt mit ihnen zu teilen.“ (Arendt 1989a: 35)

Der Dialog, der hier im Zeichen des Interesses an Anderen und an der Welt steht, wendet sich sowohl von der vermeintlichen Wahrheit ab als auch von der Überzeugung, jeweils Recht zu haben. Arendt pointiert zudem,

> „[...] dass es die eine Wahrheit innerhalb der Menschenwelt nicht geben kann, sondern die Freude, dass es sie nicht gibt und das unendliche Gespräch zwischen Menschen nie aufhören werde, solange es Menschen überhaupt gibt“ (Arendt 1989a: 38).

Diese Vorstellung vom Dialog ist zentral für das Social Justice und Diversity Konzept, welches davon ausgeht, dass es im gemeinsamen Gespräch nicht um die Suche nach der einzig richtigen und allein gültigen Perspektive oder den Konsens als kleinstem gemeinsamen Nenner geht, sondern um die Perspektivenvielfalt und das Interesse an anderen Menschen.

Handeln im öffentlich-politischen Raum: Natalität, Pluralität, Macht

Handeln versteht Arendt immer als politische Tätigkeit, die der Pluralität bedarf. In Bezug auf sie sind „[...] Menschen zwar alle dasselbe, nämlich Menschen, aber dies auf merkwürdige Art und Weise, daß keiner dieser Menschen je einem anderen gleicht, der einmal gelebt hat oder lebt oder leben wird“ (Arendt 1967: 15). Die oben erwähnte Gleichheit *und* Verschiedenheit spezifiziert Arendt dahingehend, dass es ohne Gleichheit zwischen Menschen keine Verständigung, kein Planen für die Welt gäbe und ohne Verschiedenheit es weder der Sprache noch des Handelns für eine Verständigung bedürfte. In diesem Sinne entwirft Arendt Subjekte nicht als homogene, sondern als plurale, deren jeweilige Einzigartigkeit in der Handlung sichtbar wird: Hier mögen Menschen zwar als handelndes Kollektiv auftreten, bilden aber keine Einheit, sondern einen Zusammenschluss Einzelner. Ihre vordergründige Verbindung liegt darin, sich zu einem bestimmten Zeitpunkt und mit je spezifischen Interessen, Vorstellungen, Intentionen etc. dazu entschlossen zu haben, gemeinsam zu handeln. Für Arendt haben Handeln und etwas Neues anzufangen dieselbe Wurzel: *archein.* Damit identifiziert Arendt die *Natalität* als ontologische Voraussetzung des Handelns und als Voraussetzung, Veränderungen zu bewirken und Neues verwirklichen zu können:

> „Der Neubeginn, der mit jeder Geburt in die Welt kommt, kann sich in der Welt nur darum zur Geltung bringen, weil dem Neuankömmling die Fähigkeit zukommt, selbst einen neuen Anfang zu machen, d. h. zu handeln. Im Sinne von initiative – ein initium setzen [...]." (Arendt 1967: 15)

Der Ort des gemeinsamen Handelns hin zur Veränderung (z. B. totalitärer Strukturen) ist für Arendt der öffentliche Raum, der dort entsteht, wo Menschen „handelnd und sprechend miteinander umgehen" (Arendt 1976: 193), und an dem alle teilnehmen können. Dieser Raum erzeugt ein gegenseitiges Verstehen, in dem Arendt eine Alternative zur homogenen Gemeinschaft erkennt:

> „Ein Verstehen, das nur in der Begegnung von Verschiedenen stattfinden kann, keine sinnstiftende Gemeinschaft, die nur das Einverständnis kennt, ist der gemeinsame Ort – jene Heimat, die nur öffentlich zu haben ist." (Arendt 1989b: 185)

Das gemeinsame Interesse gilt der Welt als „Zwischenraum, in dem sich Menschen bewegen", die „verschwindet, wenn sie nur noch unter einem Aspekt gesehen wird; sie existiert überhaupt nur in der Vielfalt ihrer Perspektiven" (Arendt 1967: 173). So muss jener Raum, der als öffentlich-politischer zu bezeichnen ist, immer wieder neu konstituiert werden und muss sich die Offenheit für andere Meinungen und eine Vielfalt von Denkweisen erhalten. Dafür ist das Aufgeben der Vorstellung entscheidend, es gäbe eine Wahrheit und ‚Ich' hätte als Einzige_r recht; denn der unverrückbare Anspruch auf die Wahrheit verhindert jegliche Diskussion.

Im Handeln schließen sich die Menschen zeitlich und örtlich zusammen und wirken im Sinne der Handlungsmacht. Was aus Handlungen wird, kann dabei nicht vorausgesagt werden. Hier setzen wir im Social Justice und Diversity Training in erster Linie mit dem Konzept des Verbündet-Seins und der Bündnisse als Möglichkeit von Handlungsmacht an. Handeln ist bei Arendt immer gebunden an die Perspektivenvielfalt und das Interesse an den Anderen. Ihre Werke unterstreichen, dass sich der Handlungsbegriff immer *gegen* totalitäre

Strukturen und monologische (oder ideologische) Prinzipien *zugunsten* des Gemeinwesens richtet; auch das ist für unser Konzept zentral. So ist Handeln im Arendt'schen Sinne nicht vergleichbar und/oder vereinbar mit Aufmärschen im Kontext völkischer und nationalistischer Intentionen – auch wenn sich hier Menschen versammeln.

7.2.2 Cornelius Castoriadis

Cornelius Castoriadis' Theorie unterstreicht das Imaginäre und die radikale Imagination als die zentralen Momente, die in einer Gesellschaft Bedeutungen schaffen. Er betrachtet sie als seinskonstitutiv. Das Imaginäre und die Imagination sind einerseits gesellschaftlich-geschichtlich bestimmt, andererseits bilden sie die Grundlage für die Gestaltung von etwas Neuem, das sich nicht allein aus bereits Bestehendem ergibt. Den Begriff des *gesellschaftlich-geschichtlich Imaginären* verwendet Castoriadis als Bezeichnung für die Gesamtheit gesellschaftlicher Bedeutungen. Er betont damit die Möglichkeit von Veränderung und Neugestaltung durch Menschen – auch in ihrem Handeln. So kann Castoriadis als der Philosoph des Imaginären und der radikalen Veränderung gelesen werden, der sich mit seinem Entwurf zur *autonomen Gesellschaft* gegen totalitäres Denken und totalitäre Strukturen wendet. (Castoriadis 1984)[16]

Handeln im öffentlich-politischen Raum: Imagination und Veränderung

Nach Castoriadis zielt Handeln auf die Verwirklichung gesellschaftlicher Autonomie als konkrete Utopie, die er als eine kollektive Politik der Freiheit beschreibt. Wie Arendt unterstreicht er in kritischer Anlehnung an die griechische Antike die Bedeutung des gemeinsam geteilten öffentlichen Raumes, wobei „die Entscheidungen, welche die gemeinsamen Angelegenheiten berühren, von der Gemeinschaft wahrgenommen werden" müssen (Castoriadis 1990: 314). In diesem Raum spielt sich Handeln ab. Zentraler Ausgangspunkt dafür ist eine kritische Reflexion etablierter Setzungen, Werte und Bedeutungen, welche die Voraussetzung für die Eröffnung neuer Denkräume und Handlungsmöglichkeiten ist.

Für Castoriadis ist Handeln eine Praxis, die auf Autonomie abzielt. Grundlage dieser Praxis ist der Entwurf, dessen Gegensatz der Plan als eine an einer Zweck-Mittel-Logik ausgerichtete technische Tätigkeit ist. Ein Entwurf beruht auf einer Änderungsabsicht, ist also von einer Vorstellung dieser Veränderung begleitet und zielt zugleich auf ihre Verwirklichung. Castoriadis zufolge kann es

16 Eine ausführliche Bearbeitung zur Theorie von Castoriadis findet sich in Perko 1993b; 2003.

jedoch keine vollständige Theorie des Handelns geben: Zwar können wir nicht handeln, ohne uns vorzustellen, was wir damit bezwecken wollen, aber wir können auch nicht handeln, wenn unsere Vorstellungen und Ziele von vornherein fixiert sind. Wären Ziele vorbestimmt, so würde sich jedes Handeln erübrigen. Gegenstand des Handelns als Praxis ist also das Neue (*Novum*), das eintreten kann, wenn Bestehendes (wie Normen, Gesetze, Institutionen, Bedeutungen) verändert und neugestaltet wird. Dabei geht es Castoriadis immer um menschliche Gestaltung und Selbstinstituierung, also um die

> „[...] Erschaffung der menschlichen Welt: von ‚Dingen', von ‚Wirklichkeit', von Sprache, Normen und Werten, von Formen des Lebens und des Todes, von Gegenständen, für die wir leben, und von anderen, für die wir sterben [...]" (Castoriadis 1990: 300 f.).

Anders als Arendt betont Castoriadis die *radikale Imagination* (radikale Einbildungskraft) als ontologische Voraussetzung von Gestaltungsmöglichkeiten gesellschaftlicher Bedeutungen. Im Zuge dieser Betonung versteht er den Menschen als ein imaginierendes, sich-entwerfendes Wesen, als ein Projekt, das nicht zum Stillstand kommt und ausgestattet mit der Fähigkeit ist, seine eigene Welt zu gestalten (Castoriadis 1984). Castoriadis versteht Handeln demnach als intentionale Tätigkeit, bei der es um die Weise geht, wie Menschen mit öffentlichen Angelegenheiten an öffentlich-politischen Orten umgehen (Castoriadis 1990). Diese Intention wird im Social Justice und Diversity Konzept explizit als Handeln gegen jede Form Struktureller Diskriminierung fokussiert, wobei neben dem konkreten Verständnis der Diskriminierungsformen die Handlungsoptionen im Mittelpunkt stehen.

Das gesellschaftlich-geschichtliche Imaginäre

Den Begriff des gesellschaftlich-geschichtlichen Imaginären entwickelte Castoriadis in den späten 1960er Jahren als Beschreibung einer gesellschaftlichen Wirklichkeit, die sich aus dem Imaginären, das heißt aus Bedeutungen zusammensetzt, die von den Angehörigen einer Gesellschaft gestaltet wurden. Im Zentrum steht dabei ein *zentral Imaginäres* (z. B. Gott im christlichen Zeitalter, Fortschritt während der Aufklärung oder Geld in der Gegenwart). Das zentral Imaginäre wird verfestigt durch das *periphere Imaginäre* (als sekundärer Ring um das zentral Imaginäre, z. B. religiöse Handlungen und Riten um den Glauben an Gott). Beide sind gesellschaftlich-geschichtlich verankert. Als Konsequenz dieser theoretischen Perspektive versteht Castoriadis Geschichte nicht als Abfolge von logisch-notwendigen (deterministischen) Geschehnissen, sondern als Ergebnis menschlicher Gestaltung. Wie tief also gesellschaftliche Bedeutungen auch verankert sind und wie verfestigt sie auch sein mögen – sie beschreiben keine unveränderbaren Gegebenheiten, keinen Naturzustand und werden nicht durch eine höhere Instanz verfügt. Demgegenüber betont Castoriadis gerade die radikale Einbildungskraft als kreative Dimension, mittels derer Menschen Bedeutungen, Werte, Normen, Denkschemata etc. selbst hervorbringen und immer wieder gesellschaftlich neu verankern können. (Castoriadis 1984)

Dem kommt entgegen, dass eine Gesellschaft Castoriadis zufolge zwar identitäts- und mengenlogisch strukturiert ist, sich darauf aber nicht reduzieren lässt. Vielmehr enthält sie immer eine Art *surplus* – bis hin zu Bedeutungen, die von Menschen möglicherweise selbst nicht gewollt sind. Diesen Überschuss bezeichnet Castoriadis als *Magma-Logik*. Sie fungiert als Quelle für die Kritik des identitätslogischen (und damit binären) Denkens, die auch im Social Justice und Diversity einen zentralen Stellenwert einnimmt. Im Hinblick auf das *radikal Imaginäre* unterscheidet Castoriadis zwischen dem einzelnen Menschen und der Gesellschaft. In beiden Bereichen geht es um die Fähigkeit, neue Bedeutungen *ex nihilo* (aus dem Nichts) hervorzubringen und zu instituieren, die sich nicht vollständig auf etwas Altes zurückführen lassen. Damit entzieht sich Castoriadis jenen deterministischen Geschichtsauffassungen und Denkschemata, die Ent-Wicklungen so konzipieren, dass zu Beginn schon alles enthalten ist, was sich anschließend entfaltet.[17] Demgegenüber beschreibt Castoriadis Geschichte als einen komplexen Prozess, bei dem sich Vorstellungen von subjektiven Wirklichkeiten in kollektive Phantasmen verdichten, bevor sie gesellschaftliche Gültigkeit erlangen und als Bedeutungen verankert werden. Mit seiner Konzeption erfasst Castoriadis also zugleich die Bedingungen der Erzeugung des gesellschaftlich-geschichtlich Imaginären und seine Veränderungsmöglichkeiten. (Castoriadis 1984)

Hinsichtlich der Gestaltung von Bedeutungen in der Gesellschaft kann Castoriadis' Philosophie als radikales Denken der Veränderung und der Möglichkeit des Neuen bezeichnet werden, was wir im Social Justice und Diversity aufgreifen. Dass es sich dabei um keine Romantisierung des Gestaltens oder grundsätzliche Affirmation dessen, was gestaltet wird, handelt, unterstreicht er mit folgendem Zitat: „Gerade weil die Geschichte Gestaltung bzw. Imagination ist, erscheint die Frage des Urteils und der Auswahl als eine radikale und nicht triviale Fragestellung." (Castoriadis 1990: 304)

---

17 Castoriadis drückt das folgenderweise aus: „Das radikal Imaginäre existiert als Gesellschaftlich-Geschichtliches und als Psyche-Soma. Als Gesellschaftlich-Geschichtliches ist es offenes Strömen des anonymen Kollektivs; als Psyche-Soma ist es Strom von Vorstellungen/-Affekten/Strebungen. Was im Gesellschaftlich-Geschichtlichen Setzung, Kreation, Seinlassen ist, nennen wir gesellschaftliches Imaginäres im ursprünglichen Sinne oder instituierende Gesellschaft. Was in der Psyche-Soma-Einheit Setzung, Kreation, Seinlassen für die Psyche-Soma-Einheit ist, nennen wir radikale Imagination." (Castoriadis 1984: 603)

Autonome Gesellschaft und Teilhabe aller Menschen

Die Frage, wie eine Gesellschaft für Menschen beschaffen sein soll, beantwortet Castoriadis mit einer konkreten Utopie: Ziele sind eine autonome Gesellschaft und autonome Menschen, die totalitärem Denken und totalitären Strukturen widerstehen. Die Konzeption zur Autonomie greifen wir im Social Justice und Diversity mit dem Denken hin zum Radical Diversity im Zeichen von Social Justice auf.

Autonomie kann nie nur den einzelnen Menschen betreffen. Sie meint weder die individualistische Freiheit der Einzelnen von den Anderen, noch ist sie als bloße Abgrenzung von bestehenden Verhältnissen zu verstehen (das wäre Autarkie, Selbstgenügsamkeit). Ihre volle Verwirklichung erfährt sie Castoriadis zufolge erst im kollektiven Unternehmen, als *Politik der Freiheit* (Castoriadis 1984: 182). Diese realisiert sich in einem intersubjektiven Handeln, durch das andere nicht beherrscht werden. Schon der Begriff der Autonomie selbst verweist auf die Selbstgesetzgebung und -bestimmung, die eine Übereinkunft zur Voraussetzung hat (*auto* = selbst; *nomos* = Gesetz, Setzung, Übereinkunft, Institution und Instituiertheit, von *nemo* = ver/teilen, zuteilen). So zielt Autonomie auf eine permanente Reflexion bestehender Setzungen und Gesetze durch alle Menschen in einer Gesellschaft hinsichtlich der Frage, ob diese ihren Ansprüchen, Wünschen und Bedürfnissen noch entsprechen.

Eine Umsetzung der Autonomie setzt Castoriadis zufolge die Teilhabe aller Menschen an der öffentlich-politischen Sphäre voraus. Dafür braucht es, wie er schreibt, die *paideia* (Bildung), die selbständig denkende Individuen hervorbringen kann, sowie das Aufgeben des *monos phronein*, der Allmachtsphantasie, als einzige_r Recht zu haben. Darüber hinaus setzt eine autonome Gesellschaft das Eingebundensein aller Menschen in gesellschaftliche Entscheidungsprozesse und die Selbstbestimmung aller bei der Instituierung von Regeln, Gesetzen etc. voraus. (Castoriadis 1990) Ein wesentliches Moment für die Verwirklichung einer autonomen Gesellschaft ist das „denkende Tun und politische Denken“ (Castoriadis 1984: 609).

Für Castoriadis liegt die Neugestaltung einer Gesellschaft demnach nicht darin, „Homogenität anzusteuern, oder die Unterschiede und Andersheiten in der Gesellschaft zu beseitigen“, sondern in der Erschaffung einer autonomen Gesellschaft – und das bedeutet auch: die Abschaffung der „politischen Hierarchie, d. h. jener Teilung der Gesellschaft, die sie in ‚Macht‘ und ‚Nicht-Macht‘ spaltet“ (Castoriadis 1990: 88).

7.2.3 Auf einen Blick: Relevanz für das Konzept Social Justice und Diversity

Die Anregungen Hannah Arendts und Cornelius Castoriadis', die in das Konzept Social Justice und Diversity Eingang gefunden haben, sind vielfältig. Sie umfassen u. a. das Faktum der Pluralität, die Möglichkeiten des Handelns, das Denken gegen totalitäre Strukturen und ihre Veränderbarkeit, was in unserem Konzept Diskriminierungsstrukturen mit einschließt.

Hannah Arendts Denken hat Grundpfeiler des Social Justice und Diversity Konzepts wesentlich mitgeprägt: Auch für uns ist die Pluralität von Menschen in ihrer radikalen Verschiedenheit, wie wir es nennen, und Gleichheit Ausgangspunkt und Voraussetzung für unsere Haltung Menschen gegenüber. Das Verbündet-Sein, bei dem die Vorstellung der politischen Freundschaft zwischen Menschen im Zentrum steht, ist von Arendt ebenso inspiriert wie die Auffassung des Handelns, das nicht auf einer identitären Zugehörigkeit zu einer bestimmten Gruppe, sondern auf dem gemeinsamen Interesse an der Welt basiert. Im Konzept Social Justice und Diversity wird das auch im Ausloten und Reflektieren von Handlungsoptionen sichtbar, die im Training zwar vom einzelnen Subjekt ausgehen, aber auf das Handeln im politischen Sinne abzielen.

Die von Arendt betonte Zugewandtheit zum Gegenüber, zu den Anderen und zur Welt bilden für uns einen weiteren wichtigen Bezugsrahmen, insofern es nicht um die Reflexion der je eigenen Befindlichkeiten und Bedürfnisse geht, sondern um die themen- und handlungsbezogene Reflexion von Diskriminierungsstrukturen. Für ihre Analyse ist Arendt aber auch insofern wichtig, als sie beschreibt, wie die jeweils Anderen in ihrem Anderssein zur Bestätigung und Konstruktion des eigenen Seins hergestellt und benutzt werden. Das Konzept Social Justice und Diversity knüpft an diese Einsicht mit der Konzeption des Othering an. Dem stellen wir im Training Arendts dialogisches Denken gegenüber, insofern das Mit-Denken der Anderen in ihrer individuellen Andersheit einen zentralen Aspekt der ethisch-dialogischen Methode Mahloquet darstellt.

Die Radikalität, mit der Cornelius Castoriadis das politische Denken und das Handeln, die Erzeugung und Infragestellung gesellschaftlicher Setzungen und Bedeutungen sowie die Möglichkeit des Neuen beschreibt, verweist auf die Relevanz erweiterter Denkräume und Handlungsmöglichkeiten. Statt eine Vorbestimmtheit gesellschaftlicher Strukturen durch übergeordnete Instanzen anzunehmen, heben wir mit Castoriadis die Gestaltungsmacht des handelnden und denkenden Subjekts hervor: Gesellschaftliche Strukturen sind von Menschen erzeugt worden und können deshalb von ihnen auch um- und neugestaltet werden. Zentral für eine kritische Analyse Struktureller Diskriminierung im Sinne von Social Justice und Diversity ist Castoriadis' Begriff des gesellschaftlich-geschichtlichen Imaginären. Er findet seinen Niederschlag in der Reflexion des historischen Gewordenseins der einzelnen Diversitykategorien, der gesellschaftlich verankerten Diskriminierungsmatrix und den Diskriminierungsformen.

Mit dem magmalogischen Denken, welches das identitätslogische und damit auch das binäre Denken übersteigt, verweist Castoriadis zugleich auf die Möglichkeit und die Notwendigkeit einer kritischen Reflexion der eigenen Denk- und Vorstellungsräume. Es gilt, von der Vielfalt der Subjekte zur gesellschaftlichen Bedeutungsvielfalt zu gelangen. Mit der Zielvorstellung einer autonomen Gesellschaft stellt Castoriadis zugleich eine Konzeption für die Umgestaltung der Gesellschaft im Sinne eines Radical Diversity bereit.

7.3 Feld- und Habitustheorien

7.3.1 Pierre Bourdieu

Pierre Bourdieu (1930–2002) ist für das Social Justice und Diversity Konzept vor allem aufgrund seiner Feld- und Habitustheorie sowie seines Entwurfes einer reflexiven Sozialwissenschaft von Bedeutung. Bourdieu geht von einer Ausdifferenzierung der Gesellschaft in unterschiedliche Felder aus, die in sich jeweils spezifische Hierarchien ausbilden. Diese Verteilung von oben und unten, Privilegierung und Marginalisierung erfolgt feldspezifisch über materielles und symbolisches *Kapital*, welches das Subjekt im Laufe seiner Erziehung und Bildungskarriere erwirbt (Bourdieu 1992). Bourdieu unterscheidet dabei zwischen ökonomischem Kapital (z. B. Geld, Eigentum) und kulturellem Kapital (z. B. Wissen, Bildung, Artikulationsfähigkeiten), institutionalisiertem Kapital (wie akademische Titel, Zertifikate), sozialem Kapital (Netzwerke, Freundschaften, Kooperationen), symbolischem Kapital (Anerkennung, Legitimität, Durchsetzungsvermögen) und feldspezifischem Kapital (spezielle Fachfähigkeiten, die zur Teilnahme in einem Feld notwendig sind).

Habitus als Verinnerlichung gesellschaftlicher Hierarchisierung

Um das Feld zu beschreiben, vergleicht Bourdieu es mit einem Spiel, bei dem die Regeln durch Spieler_innen mittels ihres Verhaltens selbst erzeugt und stabilisiert werden. Die Spieler_innen „sind im Spiel befangen“ (Bourdieu/Wacquant 2006: 128). Bourdieu notiert entsprechend:

> „[...] sie spielen, wie brutal auch immer, nur deshalb gegeneinander, weil sie alle den Glauben [...] an das Spiel und den entsprechenden Einsatz, die nicht weiter zu hinterfragende Anerkennung teilen.“ (Bourdieu/Wacquant 2006: 128)

Die Akteur_innen verfügen über eine gewisse Menge an Chips, an Kapital, welche sie für ihr Spiel einsetzen können und deren Wert zugleich im Rahmen der jeweiligen Felder, wie beispielsweise Religion, Wissenschaft, Bürokratie, Recht, Kunst bestimmt wird (so ist die Kenntnis des Altgriechischen im Feld der Bürokratie weniger wichtig als in der Philosophie). Mit Bourdieus differenziertem Blick auf gesellschaftliche Felder und Kapitalsorten lässt sich die Gleichzeitigkeit von Diskriminierung und Privilegierung im Social Justice und Diversity Konzept präzisieren und die Konzeption des Verbündet-Seins unterfüttern.

Bourdieu stellt sich das Subjekt als Ort einer Verinnerlichung gesellschaftlicher Hierarchien vor. Sie drückt sich individuell in dem aus, was er die *Die feinen Unterschiede* (1987a) nennt, in Fragen von Geschmack, Ernährung, Sprache, Kleidung, Interessen und Lebensstil. Diese verinnerlichten gesellschaftlichen Strukturen bezeichnet Bourdieu als *Habitus.* Der Habitus prägt das individuelle Handeln, indem er den Zusammenhang von Selbst- und Weltwahrnehmung bereitstellt, auf den Menschen zurückgreifen, wenn sie handelnd tätig werden. Der Habitus formt Bourdieu zufolge den Handlungsrahmen, innerhalb dessen Subjekte ihre Spielstrategie für das je spezifische Feld entwerfen. Entsprechend bezeichnet Bourdieu den Habitus als

> „[...] unbegrenzte Fähigkeit [...] in völliger (kontrollierter) Freiheit Hervorbringungen – Gedanken, Wahrnehmungen, Äußerungen, Handlungen – zu erzeugen, die stets in den historischen und sozialen Grenzen seiner eigenen Erzeugung liegen" (Bourdieu 1987b: 103).

Die jeweilige individuelle Praxis ist für Bourdieu strukturiert durch die multiplen Hierarchisierungsformen einer Gesellschaft (z. B. über Klasse, Alter, Geschlecht etc.), auch wenn innerhalb dieser Strukturen endlose Variationen möglich sind.

Vermittelt über ihren Habitus gehören Subjekte zugleich bestimmten gesellschaftlichen Gruppen oder Klassen an, die wiederum über ein bestimmtes kulturelles und ökonomisches Kapital verfügen. Die Entstehung des Klassenhabitus erfolgt dabei weitgehend unbewusst und ist mit dem individuellen Habitus der jeweiligen Subjekte eng verbunden:

> „Um das Verhältnis zwischen dem Klassenhabitus und dem individuellen Habitus [...] zu definieren, könnte man den Klassen- (oder Gruppen-)habitus, d. h. den individuellen Habitus insofern, als er Ausdruck und Widerspiegelung der Klasse (oder Gruppe) ist, als subjektives, aber nichtindividuelles System verinnerlichter Strukturen, gemeinsamer Wahrnehmungs-, Denk-, und Handlungsschemata betrachten,

welche Vorbedingung für jede Objektivierung und Wahrnehmung sind." (Bourdieu 1987b: 112)

Dabei können der individuelle Habitus und der Klassenhabitus einer bestimmten Gruppe oder Klasse erheblich variieren; so, dass im Extremfall keiner dem anderen vollständig gleicht – und sie sich trotzdem gleichbleiben und als ihresgleichen erkennen.

Die Ambivalenz subjektiver Praxis

Die konkrete subjektive Praxis resultiert Bourdieu zufolge allerdings weder vollständig aus der verinnerlichten Prägung, noch ist sie einfach nur als Reaktion auf gegenwärtige Anforderungen zu verstehen. Vielmehr ergibt sich die Praxis gerade in der Spannung zwischen dem Zeitpunkt, an dem sich der Habitus individuell einschreibt, und dem Zeitpunkt, an dem das Subjekt praktisch tätig wird. In diesem Zusammenhang spricht Bourdieu auch von der Trägheit der habituellen Prägung eines Subjektes, die er mit dem Konzept des *Unbewussten* erfasst, womit er das Vergessen der eigenen Prägungsgeschichte bezeichnet: Die internalisierten früheren Erfahrungen stellen die Auswahl- und Wahrnehmungskriterien der Gegenwart bereit und strukturieren so auch neue Erfahrungen, was ihre Integration ermöglicht. Durch dieses Fortwirken von Prägungsgeschichte in der gegenwärtigen Handlung entsteht Bourdieu zufolge gesellschaftliche Kontinuität.

Insofern Institutionen, um zu funktionieren, auf die Übereinstimmung mit der Welt- und Selbstwahrnehmung von Subjekten angewiesen sind, ist der individuelle Habitus also eine notwendige Voraussetzung für ihre Dauerhaftigkeit (Bourdieu 1987b). Diese Annahme birgt ein Potential für das Social Justice und Diversity Training: Wenn die Welt- und Selbstwahrnehmung von Subjekten eine solche Relevanz hat, dann ist ihre Bearbeitung ein erster Schritt auch zur Überwindung gesellschaftlicher Diskriminierungsstrukturen. Um diese Entwicklung zu unterstützen, fordert Bourdieu einen reflexiven Modus für die Sozialwissenschaft – die *reflexive Sozialforschung*. In Bezug auf das Social Justice und Diversity Training erweitern wir diese Forderung über die Wissenschaft hinaus zur Förderung *reflexiver Denk- und Handlungsprozesse*. Die im Training angelegte Gleichzeitigkeit des Einübens einer Sensibilität für Systemische Intersektionalität, einer kritischen Analyse Struktureller Diskriminierung und der individuellen Verantwortung für ihre Unterbrechung ist eine konkrete Umsetzungen dieses Gedankens.

Die (Eigen-)Logik der Praxis

Bourdieu unterstreicht, dass die gesellschaftliche Praxis sich nicht nach den Regeln der Grammatik oder der Mathematik richtet, dass also die Dinge der wissenschaftlichen Logik nicht der Logik der Dinge entsprechen (Bourdieu 1987b). Der entscheidende Unterschied von Wissenschaft und Praxis besteht für ihn darin, dass die gesellschaftliche Praxis Widersprüche nebeneinander bestehen lässt, die die Theorie in Modellen zu harmonisieren versucht. Bourdieus *Reflexive Soziologie* trägt dieser Widersprüchlichkeit Rechnung, indem sie Analytiker_innen dazu anhält, sich die Grundlagen der eigenen Welt- und Selbstwahrnehmung zu vergegenwärtigen. Auch als Social Justice und Diversity Trainer_innen befinden wir uns in einem fortlaufenden Reflexionsprozess und überprüfen die Kategorien, mit denen wir gesellschaftliche Macht- und Herrschaftsverhältnisse in Bezug auf Strukturelle Diskriminierung beschreiben. Und auch für die Teilnehmenden stellt das Training einen Raum bereit, in dem neues Wissen erarbeitet, Perspektiven überdacht und die eigene kritische Praxis weiterentwickelt werden können.

Die von Bourdieu beschriebene *Eigenlogik von Theorie und Praxis* ermöglicht demnach eine Perspektive, bei der sich Subjekte und ihre Praxis nicht in den gesellschaftlichen Strukturen erschöpfen, die sie verinnerlicht haben. Die individuelle Praxis entspricht hier nicht der Position innerhalb der durch Kategorien bestimmten gesellschaftlichen Struktur (Mann, weiß, arm, jung etc.), vielmehr weist sie im Sinne des Verbündet-Seins auch darüber hinaus. Mit unserer Konzentration auf subjektive und gemeinsame Handlungsoptionen ist Social Justice und Diversity zugleich stärker an Fragen der Praxis orientiert, als es Bourdieus Habitus- und Feldanalyse zulässt oder im Blick hat. In Abwandlung Bourdieus entspricht die strukturelle Positioniertheit nicht den individuellen Handlungen der Subjekte. Vielmehr unterstreichen wir mit den Übungen zu den Handlungsoptionen die Relevanz der subjektiven Entscheidung, diskriminierungskritisch zu handeln.

7.3.2 Auf einen Blick: Relevanz für das Konzept Social Justice und Diversity

Der Social Justice und Diversity Ansatz beruht auf der Annahme, dass Subjekte in einem bestimmten Bereich diskriminiert sein können und in einem anderen Bereich an Privilegien Anteil haben. Die Komplexität, die hinter dieser Einsicht liegt, lässt sich gut innerhalb der Bourdieu'schen Feldtheorie abbilden, die von unterschiedlichen Kapitalsorten und als Habitus verinnerlichten Strukturen ausgeht. Subjekte sind Bourdieu zufolge verbunden mit den Feldern, in denen sie sich bewegen, und wirken stabilisierend, destabilisierend oder verändernd auf sie ein. Auch institutionelle Maßnahmen können die Spielregeln der jeweiligen Felder verändern. So führten die Öffnung von Universitäten für Frauen, die Bildungsreform in den 1970er Jahren (die Arbeiter_innenkindern und Kindern von Bauern_Bäuerinnen die Tür für höhere Bildung öffnete) oder der Versuch der Interkulturellen Öffnung in den 1990er Jahren (die Migrant_innen den Zugang erleichterte) dazu, eine feldinterne Pluralisierung in Gang zu setzen – die, wie wir wissen, nicht abgeschlossen ist. Mit Bourdieu gesprochen fand hier eine Verschiebung der Gewichtung unterschiedlicher Kapitalsorten statt, die es braucht, um erfolgreich am Feld teilzunehmen.

Bourdieu regt darüber hinaus einen reflexiven Prozess der Bewusstwerdung der verinnerlichten gesellschaftlichen Strukturen und Perspektiven an, der auch für das Social Justice und Diversity Konzept zentral ist. Dabei führt die Erkenntnis, dass Menschen über ihren individuellen Habitus an Struktureller Diskriminierung teilhaben, zugleich über Bourdieu hinaus, indem das Training die Möglichkeiten einer kritischen Praxis stärker hervorhebt. Im Sinne von Social Justice und Diversity ist es nicht die Aufgabe der von Struktureller Diskriminierung Getroffenen, ihr ‚Diskriminierungsproblem' zu ‚lösen'; vielmehr ist es die Aufgabe all jener, die an einer Umgestaltung der Gesellschaft in Richtung einer Realisierung von Radical Diversity im Zeichen von Social Justice interessiert sind. Der Rückgriff auf Bourdieu unterstreicht dabei die Notwendigkeit, dafür auch in einen reflexiven Dialog mit sich selbst zu treten, an dessen Ende ein Bewusstwerden auch der eigenen Privilegien und Möglichkeiten des Teilens von Ressourcen stehen kann. Zugleich ist die Überwindung der gut/böse-Dichotomie im Diskriminierungsdiskurs eine der Quellen, aus denen sich das Konzept des Verbündet-Seins speist. Wie jede_r an diskriminierenden Strukturen teilhaben kann, kann auch jede_r potentiell ein_r Verbündete_r werden. Bourdieus Insistieren auf verinnerlichte Habitusstrukturen und die wechselnde Positionierung in unterschiedlichen gesellschaftlichen Feldern kann eine Unterstützung sein, ein Denken in identitätspolitischen Kategorien zu vermeiden.

7.4 Mahloquet: Dialogphilosophien

7.4.1 Quaknin, Buber, Rosenzweig, Lévinas

Mahloquet (Machloket) bedeutet dialogisches Streitgespräch und kommt aus dem Hebräischen. Ursprünglich bezeichnet der Begriff die Diskussion zwischen zwei Lehrmeister_innen über eine Textstelle bzw. ein religiöses Ge- oder Verbot. Die Mahloquet steht damit in der Tradition der Auslegung der Thora, des Talmuds und einer jüdischen religiösen Praxis, die das Gespräch sowohl zwischen den lebenden und den verstorbenen Lehrmeister_innen als auch zwischen den Lehrenden und Schüler_innen und zwischen den Lernenden selbst versteht. So schrieb Moses Mendelssohn über seine eigene Lehrtätigkeit: „[…] Sie hatten die Freiheit, mich zu unterbrechen, Einwürfe vorzubringen, sie unter sich zu beantworten, und ich brach zuweilen meinen Diskurs ab, um sie unter sich streiten zu lassen […].“ (Mendelssohn 1785, zit. n. Knobloch 1987: 345 f.)[18]

Mahloquet als plurale Interpretation des Textes

Mahloquet ist eine *dialogische Methode*, kein ‚stummes Zwiegespräch' in uns, denn das Gespräch braucht, um ein Dialog zu sein, das Gegenüber. Im Gespräch findet der_die Eine etwas in einer bestimmten Auslegung richtig und der_die Andere etwas anderes. Doch geht es weder darum, dass die Meinung des_der Einen richtig und die Meinung des_der Anderen falsch ist, noch darum, dass beide einen Konsens über die richtige Auslegung finden (Maimon 1995). Beide Meinungen gelten gleichberechtigt nebeneinander. In dieser Form der dialogischen Interpretation werden verschiedene Auslegungen herangezogen, gegenwärtige wie ältere. So beschreibt Marc-Alain Quaknin, dass einer Mischna[19] eine andere Mischna desselben oder eines älteren Datums entgegengehalten werden kann, die genauso viel Autorität wie die erste besitzt, auch wenn sie das Gegenteil besagt (Quaknin 1990). Nicht das jeweilige Ich der Dialogpartner_innen steht im Zentrum des Gespräches, sondern die Perspektiven der anderen Menschen auf den Gegenstand der Diskussion, auf die sie sich beziehen. Keine Perspektive wird in diesem Prozess zur endgültigen, dominierenden. Jede steht für sich, wird reflektiert und diskutiert. Dabei entsteht ein offener Raum, der sich der monologischen Eindeutigkeit entzieht.

Auch in der Mahloquet, wie wir sie im Rahmen des Social Justice und Diversity Trainings entwickelt haben, geht es nicht um eine Synthese von Widersprüchen, nicht um Konsens, sondern darum, die verschiedenen Auffassungen bestehen zu lassen und somit vereindeutigende Denkstrukturen zu erschüttern. Keine Perspektive wird zu einem Dogma oder zur Ideologie erhoben. Jede_r darf sprechen und jede_r wird gehört. Im religiösen Judentum wird dieses Vorgehen dadurch begründet, dass die Wörter eines_einer Jeden göttliche Wörter sind. Da jeder Mensch von Gott geschaffen wurde, bedarf es aller Teile, um die Schöpfung zu verstehen. Übertragen auf einen säkularen Kontext bedeutet diese Herangehensweise, jeden Menschen als Teil dieser Welt zu sehen, der etwas dazu beitragen kann, die Perspektiven der jeweils anderen zu erweitern.

---

18 Eine ausführliche Bearbeitung dazu findet sich bei Czollek 2003.

19 Die Mischna ist die wichtigste Sammlung religionsgesetzlicher Überlieferungen des rabbinischen Judentums und Basis des Talmuds.

In der Mahloquet geht es also darum, vielfältige Interpretationen und Sichtweisen nebeneinander bestehen zu lassen. Im Talmud wird dabei einer „Logik der Wahrheit" eine „Logik des Sinns" gegenübergestellt (Quaknin 1996: 70). Damit ist nicht gemeint, dass es keine Gewissheiten im Sinne faktisch verifizierbarer, wissenschaftlicher Evidenzen gibt; vielmehr soll durch das Nachvollziehen individueller Perspektiven und deren Hintergründe, verstanden als jeweils zu explizierende Sinnstrukturen, eine Offenheit für unterschiedliche Sichtweisen und deren Herleitung ermöglicht werden. Mit der Interpretation wird „[...] die Bewegung des Denkens selbst in Gang gesetzt, die [...] in der Erschütterung vorgefertigter Sinnstrukturen besteht, in denen alles seinen Ort und jeder Augenblick seine Zeit hat" (Quaknin 1996: 70).

Der religiöse Dialog steht dabei nicht für sich allein, sondern ist in das philosophische System von Werten und Visionen jüdischer Denktraditionen eingebunden, so etwa in die Vorstellungen davon, dass Menschen einen freien Willen besitzen und Verantwortung für das eigene Handeln tragen. Das Gegenüber ist nicht Spiegelung der eigenen Erfahrungen: Die Aussagen der Weisen werden in der talmudischen Tradition nicht interessant, weil in ihnen etwas Bekanntes gefunden wird, sondern gerade in der Fremdheit und Andersheit ihrer Perspektive. Voraussetzung dafür ist, dass das Gegenüber anerkannt wird in dem, was es sagt, und dass von der Sinnhaftigkeit seiner Rede ausgegangen wird. Die Prinzipien des dualistischen Denkens und die Sicherheit der Beurteilung werden hier zugunsten der Gewissheit aufgegeben, dass das Gedachte und Gesagte nicht die Welt selbst ist.

Das Konzept der Mahloquet fußt auf der Thora. Verlässt man den religiösen Kontext, wie bei der Aufnahme und Modifizierung der Mahloquet für das Konzept Social Justice und Diversity, so braucht es eine neue Grundlage, die eine Verbindung zwischen Menschen ermöglicht. Diese ist nicht an sich gegeben, wenn sich Menschen auf eine gemeinsame Verfassung, einen gemeinsamen Ort des Herkommens oder eine gemeinsame Tradition beziehen können. So bildet im Konzept Social Justice und Diversity auch keine identitätspolitische Gemeinsamkeit eine mögliche Grundlage. Vielmehr sind es das Aufbegehren gegen jede Form von Struktureller Diskriminierung und der Referenzrahmen der Menschenrechte und Gewaltfreiheit, die uns verbinden. Basierend darauf können gemeinsam Vorstellungen entwickelt werden, wie Menschen miteinander umgehen können. Diese werden im Social Justice und Diversity durch das dialogische Gespräch und das dialogische Denken ermöglicht. Nicht zuletzt deshalb setzt die Mahloquet die Bereitschaft voraus, Selbstverständlichkeiten des eigenen Lebens infrage zu stellen und zu reflektieren.

Dialogisches zum Dialog

In der Tradition der oben beschriebenen jüdisch-religiösen Interpretation stehen auch Philosophien des Dialogischen. Nachfolgend werden diese in Bezug auf Martin Buber (1878–1965), Franz Rosenzweig (1886–1929) und Emmanuel Lévinas (1905–1995) skizziert.

Martin Buber formuliert: „Die Hauptvoraussetzung zur Entstehung eines echten Gespräches ist, daß jeder seinen Partner als diesen, als eben diesen Menschen meint." (Buber 1997: 283) Er hebt damit die Wichtigkeit hervor, Menschen, die uns gegenüberstehen, als wesenhaft anders als uns selbst wahrzunehmen. In einem Dialog geht es Buber zufolge nicht nur darum, dass die Meinung der Anderen angenommen werden muss, sondern um eine tiefe Anerkennung der Anderen in ihrer jeweiligen Besonderheit, also um das „[...] Wahrnehmen des Mitmenschen als einer – wenn auch zumeist recht mangelhaft entfalteten – Ganzheit, Einheit und Einzigartigkeit [...]" (Buber 1997: 284 f.). Als Bedingungen für den Dialog sieht Buber einerseits die Aufrichtigkeit, andererseits die Verabschiedung von dem Bedürfnis, zu wirken, die auf das Verlangen verweist, einen Eindruck auf das Gegenüber machen zu wollen, es beeindrucken zu wollen. Dieser Wunsch verhindert ihm zufolge ein wirkliches Gespräch, das auch dann nicht gelingen kann, wenn das wirklich Empfundene und Gedachte nicht ausgesprochen wird.

Der Dialog beginnt damit, dass ein Mensch das Wort an eine Person richtet, woraufhin diese entscheidet, ob sie antworten möchte oder nicht. Buber unterstreicht, dass diese Art der Wahrnehmung allem widerspricht, „[...] was man als das spezifisch Moderne zu verstehen pflegt [...]", in dem zu seiner Zeit ein „[...] analytisches, reduktives und ableitendes Blicken zwischen Mensch und Mensch" vorherrschte (Buber 1997: 285). Mit dieser Haltung wird ihm zufolge beispielsweise die „[...] Vielfältigkeit der Person auf schematisch überschaubare [...] Strukturen [...]" (Buber 1997: 285) zurückgeführt und damit reduziert. Wie wesentlich Bubers Ansatz ist, hebt ein anderer Denker des Dialogischen hervor: Die „Aufwertung der dia-logischen Beziehung und ihrer phänomenologischen Nichtreduzierbarkeit, ihrer Fähigkeit, eine autonome Sinnordnung zu konstituieren [...]" (Lévinas 1991: 39), ist Lévinas zufolge der große philosophische Beitrag Bubers. Hierbei gilt, dass „[...] die Mannigfaltigkeit der sozialen Nähe [...] nicht mehr, wie zuvor, im Vergleich zur Einheit oder Synthese oder Totalität des Seins [...] als Unvollkommenheit oder als Verlust der Vernunft" bestimmt wird (Lévinas 1991: 39).

Ein weiterer Denker des Dialoges ist Franz Rosenzweig, der maßgeblich zur Entwicklung modernen jüdischen Denkens beigetragen hat. Er begreift den Menschen als jeweils einzigartig, als auf nichts Zurückzuführendes. Dabei spricht er vom „trotzigen Selbst" (Rosenzweig 1988: 21), das als Einzelmensch im Zentrum steht und durch Fragen Beziehungen in alle Richtungen herstellt. Die Subjektivität bildet so den „[...] objektiven Rahmen des Systems [...] (Mayer 1988 in Rosenzweig 1988: XXI). Bei diesen Beziehungen geht es, wie Lévinas betont, um die „[...] unerschöpfliche Neuheit der gelebten Augenblicke [...]" (Lévinas 1991: 105). Dem totalitären Denken zum Trotz entwickle sich das Leben gegen alle Überformungen, denen es durch Vorstellungen von Kultur, Nation und Staat ausgesetzt sei. Rosenzweig charakterisiert die Einzigartigkeit des Menschen trotz und gegen alle Dogmen und nimmt die wirkliche dialogische Begegnung in den Blick, die Begegnung also des Ich-Du, wie sie auch Buber vorschwebte. Lévinas kommentiert:

> „Das Sein des *Daseins* bedeutete: man hat zu sein. In der Verantwortung für den Anderen ist mein Sein selbst zu rechtfertigen: heißt Dasein nicht immer schon einem Anderen den Platz nehmen? Das Da sein des Daseins ist bereits ein ethisches Problem." (Lévinas 1991: 47)

In diesem Zitat treffen sich die Momente der Ich-Du-Beziehung, in der Menschen aufgrund ihres Daseins Verantwortung für die jeweils anderen Menschen haben. Die Einzigartigkeit jedes Einzelnen geht hier über die Zwänge von Normen und Werten hinaus und muss in jedem Augenblick neu gestaltet werden im Hinblick auf Verantwortung für die Anderen.

Für Lévinas ist ein grundlegendes In-Verantwortung-Nehmen der Ausgangpunkt von Philosophie. Zentral ist dabei die Bereitschaft, sich von anderen Menschen in ihrer individuellen Besonderheit berühren zu lassen. Dabei stellt er die Anderen ins Zentrum, die nicht so sind, wie Ich bin. In diesem Zusammenhang erweitert er den Dialog um ein weiteres Moment und formuliert:

> „Die heteronome Erfahrung, die wir suchen, wäre eine Haltung, die sich nicht in kategoriale Bestimmungen konvertieren kann und deren Bewegung zum Anderen hin sich nicht in der Identifikation wiedergewinnt, eine Bewegung, die nicht zu ihrem Ausgangspunkt zurückkehrt." (Lévinas 1999: 215)

Andere Menschen sind Garant dafür, die eigene Welt zu erweitern, die eigenen Erfahrungen als die eigenen zu begreifen. Sie können dem eigenen Leben, der eigenen Perspektive, eine Dimension hinzufügen, insofern nicht nur das Eigene im Anderen gesucht wird. Eine solche Begegnung hin zu Anderen verlangt Lévinas zufolge eine *radikale Großmut*, denn das jeweils eigene Interesse ist auf die Anderen gerichtet, ohne Dankbarkeit für dieses Interesse zu erwarten. Vielmehr setzt der Dialog „[...] die Undankbarkeit des Anderen [voraus]. Die Dankbarkeit wäre gerade die *Rückkehr* der Bewegung zu ihrem Ursprung" (Lévinas 1999: 216). Zur Illustration dieser Voraussetzung bezieht sich Lévinas auch auf die biblische Geschichte Abrahams, der sein Land, seine Familie, seine Freunde verlässt, nicht, um zum Ursprung zurückzukehren, sondern um aufzubrechen. Er hat keinen unmittelbaren Lohn zu erwarten, er weiß nicht, was in der Zukunft sein wird. Lévinas geht es um eben diese „einseitige Tat", die nur möglich ist „[…] in der Geduld; die bis ans Ende durchgehaltene Geduld bedeutet für den Handelnden darauf zu verzichten, die Ankunft am Ziel zu erleben, zu handeln, ohne das gelobte Land zu betreten" (Lévinas 1999: 216).

7.4.2 Auf einen Blick: Relevanz für das Konzept Social Justice und Diversity

Die Mahloquet als grundlegende Methode des Social Justice und Diversity Trainings entwickelten wir rekurrierend auf die beschriebene jüdisch-religiöse Tradition des Textstudiums und der Auslegung sowie die skizzierten Philosophien des Dialogischen. Für unser Training bedeutet sie eine bestimmte Form des Miteinander-Sprechens *und* eine ethisch-politische Haltung, die es ermöglicht, im gemeinsamen Gespräch Denkräume zu eröffnen, die ein Miteinander-Lernen erst ermöglichen. Bei diesem Dialog geht es nicht um einen Sieg, nicht darum, zu gewinnen oder sich durchzusetzen. Vielmehr geht es darum, etwas zu erfahren, das außerhalb des Eigenen liegt, die eigene Perspektive zu erweitern und die Perspektive des Gegenübers wahrzunehmen. Die Mahloquet bedeutet eine Möglichkeit, dass die Einen und die Anderen oder die Anderen und die Anderen oder die Einen und die vermeintlich Einen sich jenseits von Tradition und Ideologien begegnen. So wird im Social Justice und Diversity eine nicht durch kategoriale Zugehörigkeiten vorstrukturierte Begegnung in dem Bewusstsein angestrebt, dass die gesellschaftliche Realität oftmals gerade nicht die Voraussetzungen bereitstellt, die einem solchen Dialog förderlich wären: Es geht also um ein Handeln des *als Ob*, in dem Bestreben, eine andere Welt im Sinne der konkreten Utopie eines Radical Diversity im Zeichen von Social Justice zu erzeugen.

8 Diskriminierungsrealitäten

In diesem Kapitel skizzieren wir exemplarisch Diskriminierungsrealitäten als Ausdruck von Macht- und Herrschaftsverhältnissen (zur Definition siehe Kapitel 2/Einleitung), d. h. wir beschreiben, welche Menschen in der Bundesrepublik von welchen Diskriminierungsformen getroffen sind. Dabei greifen wir auf ausgewählte Studien, aber auch auf Erfahrungen zurück, insofern diese immer auch individuelle, institutionelle und kulturelle diskriminierende Praxen, also Strukturelle Diskriminierung (zur Definition siehe Kapitel 1, 2) widerspiegeln. Die einzelnen Diskriminierungsformen wirken im Sinne der Systemischen Intersektionalität zusammen: in Bezug auf die Charakteristika von Diskriminierung wie Ausbeutung, Gewalt, Marginalisierung, Exklusion, Machtlosigkeit und Kulturimperialismus sowie hinsichtlich der Mechanismen von Diskriminierung wie Othering und Stereotypisierung (siehe Kapitel 1, 2, 3). Die Definitionen der einzelnen Diskriminierungsformen, die wir in diesem Kapitel darlegen, stellen Kurzdefinitionen dar; eine jeweils umfassende Definition findet sich in Kapitel 4.

Für Social Justice und Diversity Trainer_innen ist ein Wissen über Diskriminierungsrealitäten erforderlich. So sind sie immer aufgefordert, vor einem Training aktuelle Studien zum jeweiligen Themenschwerpunkt zu recherchieren und sich mit ihnen auseinanderzusetzen. Die folgende Darstellung ersetzt diese Aufgabe nicht, sondern soll dazu lediglich anregen.[20] Am Ende jedes Abschnittes finden sich unterstützende Fragen, die Trainer_innen zur Auseinandersetzung heranziehen können.

---

20 Wir gehen bei den herangezogenen Studien weder auf die Erhebungs- und Auswertungsmethode noch auf das jeweilige Design ein und merken diesbezüglich auch keine möglichen Kritiken an, insofern dies eine umfassende Beschreibung erfordern würde, die jedoch nicht im Zentrum des vorliegenden Praxishandbuches steht. Ferner geht es uns auch nicht darum, Diskriminierungsformen dahingehend bewertend zu hierarchisieren, dass jene am Furchtbarsten seien, von denen Menschen zahlenmäßig am häufigsten getroffen sind. Im Konzept Social Justice und Diversity nehmen wir keine zahlenmäßige Aufrechnung vor, sondern gehen einerseits davon aus, dass jede Form von Diskriminierung für davon getroffene Menschen schmerzhaft ist und zielen andererseits auf die Abschaffung jeder Diskriminierungsform mit Blick auf ein Radical Diversity (siehe Kapitel 1, 2) ab.

8.1 Ableismus

Ableismus bedeutet Strukturelle Diskriminierung von Menschen mit (sichtbaren und nicht sichtbaren) physischen und psychischen Beeinträchtigungen.

Die UN-Behindertenrechtskonvention von 2008 folgt dem Leitbild der Inklusion und legt sowohl die Nichtdiskriminierung von Menschen mit Beeinträchtigungen als auch deren „volle und wirksame Teilhabe an der Gesellschaft und Einbeziehung in die Gesellschaft" fest (UN-Behindertenrechtskommission 2008, Artikel 3/c). Gefordert wird der

> „[...] gleichberechtigte Zugang zur physischen Umwelt, zu Transportmitteln, Information und Kommunikation, einschließlich Informations- und Kommunikationstechnologien und -systemen, sowie zu anderen Einrichtungen und Diensten, die der Öffentlichkeit in städtischen und ländlichen Gebieten offen stehen [...]" (UN-Behindertenrechtskonvention 2008, Artikel 9/1).

Die Umsetzung dieser und weiterer Forderungen – insbesondere bei Berücksichtigung unterschiedlicher Formen von Beeinträchtigungen – ist bislang sehr unzureichend.

Die wohl sichtbarste Strukturelle Diskriminierung von Menschen mit Beeinträchtigungen ist die Existenz von Barrieren im öffentlichen Raum, in Institutionen (Hochschulen, Behörden etc.) sowie im digitalen Raum – Bereiche, die für alle Menschen zugänglich sein sollten. Auch wenn es vielerorts eine Toilette für Menschen mit Beeinträchtigungen gibt, fällt an diesen Toiletten auf, dass sie nicht für Menschen mit verschiedenen Beeinträchtigungen konzipiert wurden, sondern zumeist für diejenigen, die auf einen Rollstuhl angewiesen sind.

Strukturelle Diskriminierung zeigt sich als Ableismus auch dort, wo es um sogenannte ‚Werkstätten für behinderte Menschen' geht, deren Ziel die Eingliederung von Menschen mit Beeinträchtigungen in das Arbeitsleben (‚Berufliche Rehabilitation') bzw. die Integration (‚Eingliederungshilfe') ist. Wie es um die Praxen mancher dieser Werkstätten tatsächlich bestellt ist, ist öffentlich nicht sichtbar: Studierende der Sozialen Arbeit, die in Werkstätten ein Praktikum absolvierten, erzählen uns aber nicht selten davon, dass Vernachlässigung, Bestrafung, Gewalt, neben oftmals eintönigen Arbeiten an der Tagesordnung sind und eine Förderung nicht bzw. kaum stattfindet. Die Höhe der Entlohnung der Beschäftigten in diesen Werkstätten variiert, bewegt sich aber zwischen 101 Euro und bis zu 600 Euro monatlich und wird im Durchschnitt mit monatlich ca. 160 Euro angegeben. Dabei ist dies die einzige Summe, über welche die Beschäftigten frei verfügen können. (Berlin-Institut für Bevölkerung und Entwicklung 2009) Betrachtet man die Entlohnung von Arbeit als ein Mittel gesellschaftlicher Anerkennung, wird an der geringen Entlohnung das Problem der Exklusion aus vielen Teilen des öffentlichen Lebens deutlich: Schon auf Grundlage mangelnder materieller Ressourcen ist die Teilhabe und Partizipation an gesellschaftlichen Bereichen zumeist nicht möglich.

Die Systemische Intersektionalität liegt hier als Verbindung zu Klassismus offen zutage. In diesem Sinne bestätigt sich, dass Menschen mit Beeinträchtigungen durch gesellschaftliche Strukturen behindert werden. Das spiegelt sich auch in aktuellen Umfragen wieder. Laut der Studie *Diskriminierungserfahrungen in Deutschland 2015* gaben 7,9 % aller Befragten an, Diskriminierung aufgrund einer Beeinträchtigung ausgesetzt zu sein (Antidiskriminierungsstelle des Bundes 2016: 6). Eine Systemische Intersektionalität findet sich bei Ableismus zudem auch in Bezug auf Altersdiskriminierung – in institutioneller Weise hinsichtlich der nicht selten vorkommenden Barrieren (z. B. schwer begehbare Wege oder fehlender Aufzug bei Universitäten und Hochschulen) und in kultureller Weise beispielsweise im Hinblick auf die knapp bemessene Zeit einer Fußgänger_innenampel, die es für viele alte Menschen und Menschen mit Beeinträchtigungen nicht ermöglicht, die Straße zu überqueren.

Reflexionsfragen für Trainer_innen

- Inwiefern lässt sich Strukturelle Diskriminierung auf der individuellen, institutionellen und kulturellen Ebene durch empirische Studien nachweisen?
- Welche Systemische Intersektionalität gibt es konkret in Bezug auf Ableismus?
- Welche Charakteristika von Diskriminierung (Ausbeutung, Gewalt, Marginalisierung, Machtlosigkeit, Kulturimperialismus, Exklusion) lassen sich bei Ableismus ausmachen?
- Inwiefern lassen sich Mechanismen von Struktureller Diskriminierung wie Othering und Stereotypisierung aufzeigen?

8.2 Altersdiskriminierung

Altersdiskriminierung wird in Adultismus und Ageismus unterteilt. Adultismus bedeutet Strukturelle Diskriminierung, der Kinder und Jugendliche mit Bezug auf ihr Alter ausgesetzt sind. Ageismus bedeutet Strukturelle Diskriminierung von alten/älteren Menschen aufgrund ihres Geburtsjahres und ihnen zugeschriebener Altersbilder.

Nicht alle Menschen erfahren Diskriminierung aufgrund ihres hohen Alters, doch vermitteln Studien ein deutliches Bild von Altersdiskriminierung: Auf kultureller Ebene dominieren negative Altersbilder die Wahrnehmung – mit Ausnahme des Bildes der gesunden, sportlichen 60- bis 80-Jährigen (Rossow/ Koll-Stobbe 2015; Rentsch/Vollmann 2012). Wenn vom demographischen Wandel die Rede ist, wird dieser auch unter dem Schlagwort der ‚Veralterung' der Gesellschaft verhandelt, der jene Menschen zu kostspielig sind, die Pflege und Unterstützung benötigen. Das Bild der ‚dementen Alten' wandelt als Schreckgespenst durch Medien und Wissenschaften, während geringe Renten das Bild der ‚flaschensammelnden Alten' und allgemein Armut und Armutsgefährdung aufrufen und verstetigen. (Bundesministerium für Arbeit und Soziales 2017; Paritätischer Gesamtverband 2017) Institutionelle Diskriminierung von älteren und alten Menschen zeigt sich im Berufsleben (mit 50 Jahren ist es trotz Qualifikation schwierig, einen Arbeitsplatz zu finden), im Gesundheitswesen (Krankenkassen verweigern älteren Versicherten eine angemessene Behandlung), im Bankwesen (Banken verwehren älteren Kunden trotz Sicherheiten Kredite). In Alters- und Pflegeheimen untergebracht, sind alte Menschen nicht selten mit einer diskriminierenden Sprache konfrontiert, die sie mit Anreden wie ‚Wie geht es uns denn heute?', ‚Haben wir heute gut geschlafen?' entindividualisiert. Institutionelle Diskriminierung zeigt sich ferner, wenn Menschen ab einem bestimmten Alter nicht mehr verbeamtet werden, was über das Allgemeine Gleichbehandlungsgesetz (AGG) nicht einklagbar ist. Altersdiskriminierung findet sich darüber hinaus auch beispielsweise im Bereich der Stadtplanung: Versuchen Sie sich vorzustellen, wie sie mit 85 Jahren bei der Kürze der Grünphase einer Ampel über die Straße kommen. Eine Studie der Antidiskriminierungsstelle vermerkt zur Diskriminierung aufgrund von Alter: „14,8 Prozent der Menschen in Deutschland sahen sich davon in den letzten beiden Jahren betroffen, und zwar sowohl junge als auch ältere Menschen." (Antidiskriminierungsstelle des Bundes 2016: 1)

Ageismus als Form Struktureller Diskriminierung manifestiert sich in Erfahrungen von Machtlosigkeit, Marginalisierung, Exklusion und nicht selten in Formen von Gewalt. Wendet man sich unterschiedlichen Ausprägungen wie etwa der Altersarmut zu, scheint es fast, als hätte Simone de Beauvoir gegenwärtige Zustände in ihrem Buch *Das Alter* vorweggenommen (Beauvoir 1972), indem sie auf die enge Verknüpfung von hohem Alter, Frau-Sein und Armut verweist. Beauvoir verweist auch auf Dimensionen Systemischer Intersektionalität, wie sie sich noch heute finden, die sich nicht nur in Bezug auf Geschlecht, sondern auch hinsichtlich Ableismus oder Klassismus ausmachen lassen. Im Falle der mangelhaften Altersversorgung von Zwangsarbeiter_innen und Shoahüberlebenden, zu denen auch Roma_Romnija sowie Sinti_ze und in der Folge auch deren Kinder und Kindeskinder gehören, kann ferner eine Systemische Intersektionalität mit Antisemitismus, Migratismus und Antiromaismus/Antisintiismus festgestellt werden.

Eine zweite Form der Altersdiskriminierung ist Adultismus, die Strukturelle Diskriminierung von Kindern und Jugendlichen mit Bezug auf ihr Alter. Betrachten wir den öffentlichen Raum, so ist dieser (mit Ausnahme von Kinderspielplätzen) meist für Erwachsene gestaltet. So sind z. B. für Kinder Bänke, hohe Türklinken, Sitzgelegenheiten in U-Bahnen und vieles mehr meist unerreichbar. Ähnlich verhält es sich in öffentlichen Institutionen: Die in Medien immer wieder benannte Schulmisere (und auch schon die Misere in Kindertagesstätten) ist nicht nur durch marode Gebäude und Personalknappheit charakterisiert, sondern auch dadurch, dass der Partizipation von Kindern in der Schule, wenn vorhanden, Pilotprojektcharakter zukommt. Ausgehend von der Auffassung, Erwachsene seien kompetenter und wüssten besser über die Belange von Kindern Bescheid als diese selbst, sind adultistische Praxen alltäglich (Ritz 2008; Ortel 2016). Darüber hinaus zeigt sich Adultismus auch bei körperlicher, psychischer und über das Internet ausgeübter Gewalt gegen Kinder, beispielsweise im Falle des Cybermobbings, dem Kinder und Jugendliche zunehmenden ausgesetzt sind: „In der Altersgruppe der Zwölf- bis 19-Jährigen geben Zwei Fünftel (37 %) an, dass in ihrem Bekanntenkreis schon einmal jemand im Internet oder per Handy fertig gemacht wurde. Mädchen haben dies mit 42 Prozent schon häufiger mitbekommen als Jungen (31 %). Je älter die Jugendlichen sind, desto höher ist der Anteil derer, die schon von so einem Fall erfahren haben." (Klicksafe 2017: o. S.) Gewalt als ein Charakteristikum Struktureller Diskriminierung gegen Kinder nimmt viele Dimensionen an:

> „Ob Kindstötungen oder sexuelle Gewalt: Die Kriminalstatistik zur Gewalt gegen Minderjährige verzeichnet auch für 2017 hohe Zahlen. Das BKA warnt vor perfiden neuen Missbrauchsformen im Internet – etwa ‚webcam child sex tourism.'" (Menkens 2018: o. S.)

Die Systemische Intersektionalität in Bezug auf Klassismus wird insbesondere an der in Deutschland steigenden Kinderarmut deutlich, die regionale Unterschiede aufweist: Die Zahl der armen Kinder in Deutschland steigt seit einigen Jahren wieder an. Zuletzt war ein deutlicher Anstieg um 77.000 zu verzeichnen, die Quote der Kinderarmut kletterte um 0,7 Prozentpunkte auf 19,7 % (Wirtschafts- und Sozialwissenschaftliches Institut 2017a: o. S.). Adultismus in seiner systemisch-intersektionalen Verbindung zu Klassismus und Migratismus zeigt sich ferner am im zweiten Kapitel beschriebenen Beispiel der Schülerin aus einer bildungsbenachteiligten Familie, der trotz guter Schulleistungen das Empfehlungsschreiben für ein Gymnasium verweigert wird.

Reflexionsfragen für Trainer_innen

- Inwiefern lässt sich Strukturelle Diskriminierung auf der individuellen, institutionellen und kulturellen Ebene durch empirische Studien nachweisen?
- Welche Systemische Intersektionalität gibt es konkret in Bezug auf Altersdiskriminierung?
- Welche Charakteristika von Diskriminierung (Ausbeutung, Gewalt, Marginalisierung, Machtlosigkeit, Kulturimperialismus, Exklusion) lassen sich bei Altersdiskriminierung ausmachen?
- Inwiefern lassen sich Mechanismen von Struktureller Diskriminierung wie Othering und Stereotypisierung aufzeigen?

8.3 Antiromaismus/Antisintiismus

Antiromaismus und Antisinitiismus bedeutet Strukturelle Diskriminierung von Roma_Romnija sowie Sinti_ze, einhergehend mit Feindschaft und Hass gegen sie.

Den Lebensumständen von Roma_Romnija und Sinti_ze wird in Deutschland vielfach mit Gleichgültigkeit und Unwissen begegnet. Wir finden zugleich eine Haltung vor, bei der Wohnraumnot, ausbeuterische Arbeitsverhältnisse, fehlende Gesundheitsfürsorge, Armut und formaler Bildungsmangel vor allem den Roma_Romnija und Sinti_ze selbst zugeschrieben werden, wie die Studie *Zwischen Gleichgültigkeit und Ablehnung. Bevölkerungseinstellungen gegenüber Sinti und Roma* (Antidiskriminierungsstelle des Bundes 2014) verdeutlicht. Die Verfasser_innen kommen zu dem Schluss:

> „Die prekarisierende Vorstellung von Sinti und Roma verhindert die Gleichheitsannahme für die Minderheit. Sinti und Roma werden nicht als gleichwertiger Teil der Gesellschaft verstanden, sondern als fremd und nur vorübergehend anwesend." (Antidiskriminierungsstelle des Bundes 2014: 110)

Eine empirische Studie zu den Erfahrungen von Roma_Romnija und Sinti_ze kommt zu dem Ergebnis, dass 81,2 % der Befragten persönliche Diskriminierungserfahrungen gemacht haben. Diese Erlebnisse – von Ablehnung in Nachbarschaft, Schule, Ausbildung und am Arbeitsplatz – reichen von Mobbing über Beleidigungen und Entlassungen bis hin zu gewaltsamen Übergriffen. Viele der Befragten haben keine Schule besucht (13 %) oder die Schule ohne Abschluss verlassen (44 %). Keine Berufsausbildung irgendeiner Art haben 69 %, wohingegen 18,8 % eine Berufsausbildung abgeschlossen haben. (Strauss 2011; siehe auch Zentralrat Deutscher Sinti und Roma 2006; Mengersen 2012)

Behördenbesuche werden derweil von 40,23 % der Befragten als hoch problematisch empfunden. So führt die Studie aus:

> „Bei den Befragten, die von leichten Problemen oder gar einem ‚hoch problematischen' Verhältnis sprechen, reichen die Aussagen von ‚fühle mich schlecht', ‚mulmiges Gefühl', ‚unangenehm', ‚bin gestresst' oder ‚kann die Nacht vorher nicht schlafen' bis zu: ‚fühle mich eingeschüchtert', ‚von oben herab behandelt', ‚nicht ernst genommen', ‚nicht wahrgenommen', ‚schlecht behandelt', ‚panisch', ‚wie Dreck behandelt', ‚fühle mich diskriminiert' o.ä." (Strauss 2011: 46)

Von Diskriminierung sind Roma_Romnija auch im öffentlichen Raum insbesondere in Form von Gewalt getroffen. Problematisch ist die Situation für zugewanderte Roma_Romnija, deren Asylanträge abgelehnt wurden und die somit keinen gesicherten Aufenthaltsstatus haben, sowie für Roma_Romnija, die, „weil es so schwer ist, eine Wohnung zu finden [...] in die Hände von ausbeuterischen Vermietern" (Langenstrass 2012: o. S.) fallen und/oder mit hohen Mieten in desolaten Häusern und zu kleinen Wohnungen leben müssen.

Die aktuelle Lebenssituation von Roma_Romnija und Sinti_ze in Deutschland ist charakterisiert durch individuelle, institutionelle und kulturelle Praxen der Diskriminierung. Dabei werden Schule, Ausbildung, Arbeitsplatz, Behörden, an denen sie mit Struktureller Diskriminierung konfrontiert sind, genannt. Selbst wenn es in der Gegenwart Einzelnen gelungen ist, eine höhere Bildung (beispielsweise Abitur oder Hochschulabschluss) zu erwerben, gehören sie meist zu den ersten aus ihrer Familie mit einem solchen Abschluss. Zudem konnte in einer Studie gezeigt werden, dass jene Roma_Romnija und Sinti_ze sich, wenn sie beispielsweise eine Leitungspositionen innehaben, nicht als solche zu erkennen geben. (Scherr/Sachs 2016)

Eine Systemische Intersektionalität von Antiromaismus und Antisintiismus findet sich mit Rassismus und Migratismus (Zuschreibung konstruierter Gruppenzugehörigkeit und daraus folgende Strukturelle Diskriminierung) und Klassismus (soziale Benachteiligung und Zuschreibung von Selbstverschuldung in Bezug auf Armut). Die Charakteristika von Diskriminierung zeigen sich u. a. in Erfahrungen von Ausbeutung, Gewalt, Exklusion und Machtlosigkeit. Letzteres wird insbesondere an der Exklusion aus dem Bildungswesen deutlich, wobei es auch denjenigen, die eine höhere Bildung erreichen, an Unterstützung in der Schule mangelt.

Reflexionsfragen für Trainer_innen

- Inwiefern lässt sich Strukturelle Diskriminierung auf der individuellen, institutionellen und kulturellen Ebene durch empirische Studien nachweisen?
- Welche Systemische Intersektionalität gibt es konkret in Bezug auf Antiromaismus/Antisintiismus?
- Welche Charakteristika von Diskriminierung (Ausbeutung, Gewalt, Marginalisierung, Machtlosigkeit, Kulturimperialismus, Exklusion) lassen sich bei Antiromaismus/Antisintiismus ausmachen?
- Inwiefern lassen sich Mechanismen von Struktureller Diskriminierung wie Othering und Stereotypisierung aufzeigen?

8.4 Antisemitismus

Antisemitismus bezeichnet Strukturelle Diskriminierung gegen Juden_Jüdinnen, einhergehend mit Feindschaft und Hass gegen sie.

Der Studie *Jüdische Perspektiven auf Antisemitismus in Deutschland* sind unter anderem folgende Ergebnisse zu entnehmen: 62 % der Befragten haben versteckte antisemitische Andeutungen erlebt, 29 % verbale Beleidigungen/Belästigungen und 3 % körperliche Angriffe. Knapp 58 % der Befragten vermeiden aus Sicherheitsgründen bestimmte Stadtteile oder Orte und 70 % tragen keine äußerlich erkennbaren jüdischen Symbole aufgrund erwarteter verbaler oder körperlicher Angriffe. Etwa zwei Drittel der Befragten berichten, dass ihnen von nicht-jüdischen Personen das Gefühl vermittelt wurde, nicht Teil der deutschen Gesellschaft zu sein. 88 % der Befragten berichten davon, nicht-jüdische Personen verhielten sich ihnen gegenüber anders, sobald sie erführen, dass sie jüdisch sind. 79 % der Befragten gaben an, als Jude_ Jüdin für die Politik des Staates Israel verantwortlich gemacht worden zu sein. (Zick/Hövermann/Jensen/Bernstein/Perl 2017: 4; 19) Neben antisemitischen Alltagserfahrungen verweist die Studie auch darauf, dass etwas mehr als ein Drittel der Befragten versteckte antisemitische Andeutungen in der Arbeit, Schule oder Universität erfahren haben (Zick/Hövermann/Jensen/Bernstein/Perl 2017: 22). Ein medial öffentlich gemachtes Beispiel betrifft einen 14-jährigen Schüler, der 2017 in einer Schule, die das Label ‚Schule ohne Rassismus – Schule mit Courage' trug, verbal-antisemitischen Angriffen, körperlicher Gewalt und Mobbing ausgesetzt war; weder die Schule noch die Lehrenden oder die Eltern der anderen Kinder hatten auf den antisemitischen Vorfall reagiert. In der Schule wurden keine Maßnahmen gegen Antisemitismus getroffen: Der Schüler musste die Schule verlassen. Ein weiteres Beispiel verdeutlicht die kulturelle Verankerung von

Diskriminierung in ihrer Verschränkung mit der institutionellen Ebene, insofern jüdische Feiertage nicht berücksichtigt und nur sehr selten erwähnt werden (nur selten finden sich Symbole im öffentlichen Raum, wie die Menora zu Chanukka; nur sehr selten werden zu den christlichen Feiertagswünschen jüdische Feiertagswünsche hinzugefügt).

Dass antisemitische Handlungen weit verbreitet sind, zeigt sich in Deutschland auch an den Aktionen der Initiative BDS (Boykott, Desinvestitionen und Sanktionen gegen Israel), deren Mitglieder unter anderem international bekannte Wissenschaftler_innen sind, die eine kulturelle und wissenschaftliche Zusammenarbeit mit israelischen Institutionen und Personen zu verbieten versuchen: So wurde beispielsweise auf einer Veranstaltung an der Humboldt Universität zu Berlin eine über 90-jährige Frau, die die Shoah überlebt hat, von Vertreter_innen der BDS Bewegung niedergebrüllt und für die Diskriminierung von Palästinenser_innen verantwortlich gemacht; boykottiert wurde außerdem ein interkulturelles Musikfestival in Berlin, bei dem die BDS-Aktivist_innen alle Musiker_innen aufforderten, nicht am Festival teilzunehmen, weil eine Sängerin aus Israel 500 Euro Reisekosten von der Israelischen Botschaft erhalten hatte. Hier reiht sich auch der gegen Israel erhobene Vorwurf des sogenannten ‚Pinkwashing' ein, der auf der Vorstellung beruht, Israel würde Lesben, Schwulen, Trans*Personen etc. Rechte geben und sie gegen Diskriminierung schützen, um damit – so die Argumentation – von Menschenrechtsverletzungen gegen Palästinenser_innen abzulenken. (Siehe dazu Czollek 2017; Czollek/Perko 2018)

Strukturelle Diskriminierung zeigt sich bei Antisemitismus in individuellen, institutionellen und kulturellen Praxen und weist nicht selten eine Systemische Intersektionalität mit Migratismus und Rassismus auf: beispielsweise im Hinblick auf den Prozess des Othering – ein Mechanismus, den bereits Adorno und Horkheimer in ihrer Analyse des Antisemitismus beschrieben, und der die Konstruktion ‚des Juden' als Anderen mittels symbolischer Ausschlussprozesse zur Homogenisierung des eigenen ‚Wir' vollzieht (Horkheimer/Adorno 2008). Darüber hinaus weist Antisemitismus auch Elemente sexistischer Diskurse auf (wie die ‚Efeminisierung des jüdischen Mannes' und die ‚Sexualisierung der jüdischen Frau') sowie klassistische Dimensionen, insofern Juden_Jüdinnen ein ‚besonderer Reichtum' zugeschrieben wird. Für die Gegenwart resümiert die oben benannte Studie:

> „Das Wort ‚Jude', jüdische Identität und jüdische Präsenz in Deutschland bleiben weder Selbstverständlichkeiten noch neutrale Begriffe. Dadurch sind die gesellschaftliche Teilhabe und Zugehörigkeit, Kommunikation zwischen Juden und Nichtjuden sowie Normalitätsvorstellungen gefährdet." (Zick/Hövermann/Jensen/Bernstein/Perl 2017: 79)

Reflexionsfragen für Trainer_innen

- Inwiefern lässt sich Strukturelle Diskriminierung auf der individuellen, institutionellen und kulturellen Ebene durch empirische Studien nachweisen?
- Welche Systemische Intersektionalität gibt es konkret in Bezug auf Antisemitismus?
- Welche Charakteristika von Diskriminierung (Ausbeutung, Gewalt, Marginalisierung, Machtlosigkeit, Kulturimperialismus, Exklusion) lassen sich bei Antisemitismus ausmachen?
- Inwiefern lassen sich Mechanismen von Struktureller Diskriminierung wie Othering und Stereotypisierung aufzeigen?

8.5 Diskriminierung Ost

Diskriminierung Ost bedeutet Strukturelle Diskriminierung von Menschen aufgrund der Herkunft aus der DDR oder aufgrund transgenerationeller DDR-Geschichte.

Die Strukturelle Diskriminierung von Menschen, die in Ostdeutschland leben, lässt sich anhand empirischer Daten belegen: „Der Arbeitslosenquote von 5,8 % in den alten Bundesländern im Jahr 2017 steht eine Quote von 8,4 % in den neuen Bundesländern gegenüber." (Bundesagentur für Arbeit 2018: abbIV35) Studien verdeutlichen ferner, dass Menschen in den Neuen Bundesländern weniger verdienen (das Bruttomonatsgehalt stagniert seit acht Jahren bei etwa drei Vierteln des Westniveaus) und der Grund- sowie Immobilienbesitz ungleich verteilt ist. Hinzu kommt, dass Immobilien in den Neuen Bundesländern weniger Wert sind als in den Alten Bundesländern. (Paritätischer Gesamtverband 2017) Da vor allem junge Menschen aus den Neuen Bundesländern abwandern, fiel die Jugendarbeitslosigkeit in Ostdeutschland nach dem *Fünften Armuts- und Reichtumsbericht der Bundesregierung* von 10 auf 8,2 %, die Zahl der arbeitslosen Jugendlichen von knapp 81.000 auf rund 53.000. Auch das Gymnasium wird in Ostdeutschland mit knapp 39 % deutlich seltener als Schulform gewählt als in Westdeutschland (knapp 45 %). (Bundesministerium für Arbeit und Soziales 2017: 37; 229) Ferner zeigt die Studie:

> „Die Lage am Arbeitsmarkt unterscheidet sich ebenfalls auch für Studienabsolventinnen und Studienabsolventen zwischen Ostdeutschland und Westdeutschland. Aufgrund der strukturellen Schwäche in Ostdeutschland sind sie häufiger arbeitslos (11 Prozent im ersten Jahr nach Studienabschluss im Vergleich zu 6 Prozent in Westdeutschland) oder atypisch beschäftigt (35 Prozent im fünften Jahr nach Stu-

dienabschluss im Vergleich zu 25 Prozent)." (Bundesministerium für Arbeit und Soziales 2017: 320)

In einem großen Teil der Neuen Bundesländer kam es nach der Wiedervereinigung zu einem deutlichen Bevölkerungsrückgang, was dazu führte, dass dort überproportional viele ältere und alte Menschen leben. Dieses demographische Ungleichgewicht wiederum schlägt sich in überdurchschnittlichen Unterbeschäftigungs- und SGB-II-Quoten (Anteil der Leistungsberechtigten in Bezug auf Transferleistungen wie Arbeitslosengeld 1 oder 2 unter 65 Jahren gemäß des Sozialgesetzbuches II) nieder. (Bundesministerium für Arbeit und Soziales 2017: 153) Auch bei der Rentenzahlung wird die finanzielle Benachteiligung von Menschen sichtbar, die eine Ostbiographie haben: Zwar gleichen sich die Renten zunehmend an, doch Menschen aus der DDR verfügen im Schnitt über weniger Geld, denn die Rente setzt sich nicht nur aus den Zahlbeträgen der öffentlichen Rentenkasse, sondern auch aus Betriebsrenten, privaten Versicherungen oder Vermögen zusammen – so „[...] verfügt der durchschnittliche Rentnerhaushalt im Westen über ein um knapp 30 Prozent höheres Nettoeinkommen als sein ostdeutsches Pendant und besitzt zusätzlich ein weit mehr als doppelt so großes Vermögen" (Institut für Bevölkerung und Entwicklung 2015: 61). Die Studie vermittelt ferner, dass der Westen wohlhabender wird, der Osten hingegen nicht. Ostdeutsche verfügen im Schnitt über weniger Vermögen, da sie weniger Geld zur Verfügung haben, um Vermögen aufzubauen (Institut für Bevölkerung und Entwicklung 2015).

Als Diktatur ist die DDR weder zu verherrlichen noch anders zu betrachten als andere Diktaturen. Bei Fragen der Diskriminierung Ost geht es jedoch nicht um die DDR als Staat, sondern um die Strukturelle Diskriminierung von Menschen (von 1990 bis heute), die einen biographischen DDR-Hintergrund haben oder zugeschrieben bekommen. Fast die Hälfte der Deutschen ist der Ansicht, dass es Unterschiede zwischen Ost- und Westdeutschen gibt (Institut für Bevölkerung und Entwicklung 2015), was auch auf das Vorhandensein von Stereotypen schließen lässt. So finden sich sowohl auf individueller als auch auf institutioneller Ebene Abwertungsprozesse im Hinblick auf die Zuschreibung einer vermeintlich geringeren Leistungsfähigkeit, die stigmatisierende Vereinheitlichung ganzer Bevölkerungsgruppen (z. B. ‚die Ostdeutschen seien rechtsextrem') und eine Reihe unterschwelliger Abwertungen. Sehen wir uns Bildungsinstitutionen an, so geschieht Wissens- und Geschichtsvermittlung nicht selten unter Aussparung der DDR (z. B. in Bezug auf Gleichstellung von Frauen) und unter Ausblendung von Widerstandskulturen (z. B. Film, Malerei, Literatur). Was damit nicht selten einhergeht ist eine nationalistische Vereinnahmung, die ein gemeinsames deutsches ‚Wir' um den Preis der Anerkennung kultureller Unterschiede und innerdeutscher Migrationsgeschichten erzeugt.

Materielle Benachteiligung, geringere Verwirklichungsmöglichkeiten und Aberkennungsprozesse verweisen auf Exklusion und Machtlosigkeit: zwei Charakteristika von Struktureller Diskriminierung, die unterstreichen, dass eine Systemische Intersektionalität zwischen Diskriminierung Ost und Klassismus, in beschränktem Maße auch zu Migratismus besteht.

Reflexionsfragen für Trainer_innen

- Inwiefern lässt sich Strukturelle Diskriminierung auf der individuellen, institutionellen und kulturellen Ebene durch empirische Studien untermauern?
- Welche Systemische Intersektionalität gibt es konkret in Bezug auf Diskriminierung Ost?
- Welche Charakteristika von Diskriminierung (Ausbeutung, Gewalt, Marginalisierung, Machtlosigkeit, Kulturimperialismus, Exklusion) lassen sich bei Diskriminierung Ost ausmachen?
- Inwiefern lassen sich Mechanismen von Struktureller Diskriminierung wie Othering und Stereotypisierung aufzeigen?

8.6 Klassismus

Klassismus bedeutet Strukturelle Diskriminierung von Menschen aufgrund ihres sozialen und ökonomischen Status (z. B. Arbeiter_innenklasse, arme Menschen, Intellektuelle etc.).

Die Funktionsweise von Klassismus wird hier am Beispiel klassistischer Praxen gegen arme Menschen veranschaulicht. Laut der Studie *Menschenwürde ist Menschenrecht. Bericht zur Armutsentwicklung in Deutschland 2017* des Paritätischen Gesamtverbandes sind insbesondere folgende Menschen von Armut getroffen: Alleinerziehende, Jugendliche und junge Erwachsene, Migrant_innen, geflüchtete Menschen und Menschen mit einer psychischen Erkrankung oder einer Beeinträchtigung, alte Menschen sowie arbeitslose Menschen. Hier wird festgehalten:

> „In Abkehr von einem sogenannten absoluten Armutsbegriff, der Armut an existenziellen Notlagen wie Obdachlosigkeit oder Nahrungsmangel festmacht, ist der Armutsbegriff der EU ein relativer. Arm sind danach alle, die über so geringe Mittel verfügen, ‚dass sie von der Lebensweise ausgeschlossen sind, die in dem Mitgliedstaat, in dem sie leben, als Minimum annehmbar ist' [...] Dies sei in aller Regel der Fall, wenn man über weniger als die Hälfte bzw. 40 oder 60 Prozent des mittleren Einkommens einer Gesellschaft verfügt." (Paritätischer Gesamtverband 2017: 6)

Die Studie kommt zu dem Schluss, dass die Armut im letzten Jahrzehnt in Deutschland gestiegen ist: „Die Armutsquote erreichte 15,7 Prozent. Dies bedeutet rechnerisch, dass im Jahre 2015 rund 12,9 Mio. Menschen in Deutschland unter der Einkommensarmutsgrenze lebten. Dies markiert einen neuen Höchststand im vereinten Deutschland." (Paritätischem Gesamtverband 2017: 9) Dabei wurden auch Unterschiede zwischen den einzelnen Bundesländern und einzelnen Personengruppen festgestellt: beispielsweise Rentner_innen (15,9 %), Alleinerziehende (43,8 %), Familien mit drei und mehr Kindern (25,2 %), Erwerbslose (59 %), Menschen mit Migrationsgeschichte (27,7 %). Im Geschlechtervergleich zeigt die Studie bei Frauen eine Armutsquote von 16,3 % und bei Männern 15,1 %. (Paritätischer Gesamtverband 2017: 20) Zu Kinderarmut resümiert eine Studie der Bertelsmann Stiftung Folgendes: „[...] im Durchschnitt ist in Deutschland jedes vierte Kind von Armut betroffen." (Tophoven/Lietzmann/Reiter/Claudia Wenzig 2018: 6)

In Bezug auf den öffentlichen Diskurs stellt Christoph Butterwegge fest, dass Armut oftmals verharmlost wird (Butterwegge 2009). Strukturelle Diskriminierung als Verschränkung von individuellen, institutionellen und kulturellen Praxen zeigt sich nicht zuletzt darin, dass von Armut getroffene Menschen aufgrund fehlender finanzieller Mittel nicht am sozialen und kulturellen Leben teilhaben und partizipieren können. Heranwachsende Menschen, die von Armut getroffen sind, haben geringere Chancen auf eine gute Ausbildung. Die meisten von Armut getroffenen Menschen sind zudem damit konfrontiert, dass sie sich keinen Wohnraum in Innenstädten leisten können und daher an die Peripherie von Städten oder sogar auf die Straße verwiesen werden (diesen bleibt oftmals eine adäquate medizinische Versorgung verwehrt). Geschätzte 335.000 Menschen leben in Deutschland ohne eigene Wohnung; davon sind es schätzungsweise 60.000 Frauen, die stärker dazu neigen, ihre Not zu verstecken und in verdeckter Wohnungslosigkeit leben (Netzfrauen 2014: o. S.).

Eine Systemische Intersektionalität ergibt sich einerseits hinsichtlich der oben genannten sozialen Gruppen, die mit Armut konfrontiert sind: ein jeweils höheres Armutsrisiko existiert für gleichzeitig von Migratismus, Sexismus, Altersdiskriminierung, Diskriminierung Ost und Ableismus getroffene Menschen. Sie spielt auch eine wichtige Rolle in Bezug auf Antiromaismus, Antisintiismus und Rassismus (z. B. klassistische Diskriminierung auf dem Arbeitsmarkt oder bei der Wohnungssuche aufgrund von Aussehen, Namen etc.).

Reflexionsfragen für Trainer_innen

- Inwiefern lässt sich Strukturelle Diskriminierung auf der individuellen, institutionellen und kulturellen Ebene durch empirische Studien nachweisen?
- Welche Systemische Intersektionalität gibt es konkret in Bezug auf Klassismus?

- Welche Charakteristika von Diskriminierung (Ausbeutung, Gewalt, Marginalisierung, Machtlosigkeit, Kulturimperialismus, Exklusion) lassen sich bei Klassismus ausmachen?
- Inwiefern lassen sich Mechanismen von Struktureller Diskriminierung wie Othering und Stereotypisierung aufzeigen?

8.7 Lookismus

Lookismus bedeutet Strukturelle Diskriminierung aufgrund des Aussehens, Körpers oder der Kleidung.

Empirische Studien, die Lookismus systematisch erforschen, liegen bislang nicht vor, weshalb sich der folgende Abschnitt auf einige Beispiele beschränken muss.

Ein Beispiel für Lookismus ist das Bodyshaming, ein Beschämt- und Diskriminiertwerden aufgrund des Körpers, der nicht der vermeintlichen Norm entspricht. So evozieren bestimmte Formen des Aussehens im Hinblick auf die Körpergröße und das Gewicht häufig lookistische Äußerungen auf individueller Ebene, die von Stereotypen gespeist sind. Auf institutioneller Ebene zeigt sich Bodyshaming beispielsweise auch dadurch, dass Menschen, die in einem beruflichen Bereich verbeamtet werden könnten, dies nicht werden, wenn ihr Gewicht nicht einer verankerten Norm entspricht. Im Kontext des medizinischen Diskurses wird diese Diskriminierungsform immer wieder deutlich durch die Reduzierung von Krankheitsursachen auf den der verankerten Norm nicht entsprechenden Körper. Ein weiteres Phänomen, das im Sinne der Systemischen Intersektionalität auch auf Klassismus verweist, sind beispielsweise Sitzgelegenheiten: So sind diese etwa in der U-Bahn oder im Flugzeug für eine bestimmte Körpernorm ausgelegt oder kosten mehr, wenn in Fluglinien größere Sitze angeboten werden. (Schmid/Diamond/Pflaster 2017; Albrecht 2018)

Auf institutioneller Ebene kann eine Debatte beispielhaft für Lookismus angeführt werden. Seit dem Inkrafttreten des Allgemeinen Gleichbehandlungsgesetzes (AGG) im Jahr 2006 wird über ein Verbot des Bewerbungsfotos diskutiert. In Hochschulen und Universitäten etwa wird das Gesetz dahingehend interpretiert, dass Bewerbungsunterlagen kein Foto enthalten sollen. In der Bewerbungspraxis herrscht jedoch stillschweigend weiterhin der Wunsch nach einem solchen vor. Aus einer lookismuskritischen Perspektive führt ein Bewerbungsfoto nicht nur zu Zuschreibungen wie ‚sympathisch' oder ‚nicht-sympathisch', sondern kann für Menschen auch eine Verringerung oder gar Verunmöglichung ihrer Bewerbungschancen bedeuten. Das kann beispielsweise jene Menschen treffen, bei denen das Aussehen mit dem weiblichen oder männlichen Namen nicht übereinstimmt, deren Körper nicht der jeweils geltenden Norm entspricht, die eine sichtbare Beeinträchtigung haben oder bei jenen, die nicht der Vorstellung eines ‚deutschen' Aussehens entsprechen. Bewerbungsfotos können über Kleidung zudem dazu führen, Schlüsse über die vermeintliche finanzielle Lage des_der Bewerber_in, das Engagement und den Geschmack zu ziehen.

Strukturelle Diskriminierung zeigt sich bei Lookismus unter anderem in Charakteristika wie Exklusion, Marginalisierung und Machtlosigkeit. Systemische Intersektionalitäten lassen sich zu Rassismus, Migratismus und Ableismus ausmachen (Beispiel: Bewerbungsfoto), aber auch zu Klassismus (Beispiel: finanzielle Nachteile).

Reflexionsfragen für Trainer_innen

- Inwiefern lässt sich Strukturelle Diskriminierung auf der individuellen, institutionellen und kulturellen Ebene durch empirische Studien nachweisen?
- Welche Systemische Intersektionalität gibt es konkret in Bezug auf Lookismus?
- Welche Charakteristika von Diskriminierung (Ausbeutung, Gewalt, Marginalisierung, Machtlosigkeit, Kulturimperialismus, Exklusion) lassen sich bei Lookismus ausmachen?
- Inwiefern lassen sich Mechanismen von Struktureller Diskriminierung wie Othering und Stereotypisierung aufzeigen?

8.8 Rassismus/Migratismus

Rassismus bedeutet Strukturelle Diskriminierung von Schwarzen Menschen. Eine erweiterte Definition umfasst die Begriffe Antimuslimismus als Diskriminierung von Muslim_innen und Migratismus als Diskriminierung von Menschen mit Migrationsgeschichte und als Diskriminierung gegen geflüchtete Menschen.

Individuelle, institutionelle und kulturelle rassistische Praxen können sich sowohl gegen Menschen richten, die selbst bzw. deren Eltern oder Großeltern in einem anderen Land als Deutschland geboren sind, als auch gegen Menschen, die in Deutschland geboren und aufgewachsen sind und die deutsche Staatsbürgerschaft besitzen. Hier greift der Mechanismus des Othering, was sich nicht selten in der Frage ‚Wo kommt Du denn her?' [und nicht selten mitgedacht: ‚Wo kommst Du denn *eigentlich* her?'] ausdrückt. Analog etwa zu der

Diskriminierung von Menschen mit Beeinträchtigungen oder alten Menschen dienen hier vermeintliche Sichtbarkeiten dazu, Menschen in Gruppen einzuteilen und ihnen bestimmte Eigenschaften zuzuschreiben. Eine Studie, die Rassismus und Migratismus systematisch erforscht, existiert nicht. Doch werden nachfolgend einige Beispiele von Diskriminierungsrealitäten skizziert, die sich in erster Linie auf den achten *ENAR-Schattenbericht über Rassismus in Deutschland* (Europäisches Netzwerk gegen Rassismus 2011) beziehen.

Das Europäische Netzwerk gegen Rassismus stellt in seinem Schattenbericht 2011 für Deutschland unter anderem fest, dass Schwarze Menschen auf dem Arbeits- und Wohnungsmarkt und durch den Ausschluss aus öffentlichen Orten (z. B. Bars und Clubs) von Struktureller Diskriminierung getroffen sind. Berichtet wird ferner von rassistisch motivierter Gewalt im öffentlichen Raum sowie diskriminierenden Praxen gegen Schwarze Menschen durch Behörden, insbesondere polizeiliches Racial Profiling, also Personenkontrollen vonseiten Polizei- und Sicherheitsbeamten, die auf Stereotypen in Bezug auf das Aussehen oder der vermuteten Herkunft der Personen beruhen. (Europäische Netzwerk gegen Rassismus 2011; siehe dazu auch Ludwig 2013; Tornau 2013) Im Zusammenhang mit kulturellen Praxen von Diskriminierung kann auf die Debatte um sogenannte ‚No-go-Areas' im Umfeld der Fußballweltmeisterschaft 2006 in Deutschland verwiesen werden, bei der deutlich wurde, dass es für Schwarze Menschen oder Migrant_innen gefährlich sein kann, bestimmte Berliner Bezirke und Regionen Deutschlands zu bereisen.

In Bezug auf Migrant_innen bzw. Menschen mit (zugewiesener) Migrationsgeschichte wird festgestellt, dass diese Menschen unter anderem einen schlechteren Zugang zu medizinischen Leistungen erfahren. Ferner erleben sie Strukturelle Diskriminierung im Bereich der Beschäftigung (Zugang zum Arbeitsmarkt) – bei gleicher Qualifikation oder aber aufgrund ungleicher ökonomischer Voraussetzungen oder nicht anerkannter Abschlüsse (entweder der Personen selbst oder der Eltern- oder Großelterngeneration), aufgrund derer sie weniger Chancen haben, eine höhere Bildung einzuschlagen. (Europäische Netzwerk gegen Rassismus 2011) Hier lässt sich eine Systemische Intersektionalität zu Klassismus feststellen. Rassistische und migratistische Praxen zeigen sich auch an Schulen, Hochschulen und Universitäten, wobei es auch hierzu keine umfassende Studie gibt. Der *Leitfaden für Diskriminierungsschutz an Hochschulen* verdeutlicht aber, dass diese Praxen in erster Linie von Lehrenden ausgehen (Antidiskriminierungsstelle des Bundes 2013). Darüber hinaus zeigen sich Migratismus und Rassismus im Zugang zum Wohnungsmarkt, was die Studie *Diskriminierung auf dem Wohnungsmarkt. Strategien zum Nachweis rassistischer Benachteiligung* unterstreicht, die auch Beispiele enthält, die gerichtlich eingeklagt wurden: „Nach über drei Jahren AGG ist es im Januar 2010 zum ersten Urteil im Fall der Wohnungsmarkt-Diskriminierung gekommen." (Antidiskriminierungsstelle des Bundes 2015: 32)

Laut der Studie *Diskriminierungserfahrungen in Deutschland 2015* geben 8,4 % aller Befragten an, aus rassistischen Gründen Diskriminierung erfahren zu haben (Antidiskriminierungsstelle des Bundes 2016: 6). Nicht erfasst sind Menschen ohne Papiere, die ebenfalls mit diskriminierenden Praxen konfrontiert sind. Neben Racial Profiling und Alltagsrassismus ist ihre Situation auch im Gesundheitswesen kritisch (Europäisches Netzwerk gegen Rassismus 2011). Auch hier wurden die Erfahrungen von geflüchteten Menschen noch nicht systematisch erfasst, die darüber hinaus auf dem Arbeitsmarkt verstärkt von Ausbeutung getroffen sind. Dass diese mit Gewalt konfrontiert sind, verdeutlichen Brandstiftungen, Sprengstoffanschläge und Körperverletzungen gegen geflüchtete Menschen und ihre Unterkünfte: Unter Berufung auf Zahlen des Bundeskriminalamts spricht Amnesty International für das Jahr 2015 von 1.031 rassistisch motivierten Straftaten gegen Flüchtlingsunterkünfte (Amnesty International 2016: 11).

Rassismus und Migratismus zeigen sich als Strukturelle Diskriminierung in ihren Charakteristika von Ausbeutung, Exklusion, Gewalt, Marginalisierung und Machtlosigkeit. Wie beschrieben, existiert eine Systemische Intersektionalität beispielsweise mit Klassismus, wenn rassistisch diskriminierten Menschen zugleich der Zugang zum Arbeits- und Wohnungsmarkt erschwert wird, oder mit Homo- und Transmiseoismus – auch in Bezug auf Gewalt im öffentlichen Raum. Systemische Intersektionalitäten zeigen sich aber auch im Hinblick auf Antimuslimismus, wobei die Sichtbarkeit (z. B. Frauen, die ein Kopftuch tragen) eine große Rolle für Gewalt und Exklusion spielt (Europäisches Netzwerk gegen Rassismus 2011).

Reflexionsfragen für Trainer_innen

- Inwiefern lässt sich Strukturelle Diskriminierung auf der individuellen, institutionellen und kulturellen Ebene durch empirische Studien nachweisen?
- Welche Systemische Intersektionalität gibt es konkret in Bezug auf Rassismus und Migratismus?
- Welche Charakteristika von Diskriminierung (Ausbeutung, Gewalt, Marginalisierung, Machtlosigkeit, Kulturimperialismus, Exklusion) lassen sich bei Rassismus und Migratismus ausmachen?
- Inwiefern lassen sich Mechanismen von Struktureller Diskriminierung wie Othering und Stereotypisierung aufzeigen?

8.9 Sexismus/Heterosexismus/Homo- und Transmiseoismus

Sexismus/Heterosexismus/Homo- und Transmiseoismus bedeutet Strukturelle Diskriminierung von Menschen aufgrund ihres (zugeschriebenen) Geschlechts und/oder ihres sexuellen Begehrens. Die Diskriminierungsform ist verbunden mit Heteronormativität, die ein Denk- und Verhaltenssystem beschreibt, in dem lediglich zwei Geschlechter (Mann/Frau) als Norm anerkannt werden, woraus sich wiederum bestimmte Körper-, Verhaltens- und Sexualitätsnormen ergeben.

Erfahrungen Struktureller Diskriminierung aufgrund des Geschlechts oder des sexuellen Begehrens wurden in der Studie *Diskriminierungserfahrungen in Deutschland 2015* genauer erhoben: 9,2 % aller Befragten erlebten Diskriminierung aufgrund des Geschlechts und 2,4 % aufgrund ihrer sexuellen Orientierung (Antidiskriminierungsstelle des Bundes 2016: 6). Hinsichtlich des vielfältigen Repertoires möglicher Begehrens- und Sexualitätsformen sowie Geschlechter gehen wir hier auf einige Beispiele in Bezug auf Frauen, Lesben und Trans*Personen ein.

Frauen sind sehr oft von häuslicher Gewalt, aber auch Gewalt im öffentlichen Raum getroffen: Das Familienministerium veröffentlichte 2004 eine umfassende repräsentative Studie zu Gewalt gegen Frauen in Deutschland, in der unterschiedliche Gewaltformen gegen Frauen dargelegt wurden (Bundesministerium für Familie, Senioren, Frauen und Jugend 2004).[21] Um hier ein Beispiel zu nennen: „Insgesamt 37 % der in unserer Untersuchung befragten Frauen haben im mündlichen oder im schriftlichen Fragebogen angegeben, körperliche Übergriffe […] seit dem 16. Lebensjahr erlebt zu haben." (Bundesministerium für Familie, Senioren, Frauen und Jugend 2004: 35) Dabei handelte es sich beispielsweise darum, „körperlich angegriffen" […] geschlagen, geohrfeigt, an den Haaren gezogen, getreten oder mit einer Waffe oder einem Gegenstand bedroht […] worden zu sein." (Bundesministerium für Familie, Senioren, Frauen und Jugend 2004: 16). 13 % der befragten Frauen, also knapp jede siebente Frau, gaben ferner an, seit dem 16. Lebensjahr sexualisierte Gewalt – „[…] alle Formen von Vergewaltigung, versuchter Vergewaltigung und sexueller Nötigung […]" – erlebt zu haben (Bundesministerium für Familie, Senioren, Frauen und Jugend 2004: 65).

Nach wie vor aktuell ist der Gender Pay Gap, die Tatsache also, dass Frauen immer noch weniger verdienen als Männer: Im Durchschnitt bei Arbeitneh-

21 Bemerkenswert ist, dass die Daten auch heute noch aus dieser Studie entnommen werden: „So verwies beispielsweise das Familienministerium auf Anfrage des *ARD-faktenfinder* selbst auf diese Studie. Auch die Organisation Terres des Femmes erklärte auf Anfrage, man benutze diese Untersuchung weiterhin - und die Ergebnisse deckten sich mit den aktuellen Erfahrungen aus Beratungsgesprächen." (Gensing 2018: o. S.)

mer_innen in leitender Stellung 20,5 % in Vollzeitbeschäftigung und 11,5 % in Teilzeitbeschäftigung (Wirtschafts- und Sozialwissenschaftliches Institut 2017b: 1). Bei diesen Beispielen handelt es sich um Strukturelle Diskriminierung in ihrer Ausprägung als Gewalt und Ausbeutung.

Im Jahr 1994 wurde mit dem §175 des deutschen Strafgesetzbuches (StGB), der auf die Zeit des Nationalsozialismus zurückgeht, eine institutionalisierte Form von Diskriminierung von Lesben und Schwulen aufgehoben. Das ändert nichts daran, dass sowohl Strukturelle Diskriminierung als auch alltägliche Gewalt gegen sie weiterhin existiert: Ersteres beispielsweise in Bezug darauf, dass es im Kontext heteronormativer Lebens- und Arbeitszusammenhänge nach wie vor Vorteile bringt, sich nicht z. B. als Lesbe zu outen; Zweiteres in Bezug auf Beschimpfungen und Beleidigungen bis hin zu körperlicher Gewalt gegen Lesben und Schwule, wie sie alltäglich geschehen. Systematisch erfasst sind hier keine Diskriminierungsrealitäten, doch bieten Lesben- und Schwulen-Projekte die Möglichkeit, Gewalterfahrungen zu berichten, die aufgenommen werden (beispielsweise die *Lesbenberatung e. V.* oder *Maneo. Das Schwule Anti-Gewalt-Projekt* in Berlin). Eine Pilotstudie zeigt einige Ergebnisse, die sich auf die „Lebenssituationen und Diskriminierungserfahrungen von lesbischen, schwulen, bisexuellen und transsexuellen/transidenten – kurz LGBT – Jugendlichen und jungen Erwachsenen bis ca. 27 Jahren“ beziehen (Krell 2013: 5). Gezeigt werden Diskriminierungserfahrungen von lesbischen, schwulen Jugendlichen und jungen Erwachsenen bis ca. 27 Jahren: 90 % der Befragten gaben an, Diskriminierung in Zusammenhang mit ihrer sexuellen Orientierung erlebt zu haben, wobei Beleidigungen und Beschimpfungen ebenso vorkamen wie körperliche Gewalt und rechtliche Benachteiligung in Bezug auf das Steuer- und Adoptionsrecht (Krell 2013: 37). Inwiefern sich Strukturelle Diskriminierung gegen Lesben und Schwule durch die in Deutschland im Jahr 2017 eingeführte ‚Ehe für Alle‘ ändern wird, bleibt abzuwarten.

Diskriminierenden Praxen wie den oben beschriebenen sind auch Trans*Personen ausgesetzt. Sie erleben Strukturelle Diskriminierung außerdem in Bezug auf den Zugang zum Arbeitsmarkt, Verweigerung des gleichberechtigten Zugangs zu Dienstleistungen, zu Aus- und Fortbildung sowie in Form von verbaler, psychischer, physischer und sexualisierter Gewalt am Arbeitsplatz (Franzen/Sauer 2010).

Im Hinblick auf gesellschaftliche Veränderungen ist die sogenannte ‚Toilettenfrage‘ interessant: Noch 1980 argumentierten Entscheidungsbefugte der Linzer Straßenbahn in Österreich, man könne keine Frauen als Straßenbahnführerin oder Buslenkerin anstellen, weil an den Endhaltestellen nur eine Toilette für Männer eingerichtet sei. Auch historisch ist die Frage öffentlicher Toiletten Gegenstand des Kampfes gegen Diskriminierung gewesen: Bevor der Nasa-Astronaut John Glenn im Februar 1962 als erster Amerikaner die Erde in einem

Raumschiff umkreiste, stellte er zur Bedingung, Mitarbeiterinnen zur Berechnung der Flugbahn einzubeziehen. Diese Forderung betraf die Mathematikerin Katherine Johnson, die an ihrer Arbeit behindert worden war, weil sie als Schwarze Frau keine ‚Toilette für Weiße' benutzen durfte und daher weite Wege auf sich nehmen musste. (Handelsblatt 2016)

Seit geraumer Zeit existieren Toiletten für Frauen. Und mittlerweile haben einige Institutionen ihre Toiletten für alle Geschlechter geöffnet (z. B. Universitäten und Hochschulen, aber auch Theater wie das Maxim Gorki Theater Berlin, Studio Я). Heutige Überlegungen zu All-Gender-Toiletten (oder Unisex-Toiletten) und Maßnahmen, sie zu realisieren, empören aber immer noch viele Gemüter. Das erstaunt umso mehr, als sich die Forderung nach getrennten Toiletten für Frauen und für Männer nicht auf Menschen mit Beeinträchtigungen bezieht, für die zumeist nur eine gemeinsame Toilette vorhanden ist.

In den benannten Beispielen manifestiert sich Strukturelle Diskriminierung unter anderem in Form von Gewalt, Marginalisierung, Exklusion und Machtlosigkeit. Systemische Intersektionalitäten finden sich beispielsweise zu Rassismus (Erleben von Gewalt; Begrenzung der Zugänge zum Arbeitsmarkt), aber auch zu Klassismus (im Hinblick beispielsweise auf Armut).

Reflexionsfragen für Trainer_innen

- Inwiefern lässt sich Strukturelle Diskriminierung auf der individuellen, institutionellen und kulturellen Ebene durch empirische Studien nachweisen?
- Welche Systemische Intersektionalität gibt es konkret in Bezug auf Sexismus/Heterosexismus/Homo- und Transmiseoismus?
- Welche Charakteristika von Diskriminierung (Ausbeutung, Gewalt, Marginalisierung, Machtlosigkeit, Kulturimperialismus, Exklusion) lassen sich bei Sexismus/Heterosexismus/Homo- und Transmiseoismus ausmachen?
- Inwiefern lassen sich Mechanismen von Struktureller Diskriminierung wie Othering und Stereotypisierung aufzeigen?

9. *Literatur und Quellennachweise*

ADAMS, MAURIANNE/BELL, LEE ANNE/GRIFFIN, PAT (Hg.) (1997): Teaching for Diversity and Social Justice. A Sourcebook. New York/London: Routledge.

ADORNO, THEODOR W. (1973): Studien zum autoritären Charakter. Frankfurt/Main: Suhrkamp.

ADORNO, THEODOR W. (1977): Erziehung nach Auschwitz. In: Ders.: Kulturkritik und Gesellschaft II. Eingriffe. Stichworte. Frankfurt/Main: Suhrkamp, S. 674–690.

ALBRECHT, MAGDA (2018): Fa(t)shionista: Rund und glücklich durchs Leben. Berlin: Ullstein extra.

AMNESTY INTERNATIONAL (2016): Leben in Unsicherheit. Wie Deutschland die Opfer rassistischer Gewalt im Stich lässt. London: Amnesty International Secretariat. Online unter: https://www.amnesty-in-bewegung.de/files/Amnesty-Bericht-Rassistische-Gewalt-in-Deutschland-Juni2016.pdf [letzter Zugriff: 18.2.2019].

ANTIDISKRIMINIERUNGSSTELLE DES BUNDES (2016): Diskriminierungserfahrungen in Deutschland 2015. Erste Ergebnisse einer repräsentativen Erhebung und einer Betroffenenbefragung. Berlin. Online unter: www.antidiskriminierungsstelle.de/SharedDocs/Downloads/DE/projekte/Handout_Umfrage_Diskriminierung_in_Dtschl_2015.pdf?__blob=publicationFile&v =1 [letzter Zugriff: 18.2.2019].

ANTIDISKRIMINIERUNGSSTELLE DES BUNDES (2015): Diskriminierung auf dem Wohnungsmarkt. Strategien zum Nachweis rassistischer Benachteiligung. Berlin. Online unter: https://www.antidiskriminierungsstelle.de/SharedDocs/Downloads/DE/publikationen/Expertisen/Expertise_Wohnungsmarkt_20150615.pdf?__blob=publicationFile [letzter Zugriff: 18.2.2019].

ANTIDISKRIMINIERUNGSSTELLE DES BUNDES (2014): Zwischen Gleichgültigkeit und Ablehnung. Bevölkerungseinstellungen gegenüber Sinti und Roma. Berlin. Online unter: www.antidiskriminierungsstelle.de/SharedDocs/Downloads/DE/publikationen/Expertisen/Expertise_Bevoelkerungseinstellungen_gegenueber_Sinti_und_Roma_20140829.pdf?__blob=publicationFile [letzter Zugriff: 18.2.2019].

ANTIDISKRIMINIERUNGSSTELLE DES BUNDES (2013): Leitfaden: Diskriminierungsschutz an Hochschulen. Ein Praxisleitfaden für Mitarbeitende im Hochschulbereich. Berlin. Online unter: www.antidiskriminierungsstelle.de/SharedDocs/Downloads/DE/publikationen/Diskriminierungsfreie_Hochschule/Leitfaden-Diskriminierung-Hochschule-20130916.pdf?__blob=publication File [letzter Zugriff: 18.2.2019].

ANTMANN, DEBORA (2015): Politik in Widersprüchen. In: Don't degrade Debs, Darling! [Blog], 5.11.2015. Online unter: https://dontdegradedebsdarling.wordpress.com/2015/11/05/politik-in-widerspruechen/ [letzter Zugriff: 31.1.2019].

ARENDT, HANNAH (2016): Wir Flüchtlinge. Mit einem Essay von Thomas Mayer. Stuttgart: Reclam.

ARENDT, HANNAH (2003): Denktagebuch. 2 Bde. München: Piper.

ARENDT, HANNAH (1996): Ich will verstehen. Selbstauskünfte zu Leben und Werk. München: Piper.

ARENDT, HANNAH (1989a): Gedanken zu Lessing – Von der Menschlichkeit in finsteren Zeiten. In: Dies.: Menschen in finsteren Zeiten. München: Piper.

ARENDT, HANNAH (1989b): Zur Zeit – Politische Essays. München: dtv.

ARENDT, HANNAH (1986): Eichmann in Jerusalem. Ein Bericht über die Banalität des Bösen. München: Piper.

ARENDT, HANNAH (1985): Vom Leben des Geistes 3. Das Urteilen. Texte zu Kants politischer Philosophie. München: Piper.

ARENDT, HANNAH (1967): Vita Activa oder vom tätigen Leben. München: Piper.
ARNDT, SUSAN/OFUATEY-ALAZARD, NAJA (Hg.) (2012): Wie Rassismus aus Wörtern spricht. (K)erben des Kolonialismus im Wissensarchiv deutsche Sprache. Ein kritisches Nachschlagewerk. Münster: Unrast.
ASHBY, HAL/HIGGINS, COLIN (1971): Harold and Maude [Spielfilm]. USA.
AYIM, MAY (1995): Blues in schwarz weiss. Gedichte. Berlin: Orlanda Frauenverlag.
BAIER, JO (2003): Schwabenkinder [Fernsehfilm]. Deutschland/Österreich.
BALLHAUS NAUNYNSTRAẞE (2016): Sesperado – Revolution of Color [Trailer]. Online unter: https://vimeo.com/171378159 [letzter Zugriff: 31.1.2019].
BARBERY, MURIEL (2008): Die Eleganz des Igels. München: dtv.
BEAUVOIR, SIMONE DE (1968): Das andere Geschlecht. Reinbek: Rowohlt.
BEAUVOIR, SIMONE DE (1972): Das Alter. Essay. Reinbek: Rowohlt.
BEINER, RONALD (1985): Hannah Arendt über das Urteilen. In: Dies.: Vom Leben des Geistes 3. Das Urteilen. Texte zu Kants politischer Philosophie. München: Piper.
BERLIN-INSTITUT FÜR BEVÖLKERUNG UND ENTWICKLUNG (2009): Alt und behindert – Wie sich der demografische Wandel auf das Leben von Menschen mit Behinderung auswirkt. Berlin. Online unter: www.berlin-institut.org/fileadmin/user_upload/Alt_behindert/Alt_und_behindert_online.pdf [letzter Zugriff: 19.2.2019].
BERLINER, ALAIN (1997): Mein Leben in Rosarot [Spielfilm]. Frankreich/Belgien/Großbritannien.
BINDER, MARIA (1997): Hoffnung im Herz: mündliche Poesie von May Ayim [Dokumentarfilm]. Berlin.
BLANK, ROSEMARIE (2003): Als wär's das wahre Leben/Almost Real Life [Dokumentarfilm]. Berlin.
BLOCH, ERNST (1985): Das Prinzip Hoffnung. Frankfurt/Main: Suhrkamp.
BODEMANN, MICHAL Y. (1996): Gedächtnistheater. Die jüdische Gemeinschaft und ihre deutsche Erfindung. Hamburg: Rotbuch.
BOURDIEU, PIERRE (1996): Die Logik der Felder. In: Bourdieu, Pierre/Wacquant, Loïc: Reflexive Anthropologie. Frankfurt/Main: Suhrkamp, S. 124–147.
BOURDIEU, PIERRE (1992): Homo Academicus. Frankfurt/Main: Suhrkamp.
BOURDIEU, PIERRE (1987a): Die feinen Unterschiede. Kritik der gesellschaftlichen Urteilskraft. Frankfurt/Main: Suhrkamp.
BOURDIEU, PIERRE (1987b): Sozialer Sinn. Frankfurt/Main: Suhrkamp.
BOURDIEU, PIERRE/WACQUANT, LOÏC J. D (2006): Reflexive Anthropologie. Frankfurt/Main: Suhrkamp.
BRAUN, CHRISTINA VON (1990): Der Ewige Judenhaß [Dokumentarfilm]. Deutschland: Westdeutscher Rundfunk.
BRAUN, CHRISTINA VON/HEID, LUDGER (Hg.) (2000): Der ewige Judenhaß. Berlin: Philo Verlag.
BUBER, MARTIN (2001): Der Weg des Menschen nach der chassidischen Lehre. Gütersloh: Gütersloher Verlagshaus.
BUBER, MARTIN (1997): Das Dialogische Prinzip. Gerlingen: Bleicher Verlag.
BUBER, MARTIN (1978): Urdistanz und Beziehung. Beiträge zu einer philosophischen Anthropologie. Heidelberg: Lambert Schneider.
BUNDESMINISTERIUM FÜR ARBEIT UND SOZIALES (2017): Lebenslagen in Deutschland. Der fünfte Armuts- und Reichtumsbericht der Bundesregierung. Berlin. Online unter: www.bmas.de/DE/Service/Medien/Publikationen/a306-5-armuts-und-reichtumsbericht.html [letzter Zugriff: 18.2.2019].
BUNDESMINISTERIUM FÜR FAMILIE, SENIOREN, FRAUEN UND JUGEND (2004): Lebenssituation, Sicherheit und Gesundheit von Frauen in Deutschland. Eine repräsentative Untersuchung zu Gewalt gegen Frauen in Deutschland. Teil 1 und Teil 2. Berlin. Online unter: www.bmfsfj.de/

bmfsfj/studie--lebenssituation--sicherheit-und-gesundheit-von-frauen-in-deutschland/80694 [letzter Zugriff:18.2.2019].

BUNDESZENTRALE FÜR POLITISCHE BILDUNG (Hg.) (2002): Deutsche Einheit [Themenheft]. Aus Politik und Zeitgeschichte, 37–38/02. Bonn.

BURGAUER, ERICA (1993): Zwischen Erinnerung und Verdrängung – Juden in Deutschland nach 1945. Reinbek: Rowohlt.

BUTTERWEGGE, CHRISTOPH (Hg.) (2009): Armut in einem reichen Land. Wie das Problem verharmlost und verdrängt wird: Frankfurt/Main/New York: Campus.

CASTORIADIS, CORNELIUS (1990): Die griechische polis und die Schaffung der Demokratie; Das Gebot der Revolution; Sozialismus und autonome Gesellschaft. In: Rödl, Ulrich (Hg.): Autonome Gesellschaft und libertäre Demokratie. Frankfurt/Main: Suhrkamp , S. 298–328.

CASTORIADIS, CORNELIUS (1984): Gesellschaft als imaginäre Institution. Entwurf einer politischen Philosophie. Frankfurt/Main: Suhrkamp.

CASTRO VARELA, MARIA DO MAR/DHAWAN, NIKITA (2005): Postkoloniale Theorie. Eine kritische Einführung. Bielefeld: transcript.

COHEN, RICH (2000): Murder Inc.: oder Nicht ganz koschere Geschäfte in Brooklyn. Berlin: Fischer.

COLLINS, PATRICIA HILL (1998): It's All in the Family: Intersections of Gender, Race and Nation. In: Hypatia, 13, 3, S. 62–82.

CRENSHAW, KIMBERLÉ (2004): Intersectionality: The double bind of Race and Gender [Interview]. In: perspectives. American Bar Association, Frühling/04. Online unter: www.abanet.org/women/perspectives/Spring2004CrenshawPSP.pdf [letzter Zugriff: 31.1.2019].

CRENSHAW, KIMBERLÉ (1998): Demarginalizing the Intersection of Race and Sex. A Black Feminist Critique of Antidiscrimination Doctrine, Feminist Theory, and Antiracist Politics. In: Phillips, Anne (Hg.): Feminism & Politics. Oxford: Oxford University Press, S. 314–343.

CURLYjAY (2014): Rassismus – meine Erfahrungen [YouTube Clip], 31.7.2014. Online unter: www.youtube.com/watch?v=jhMA_cY-41g [letzter Zugriff: 31.1.2019].

CZOLLEK, LEAH CAROLA (2018): Gender in der Beratung als Handlungsfeld der Sozialen Arbeit. In: Schulze, Heidrun/Höblich, Davina/Mayer, Marion (Hg.): Macht – Diversität – Ethik in der Beratung. Wie Beratung Gesellschaft macht. Opladen/Berlin/Toronto: Barbara Budrich, S. 126–137.

CZOLLEK, LEAH CAROLA (2017): Geschichtsvergessenheit und Rechtfertigung für Hass. Vergegenwärtigung: BDS und Pinkwashing. In: Stimme. Zeitschrift der Initiative Minderheiten. Themenheft: Weitermachen! Minoritäre Bewegungen – Bilanz und Perspektiven, 104/17, S. 23–24.

CZOLLEK, LEAH CAROLA (2003): Am Anfang war das Wort. Aspekte jüdischen Dialoges und die Vielstimmigkeit von Multikulturalismus. In: Czollek, Leah Carola/Perko, Gudrun (Hg.): Verständigung in finsteren Zeiten. Interkulturelle Dialoge statt »Clash of Civilizations«. Köln: PapyRossa, S. 44–64.

CZOLLEK, LEAH CAROLA/PERKO, GUDRUN (2018): Wem hören wir zu? Über Kontinuitäten antisemitischer Stereotype und Denkfiguren im Queerfeminismus. In: Missy Magazine, 01/18, S. 62–64.

CZOLLEK, LEAH CAROLA/PERKO, GUDRUN/WEINBACH, HEIKE (2012): Praxishandbuch Social Justice und Diversity. Theorien, Trainings, Methoden, Übungen. Weinheim/Basel: Beltz Juventa.

CZOLLEK, LEAH CAROLA/PERKO, GUDRUN/WEINBACH, HEIKE (2009): Lehrbuch Gender und Queer. Grundlagen, Methoden und Praxisfelder. Weinheim/München: Beltz Juventa.

CZOLLEK, MAX/KASZNER, CORINNE/CZOLLEK, LEAH CAROLA/PERKO, GUDRUN (2017): Radical Diversity und Desintegration: Bausteine eines künstlerisch-politischen Projekts. In: Jalta. Positionen zur jüdischen Gegenwart, 02/17, S. 71–77.

CZOLLEK, MAX (2018): Desintegriert Euch! München: Hanser.

DONATH, NAOMI (2017): Transsexworks – Transsexworkers on Frobenstrasse [Dokumentarfilm]. Berlin.

EMCKE, CAROLIN/MACCARONE, ANGELINA (2014): „Tolerant? Sind wir selber" – Eine filmische Intervention [Videoclips)]. Online unter: https://carolin-emcke.de/tolerant-sind-wir-selber-eine-filmische-intervention/ [letzter Zugriff: 31.1.2019].

ERGÜN, MUTLU (2016): Kara Günlük. Die geheimen Tagebücher des Sesperado. Münster: Unrast.

ERIBON, DIDIER (2016): Rückkehr nach Reims. Berlin: Suhrkamp.

EUROPÄISCHES NETZWERK GEGEN RASSISMUS (2011): Shadow Report 2010-2011. Racism and related discriminatory practices in Germany. Online unter: http://cms.horus.be/files/99935/MediaArchive/publications/shadow%20report%202010-11/10.%20Germany%20(2).pdf [letzter Zugriff: 18.2.2019].

FOROUTAN, NAIKA (2018): Ostdeutsche sind auch Migranten. In: tageszeitung, 13.5.18. Online unter: www.taz.de/!5501987/ [letzter Zugriff: 4.11.2018].

FRANZEN, JANNIK/SAUER, ARN (2010): Benachteiligung von Trans*Personen, insbesondere im Arbeitsleben. Hg. Antidiskriminierungsstelle des Bundes, Berlin. Online unter: www.transinterqueer.org/download/Publikationen/benachteiligung_von_trans_personen_insbesondere_im_arbeitsleben.pdf [letzter Zugriff: 18.2.2019].

FRASER, NANCY (2001): Die halbierte Gerechtigkeit. Frankfurt/Main: Suhrkamp.

GENSING, PATRICK (2018): Schwere Straftaten gegen Frauen. Die männliche Gewalt. In: tagesschau.de, 14.3.2018. Online unter: https://faktenfinder.tagesschau.de/inland/fakten-gewalt-gegen-frauen-101.html [letzter Zugriff: 18.2.2019].

GROSSMASS, RUTH/PERKO, GUDRUN (2011): Ethik für soziale Berufe. Paderborn: Ferdinand Schöningh.

HACKER, MICHAEL/MAIWALD, STEPHANIE/U. A. (Hg.) (2012): Dritte Generation Ost: Wer wir sind, was wir wollen. Berlin: Ch. Links Verlag.

HANDELSBLATT (2016): Frauen in der US-Raumfahrt. Lass das Mädchen die Zahlen checken. Online unter: www.handelsblatt.com/technik/forschung-innovation/frauen-in-der-us-raumfahrt-lass-das-maedchen-die-zahlen-checken/14657454.html [letzter Zugriff: 18.2.2019]).

HAUG, FRANZISKA (2018): Antisemitismus – ein Nebenwiderspruch in Queerfeministischen Diskursen? In: Theorie, Kritik & Aktion Berlin/Autonome Neuköllner Antifa/Andere Zustände ermöglichen/Deutschland demobilisieren. (Hg.): (K)eine Diskussion! Antisemitismus in der Radikalen Linken. o. O., S. 46–57. Online unter: https://keinediskussion.noblogs.org/files/2018/01/K_eine-Diskussion-web.pdf [letzter Zugriff: 11.1.2019].

HECHLER, SEBASTIAN/KAMPMEIER, ANKE S./KRAEHMER, STEFFI/MICHELS, KATRIN (Hg.) (2018): Exklusiv INKLUSIV – Inklusion kann gelingen. Forschungsergebnisse und Beispiele guter Praxis. Neubrandenburg: Hochschule Neubrandenburg.

HEILBRONN, CHRISTIAN/RABINOVICI, DORON/SZNAIDER, NATAN (Hg.) (2019): Neuer Antisemitismus? Fortsetzung einer globalen Debatte. Berlin: Suhrkamp.

HENSEL, JANA (2002): Zonenkinder. Reinbek: Rowohlt.

HOOKS, BELL (2000): Where we stand. Class matters. New York: Routledge.

HOOKS, BELL (1992): Black Looks. Race and Representation. Boston/Mass.: South End Press.

HÖPPNER, GRIT (2010): „Sich schön machen" im Alter: Zur Verknüpfung neoliberaler Körperbilder, weiblicher Subjektivierungsformen und Gesundheitshandeln. In: Mauerer, Gerlinde (Hg.): Frauengesundheit in Theorie und Praxis. Feministische Perspektiven in den Gesundheitswissenschaften. Bielefeld: transcript, S. 113–126.

HORKHEIMER, MAX/ADORNO, THEODOR W. (2008): Dialektik der Aufklärung. Philosophische Fragmente. Frankfurt/Main: Suhrkamp.

IHRIG, WILFRIED/JANETZKI, ULRICH (Hg.) (2018): Die Morgendämmerung der Worte. Moderner Poesie-Atlas der Roma und Sinti. Berlin: Die Andere Bibliothek.

INTERNATIONALES INSTITUT FÜR BILDUNG, SOZIAL- UND ANTISEMITISMUSFORSCHUNG E.V. (Hg.) (2018): Die antisemitische Boykottkampagne BDS. Gegen Frieden und Zwei-Staaten-Lösung. Für Delegitimierung und Zerstörung Israels. Eine Handreichung. Berlin. Online unter: https://iibsa.org/wp-content/uploads/2018/11/Die-antisemitische-Boykottkampagne-BDS-Eine-Handreichung_IIBSA.pdf.pdf [letzter Zugriff: 19.2.2019].

INSTITUT FÜR BEVÖLKERUNG UND ENTWICKLUNG (2015): So geht Einheit. Wie weit das einst geteilte Deutschland zusammengewachsen ist. Berlin. Online unter: www.berlin-institut.org/fileadmin/user_upload/So_geht_Einheit/BI_SoGehtEinheit_final_online.pdf [letzter Zugriff: 18.2.2019].

KEMPER, ANDREAS (2011): Klassenkörper. In: arranca!, 44/11. Online unter: https://arranca.org/archive?path=%2Fausgabe%2F44%2Fklassenkoerper [letzter Zugriff: 4.12.2018].

KEMPER, ANDREAS/WEINBACH, HEIKE (2009): Klassismus. Eine Einführung. Münster: Unrast.

KILOMBA, GRADA (2008): Plantation Memories. Episodes of Everyday Racism. Münster: Unrast.

KLICKSAFE (2017): Cybermobbing. Online unter: www.klicksafe.de/themen/kommunizieren/cyber-mobbing/cyber-mobbing-zahlen-und-fakten/ [letzter Zugriff: 18.2.2019].

KNAPP, GUDRUN AXELI/WETTERER, ANGELIKA (Hg.) (1999): Achsen der Differenz. Gesellschaftstheorie und feministische Kritik. Münster: Westfälisches Dampfboot.

KNOBLOCH, HEINZ (1987): Herr Moses in Berlin. Ein Menschenfreund in Preußen. Das Leben des Moses Mendelssohn. Berlin: DDR Buchverlag Der Morgen.

KÖPPING, PETRA (2018): Integriert doch erst mal uns! Berlin: Ch. Links Verlag.

KOREN, YEHUDA/NEGEV, EILAT (2003): Im Herzen waren wir Riesen. Die Überlebensgeschichte einer Liliputanerfamilie. München: Econ Verlag.

KRAMER, UNDINE (2003): Ageismus. Zur sprachlichen Diskriminierung des Alters. In: Fiehler, Reinhard/Thimm, Caja (Hg.): Sprache und Kommunikation im Alter. Radolfzell: Verlag für Gesprächsforschung, S. 257–277. Online unter: http://www.verlag-gespraechsforschung.de/2004/alter/257-277.pdf [letzter Zugriff: 19.2.2019].

KRELL, CLAUDIA (2013): Lebenssituationen und Diskriminierungserfahrungen von homosexuellen Jugendlichen in Deutschland [Pilotstudie]. Hg. Deutsches Jugendinstitut e.V. München. Online unter: www.lsvd.de/fileadmin/pics/Dokumente/Studien/Abschlussbericht_Pilotstudie_Lebenssituationen_und_Diskriminierungserfahrungen_von_homosexuellen_Jugendlichen_in_Deutschland.pdf [letzter Zugriff: 18.2.2019].

KUHLMANN, CAROLA (2014): Geschichte der Sozialen Arbeit. Band 1: Studienbuch – Eine Einführung für soziale Berufe. Schwalbach am Taunus: Wochenschau Verlag.

KUHRIG, HERTA/THÜRMER-ROHR, CHRISTINA (2003): Ein Dialog über den Dialog: Zwischen dem „Kommunistischen Manifest“ und dem „Feminismus“. In: Czollek, Leah Carola/Perko, Gudrun (Hg.): Verständigung in finsteren Zeiten. Interkulturelle Dialoge statt „Clash of Civilizations“. Köln: PapyRossa , S. 65–92.

KURATORIUM DEUTSCHE ALTERSHILFE/LANDESSENIORENVERTRETUNG NRW/LANDESPRÄVENTIONSRAT NRW (2005): Alter – kein Hinderungsgrund. Wege aus der Altersdiskriminierung. [Positionspapier zur Tagung „Altersdiskriminierung – Alterspotenziale – Wie sieht der Alltag aus?“], 12.12.2005, Maternushaus Köln. Online unter: www.lpr.nrw.de/infos/Dokumentensammlung/Praevention-und-Senioren/fachtagung.pdf [letzter Zugriff 31.1.2019].

LAgRAVANESE, RICHARD (2007): Freedom Writers [Spielfilm]. Deutschland/USA.

LANGENSTRASS, MARKUS (2012): Gekommen, um zu bleiben. In: Der Tagesspiegel, 3.4.2012. Online unter: www.tagesspiegel.de/berlin/sinti-und-roma-in-berlin-gekommen-um-zu-bleiben/6468884.html [letzter Zugriff: 18.2.2019].

LANDMANN, SALCIA (2010): Jüdische Weisheit aus drei Jahrtausenden. Köln: Anaconda.

LANDMANN, SALCIA (1983): Der jüdische Witz. Olten/Freiburg i. Br.: Walter-Verlag.

LEBER, SEBASTIAN (2016): Lookismus. Die Bevorzugung der Schönen. In: Der Tagesspiegel, 9.10.2016. Online unter: www.tagesspiegel.de/politik/lookismus-die-bevorzugung-der-schoenen/14659816-all.html [letzter Zugriff: 4.12.2018].

LÉVINAS, EMMANUEL (1999): Die Spur des Anderen. Untersuchungen zur Phänomenologie und Sozialphilosophie. Freiburg/München: Alber.

LÉVINAS, EMMANUEL (1991): Außer sich. Meditationen über Religion und Philosophie. Wien: Hanser.

LUDWIG, KATHARINA (2013): Alltagsrassismus: Afrodeutsche stehen in Berlin immer unter Verdacht. In: Potsdamer Neueste Nachrichten, 30.9.2013. Online unter: www.pnn.de/brandenburg-berlin/792679/ [letzter Zugriff: 18.2.201].

MAIMON, MOSES BEN (1995): Führer der Unschlüssigen. Hamburg: Meiner.

MALZAHN, CLAUS CHRISTIAN (2018): Attacke von Neonazis auf jüdisches Restaurant in Chemnitz. In: Die Welt, 7.9.2018. Online unter: www.welt.de/politik/deutschland/article181463300/Am-27-August-Attacke-von-Neonazis-auf-juedisches-Restaurant-in-Chemnitz.html [letzter Zugriff: 31.1.2019].

MASUHR, LILIAN (2012): Zur Geschichte des Umgangs mit Behinderung. In: Leidmedien.de [Blog]. Online unter: https://leidmedien.de/geschichte/zur-geschichte-des-umgangs-mit-behinderung/ [letzter Zugriff: 31.1.2019].

MAU, STEFFEN (2008): Europäische Solidaritäten. In: Aus Politik und Zeitgeschichte, 21/08. Online unter: www.bpb.de/apuz/31218/europaeische-solidaritaeten?p=all [letzter Zugriff: 20.9.2018].

MAYER, REINHOLD (1988): Einführung. In: Franz Rosenzweig: Der Stern der Erlösung. Frankfurt/Main: Suhrkamp.

MENGERSEN, OLIVER VON (2012): Sinti und Roma in der Schule – die Meinung von Lehrerinnen und Lehrern. Hg. Zentralrat Deutscher Sinti und Roma. Heidelberg. Online unter: http://zentralrat.sintiundroma.de/download/3825 [letzter Zugriff: 18.2.2019].

MENKENS, SABINE (2018): Missbrauchsfälle immer grausamer, die Kinder immer jünger. In: Die Welt, 5.6.2018. Online unter: www.welt.de/politik/deutschland/article177047750/Gewalt-gegen-Kinder-BKA-warnt-vor-neuen-Missbrauchsformen.html [letzter Zugriff: 17.2.2019].

MESSERSCHMIDT, ASTRID (2008): Postkoloniale Erinnerungsprozesse in einer postnationalsozialistischen Gesellschaft – vom Umgang mit Rassismus und Antisemitismus. In: Peripherie, 28, 109/110, S. 42–60.

MILL, JOHN STUART (1997): On Utilitarianism. London/New York: Routledge.

MITTELDEUTSCHER RUNDFUNK SACHSEN (2018): Die Ereignisse in Chemnitz – eine Chronologie. In: MDR Sachsen, 30.8.2018. Online unter: www.mdr.de/sachsen/chemnitz/chemnitz-stollberg/chemnitz-ausschreitungen-chronologie-demonstrationen-100.html [letzter Zugriff: 31.1.2019].

MÜLLER, HERTA (2003): Der König verneigt sich und tötet. München: Hanser.

NETZFRAUEN (2014): Obdachlose – Der Kampf gegen die Armut hat sich zum Kampf gegen die Armen gewandelt. In: Netzfrauen, 1.12.2014. Online unter: https://netzfrauen.org/2014/12/01/obdachlose-der-kampf-gegen-die-armut-hat-sich-zum-kampf-gegen-die-armen-gewandt/ [letzter Zugriff: 18.2.2019].

NUSSBAUM, MARTHA C. (2010): Die Grenzen der Gerechtigkeit – Behinderung, Nationalität und Spezieszugehörigkeit. Frankfurt/Main: Suhrkamp.

NUSSBAUM, MARTHA C. (1999): Gerechtigkeit oder das gute Leben. Frankfurt/Main: Suhrkamp.

NUSSBAUM, MARTHA C. (1988): Nature, Function and Capability: Aristotle on Political Distribution. Oxford Studies in Ancient Philosophy (supplementary volume), working paper, S. 145–184. Online unter: www.wider.unu.edu/publication/nature-function-and-capability [letzter Zugriff: 19.2.2019].

OKIN, SUSAN MOLLER (1989): Justice, Gender and the Family. New York: Princeton University Press.

ORTEL, HENRIETTE (2016): Adultismus und Epiphanismus. Institutionen der Erziehungshilfe im Spannungsfeld zwischen gesellschaftlichen Rahmenbedingungen und sozialer Gleichberechtigung [Studienarbeit]. Berlin: e-Book (o. V).

PARITÄTISCHER GESAMTVERBAND (2017): Menschenwürde ist Menschenrecht. Bericht zur Armutsentwicklung in Deutschland 2017. Berlin. Online unter: www.isl-ev.de/attachments/ article/1726/armutsbericht-2017_aktuell.pdf [letzter Zugriff: 18.2.2019].

PERKO, GUDRUN (2018): Ethik in der Beratung mit Blick auf eine diskriminierungskritische Beratung. In: Schulze, Heidrun/Höblich, Davina/Mayer, Marion (Hg.): Macht – Diversität – Ethik in der Beratung. Wie Beratung Gesellschaft macht. Opladen/Berlin/Toronto: Barbara Budrich, S. 111–126.

PERKO, GUDRUN (2017): Social Justice im Zeichen von Diversity, Pluralität und Perspektivenvielfalt: Philosophische Grundlagen für eine diskriminierungskritische Soziale Arbeit. In: Dies. (Hg.): Die Bedeutung der Philosophie in der Sozialen Arbeit. Weinheim/Basel: Beltz Juventa, S. 48–69.

PERKO, GUDRUN (2016): Pluralität – Konfliktpotentiale – Chancen. Leitfaden für die Umsetzung von Diversity an Hochschulen. Hg. Gleichstellungsrat der Fachhochschule Potsdam. Potsdam: o. V.

PERKO, GUDRUN (2013): Bedenken. Kritiken des Antijudaismus, Antisemitismus und Rassismus gegen die Neue Frauenbewegung in Theorie und Praxis und ihre Aktualität in Queer Studies – eine kritische Bestandsaufnahme. In: Guggenheimer, Jacob/Isob, Utta/Leibetseder, Doris/ Mertlitsch, Kirstin (Hg.): When we were gender … Geschlechter erinnern und vergessen. Analysen von Geschlecht und Gedächtnis in den Gender Studies, Queer-Theorien und feministischen Politiken. Berlin: transcript, S. 225–245.

PERKO, GUDRUN (2009): Antirassismusarbeit für Jugendliche mit Elementen des Social Justice Trainings – Evaluierung des Projektes. In: Bundschuh, Stephan/Jagusch, Birgit (Hg.): Antirassismus und Social Justice. Materialien für Trainings mit Jugendlichen. Düsseldorf: IDA, S. 50–62.

PERKO, GUDRUN (2006): Queer-Theorien als Denken der Pluralität: Kritiken – Hintergründe – Alternativen – Bedeutungen. In: Quer – denken, lesen, schreiben, 12/06, S. 4–11. Online unter: www.ash-berlin.eu/fileadmin/Daten/Einrichtungen/Frauenbeauftragte/Quer/12_2006_ Queer.pdf [letzter Zugriff: 31.1.2019].

PERKO, GUDRUN (2005): Queer-Theorien. Über ethische, politische und logische Dimensionen des plural-queeren Denkens. Köln: PapyRossa.

PERKO, GUDRUN (2003): Respektvolle Umgänge: Über den Dialog, die Idee des Dialogischen und die Rolle der Imagination – von Sokrates über Arendt und Castoriadis. In: Czollek, Leah Carola/Perko, Gudrun (Hg.): Verständigung in finsteren Zeiten. Interkulturelle Dialoge statt »Clash of Civilizations«. Köln: PapyRossa, S. 14–43.

PERKO, GUDRUN (1993a): Von dämonischen Tiefen zu Wucherungen an der Oberfläche. In: Treusch-Dieter, Gerburg (Hg.): Das Böse ist immer und überall. Aachen: Elefanten Press, S. 32–36.

PERKO, GUDRUN (1993b): Aufschlüsse der Einbildungskraft. Auswirkungen und Wirkungsweisen der Phantasie. Pfaffenweiler: Centaurus.

POLIAKOV, LÉON (1979–1988): Geschichte des Antisemitismus. 8 Bde. Frankfurt/Main: Suhrkamp.

QUAKNIN, MARC-ALAIN (1996): Eine Reise ins Paradies. Über das wägende Lesen des Talmud. In: Stäblein, Ruthard (Hg.): Geduld. Die Kunst des Wartens. Frankfurt/Main: Fischer, S. 67–83.

QUAKNIN, MARC-ALAIN (1990): Das verbrannte Buch. Den Talmud lesen. Weinheim/Berlin: Quadriga.

RANDJELOVIC, ISIDORA/SCHUCH, JANE (Hg.) (2014): Perspektiven und Analysen von Sinti und Rroma in Deutschland. Heimatkunde-Dossier. Hg. Heinrich-Böll-Stiftung. Online unter: https://heimatkunde.boell.de/sites/default/files/dossier_perspektiven_und_analysen_von_sinti_und_rroma_in_deutschland.pdf [letzter Zugriff: 31.1.2019].

RAWLS, JOHN (1982): Eine Theorie der Gerechtigkeit. Frankfurt/Main: Suhrkamp.

REDZEWSKY, PATRICIA (2012): Gleichberechtigte Teilhabe von Kindern gegen Adultismus. In: Quer – denken lesen schreiben, 18/12, S. 24–27. Online unter: www.ash-berlin.eu/fileadmin/Daten/Einrichtungen/Frauenbeauftragte/Quer/18_2012_Sozial_Justice.pdf [letzter Zugriff: 31.1.2019].

REIFENBERGER, JULIA (2013): Girls With Guns. Rape & Revenge Movies: Radikalfeministische Ermächtigungsfantasien? Berlin: Bertz/Fischer.

REINHARD, DOTSCHY (2014): Everybody's Gypsy. Popkultur zwischen Ausgrenzung und Respekt. Berlin: Metrolit.

RENTSCH, THOMAS/VOLLMANN, MORRIS (Hg.) (2012): Gutes Leben im Alter. Die philosophischen Grundlagen. Stuttgart: Reclam.

RITZ, MANUELA (2008): Adultismus – ein unbekanntes Phänomen: Ist die Welt nur für Erwachsene gemacht? In: Wagner, Petra (Hg.): Handbuch Kinderwelten. Vielfalt als Chance. Grundlagen einer vorurteilsbewussten Erziehung. Freiburg i. Br.: Herder.

RITZ, MANUELA/ZAMI, LAYLA (2012): Kurz in der Welt: Die Welt in den Augen der Kinder [Dokumentarfilm]. Berlin.

ROSE, LOTTE/SCHORB, FRIEDRICH (Hg.) (2017): Fat Studies in Deutschland. Hohes Körpergewicht zwischen Diskriminierung und Anerkennung. Weinheim/Basel: Beltz Juventa.

ROSENBERG, MARIANNE/ROSENBERG, PETRA (2010): Sinti und Roma [Interview]. In: Planet Wissen. Deutsche Sinti und Roma – Die Rosenbergs und andere Familien. Fernsehsendung vom 28.4.2010, 21:45 Uhr. Online unter: www.youtube.com/watch?v=_Zb_wNlbmWU [letzter Zugriff: 18.2.2019].

ROSENZWEIG, FRANZ (1988): Der Stern der Erlösung. Frankfurt/Main: Suhrkamp.

ROSSOW, JUDITH/KOLL-STOBBE, AMEI (2015): Diskursive Konstruktionen und Reflektionen von Altersbildern – Ein Blick auf Sprache und Interaktionsnormen. In: Journal für Psychologie, 23, S. 31–54.

SALZMANN, SASHA MARIANNA (2017): Außer sich. Berlin: Suhrkamp.

SCHERR, ALBERT/SACHS, LENA (2016): Erfolgreiche Sinti und Roma bleiben unsichtbar. In: Mediendienst Integration, 31.3.2016. Online unter: https://mediendienst-integration.de/artikel/gastbeitrag-albert-scherr-lena-sachs-studie-zu-erfolgreichen-sinti-und-roma.html [letzter Zugriff: 18.2.2019].

SCHMID, LEA/DIAMOND, DARLA/PFLASTER, PETRA (Hg.) (2017): Lookismus. Normierte Körper – Diskriminierende Mechanismen – (Self-)Empowerment. Münster: Unrast.

SCHMIDT, MORITZ RICHARD (2016): DesintegratiЯ! [Dokumentarfilm]. Berlin.

SCHNEIDER, NORBERT F. (2012): Was ist Familie? Eine Frage von hoher gesellschaftspolitischer Relevanz. In: Bundeszentrale für Politische Bildung. Dossier Deutsche Verhältnisse. Eine Sozialkunde, 31.5.2012. Online unter: www.bpb.de/politik/grundfragen/deutsche-verhaeltnisse-eine-sozialkunde/138023/was-ist-familie [letzter Zugriff: 12.2.2019].

SCHULER, KATHARINA (2010): Arbeiten fürs Essen. In: ZEIT online, 11.1.2010. Online unter: www.zeit.de/online/2006/20/Schreiner [letzter Zugriff: 20.9.2018].

SCHWARZ-FRIESEL, MONIKA (2015): Aktueller Antisemitismus. Konzeptuelle und verbale Charakteristika. In: Bundeszentrale für politische Bildung. Dossier Antisemitismus, 7.9.2015. Online unter: www.bpb.de/politik/extremismus/antisemitismus/211516/aktueller-antisemitismus [letzter Zugriff: 4.11.2018].

SEN, AMARTYA (2010): Die Idee der Gerechtigkeit. München: dtv.

SEYBOLD, KATRIN/SPITTA, MELANIE (1987): Das falsche Wort. Wiedergutmachung an Zigeunern (Sinti) in Deutschland? [Dokumentarfilm]. Deutschland.

SHADYAC, TOM (1998): Patch Adams [Spielfilm]. USA.

SILLGE, URSULA (2007): Damals war's – Ein Rückblick auf Bedingungen und Strukturen der lesbisch-schwulen Bewegung in der DDR. In: Dennert, Gabriele/Leidingen, Christiane/Rauchut, Fransziska (Hg.): In Bewegung bleiben. 100 Jahre Politik, Kultur und Geschichte von Lesben. Berlin: Querverlag, S. 105–108.

STRAUSS, DANIEL (Hg.) (2011), Studie zur aktuellen Bildungssituation deutscher Sinti und Roma. Mannheim: RomnoKher. Online unter: http://sinti-roma.com/wp-content/uploads/2014/07/2011_Strauss_Studie_Sinti_Bildung 1-1-1.jpg [letzter Zugriff: 18.2.2019].

TAYLOR, CHARLES (1929): Multikulturalismus und die Politik der Anerkennung. Frankfurt/Main: Suhrkamp.

THEORIE, KRITIK & AKTION BERLIN/AUTONOME NEUKÖLLNER ANTIFA/ANDERE ZUSTÄNDE ERMÖGLICHEN/DEUTSCHLAND DEMOBILISIEREN (Hg.) (2018): (K)eine Diskussion. Antisemitismus in der Radikalen Linken. Online unter: https://keinediskussion.noblogs.org/files/2018/01/K_eine-Diskussion-web.pdf [letzter Zugriff: 11.1.2019].

TOBIAS, JIM G./ZINKE, PETER (2003): Nakam. Jüdische Rache an NS-Tätern. Berlin: Aufbau.

TOPHOVEN, SILKE/LIETZMANN, TORSTEN/REITER, SABRINA/WENZIG, CLAUDIA (2018): Armutsmuster in Kindheit und Jugend. Langschnittbetrachtungen von Kinderarmut. Hg. Bertelsmann Stiftung. Gütersloh. Online unter: www.bertelsmann-stiftung.de/fileadmin/files/Projekte/Familie_und_Bildung/Studie_WB_Armutsmuster_in_Kindheit_und_Jugend_2017.pdf [letzter Zugriff: 18.2.2019].

TORNAU, F. JOACHIM (2013): Racial Profiling: Paragraf 22 für Alltagsrassismus. In: Frankfurter Rundschau, 17.12.2013. Online unter: www.fr.de/politik/racial-profiling-paragraf-22-fuer-alltagsrassismus-a-634557 [letzter Zugriff: 18.2.2019].

VEH, ELISABETH/RÖDER, EVA (2012): Marktlücke Prinzessin – Schönheitssalon für Fünfjährige. In: Quer [Fernsehsendung], 3.10.2012. Bayerischer Rundfunk. Online unter: www.youtube.com/watch?v=uXGT0KtzCH4 [letzter Zugriff 31.1.2019].

VEREIN CHECK ART. VEREIN FÜR FEMINISTISCHE MEDIEN UND POLITIK (Hg.) (2014): an.schläge. Das feministische Magazin. Themenheft Klassismus, 10/14. Online unter: www.anschlaege.at/feminismus/klassismus-oktober-2014/ [letzter Zugriff: 11.2.2019].

VEREIN FÜR POLITISCHE BILDUNG ANALYSE & KRITIK e.V. (Hg.) (2013): Critical Whiteness. Debatte um antirassistische Politik und nicht diskriminierende Sprache. Hamburg: Sonderbeilage, Herbst/13.

VUKADINOVIĆ, VOJIN SAŠA (Hg.) (2018): Freiheit ist keine Metapher. Antisemitismus, Migration, Klassismus, Religionskritik. Berlin: Querverlag.

WALZER, MICHAEL (1992): Sphären der Gerechtigkeit. Ein Plädoyer für Pluralität und Gleichheit. Frankfurt/Main: Campus

WENSIERSKI, PETER (2006): Schläge im Namen des Herrn. Die verdrängte Geschichte der Heimkinder in der Bundesrepublik Deutschland. München: Deutsche Verlags-Anstalt.

WINKER, GABRIELE/DEGELE, NINA (2009): Intersektionalität. Zur Analyse sozialer Ungleichheiten. Bielefeld: transcript.

WIRTSCHAFTS- UND SOZIALWISSENSCHAFTLICHES INSTITUT (2017a): Verdienstabstand nach Erwerbsumfang und beruflicher Position 2017. Hrsg. von der Hans-Böckler-Stiftung, Berlin. Online unter: www.boeckler.de/52852.htm [letzter Zugriff: 17.2.2019].

WIRTSCHAFTS- UND SOZIALWISSENSCHAFTLICHES INSTITUT (2017b): Kinderarmut in Deutschland 2015. Hg. Hans-Böckler-Stiftung. Berlin. Online unter: www.boeckler.de/106598_108314.htm [letzter Zugriff: 17.2.2019].

YOUNG, IRIS MARION (1996): Fünf Formen der Unterdrückung. In: Nagl-Docekal, Herta/Pauer-Studer, Herlinde (Hg.): Politische Theorie. Differenz und Lebensqualität. Frankfurt/Main: Suhrkamp, S. 99–139.

YOUNG, IRIS MARION (1990): Justice and the Politics of Difference. Princeton: Princeton University Press.

ZENTRALRAT DEUTSCHER SINTI UND ROMA (2006): Ergebnisse der Repräsentativumfrage des Zentralrats Deutscher Sinti und Roma über den Rassismus gegen Sinti und Roma in Deutschland. Heidelberg. Online unter: https://osteuropa.lpb-bw.de/fileadmin/osteuropa/pdf/Zentralrat_Umfrage_Rassismus.pdf [letzter Zugriff: 18.2.2019].

ZICK, ANDREAS/HÖVERMANN, ANDREAS/JENSEN, SILKE/BERNSTEIN, JULIA/PERL, NATHALIE (2017): Jüdische Perspektiven auf Antisemitismus in Deutschland. Studie der University of Applied Sciences Frankfurt am Main (UAS) und des Bielefelder Instituts für interdisziplinäre Konflikt- und Gewaltforschung (IKG). Bielefeld. Online unter: https://uni-bielefeld.de/ikg/daten/JuPe_Bericht_April2017.pdf [letzter Zugriff: 18.2.2019].

Blogs/Webseiten

Amadeu Antonio Stiftung [Webseite]: www.amadeu-antonio-stiftung.de/publikationen/#Antisemitismus [letzter Zugriff: 4.11.2018].

Arbeiterkind.de. – Für alle, die als Erste in ihrer Familie studieren [Webseite]. Online unter: www.arbeiterkind.de/ [letzter Zugriff: 4.12.2018].

Fonds Heimerziehung [Webseite]: www.fonds-heimerziehung.de/ [letzter Zugriff: 4.12. 2018].

IniRromnja [Webseite]: https://inirromnja.wordpress.com/ [letzter Zugriff 31.1.2019].

Leidmedien.de [Webseite]: https://leidmedien.de/ [letzter Zugriff: 4.12.2018].

Mädchenmannschaft.net [Blog]. Serie „Mein Fett ist politisch“: https://maedchenmannschaft.net/series/mein-fett-ist-politisch/ [letzter Zugriff: 31.1.2019].

Raul Krauthausen [Blog]: www.raul.de [letzter Zugriff: 4.12.2018].

Rebecca Maskos [Blog]: https://rebecca-maskos.net [letzter Zugriff: 4.12.2018].

RomaniPhen – Das feministische Rromnja Archiv [Webseite]: www.romnja-power.de/ [letzter Zugriff: 3.9.2018].

Women in Exile & Friends [Webseite]: www.women-in-exile.net/ [letzter Zugriff: 4.12.2018].

Gesetze und Verankerungen

ALLGEMEINES GLEICHBEHANDLUNGSGESETZ (AGG) (2006): Online unter: www.gesetze-im-internet.de/agg/ [letzter Zugriff: 11.2.2019].

GENDER MAINSTREAMING (GM) (1999): Online unter: www.bmfsfj.de/bmfsfj/themen/gleichstellung/gleichstellung-und-teilhabe/strategie-gender-mainstreaming/strategie--gender-mainstreaming-/80436?view=DEFAULT [letzter Zugriff: 11.2.2019].

GRUNDGESETZ FÜR DIE BUNDESREPUBLIK DEUTSCHLAND (1949): Online unter: www.gesetze-im-internet.de/gg/index.html [letzter Zugriff: 11.2.2019].

UN-BEHINDERTENRECHTSKONVENTION (2008): Online unter: www.institut-fuer-menschenrechte.de/fileadmin/user_upload/PDF-Dateien/Pakte_Konventionen/CRPD_behindertenrechtskonvention/crpd_b_de.pdf [letzter Zugriff: 18.2.2019].

UN-KINDERRECHTSKONVENTION (1992): Übereinkommen über die Rechte des Kindes. Online unter: www.bmfsfj.de/blob/93140/78b9572c1bffdda3345d8d393acbbfe8/uebereinkommen-ueber-die-rechte-des-kindes-data.pdf [letzter Zugriff: 11.2.2019].

UN-MENSCHENRECHTSCHARTA (1948): Allgemeine Erklärung der Menschenrechte. Online unter: www.menschenrechtserklaerung.de/die-allgemeine-erklaerung-der-menschenrechte-3157/ [letzter Zugriff: 11.2.2019].

10 Anhang

10.1 Visualisierung – ohne Vortragsperformance

Halten wir Vorträge zum Thema Social Justice und Diversity, dann werden wir häufig gefragt, ob wir unsere PowerPoint-Präsentation zur Verfügung stellen würden. Das nehmen wir uns zu Herzen und stellen hier die PowerPoint-Folien bereit, die wir als thematische Einführung für die Ausbildung zum_zur Social Justice und Diversity Trainer_in verwenden – wohl wissend, dass hierbei eine Vortragsperformance fehlt, die sie erst lebendig macht.

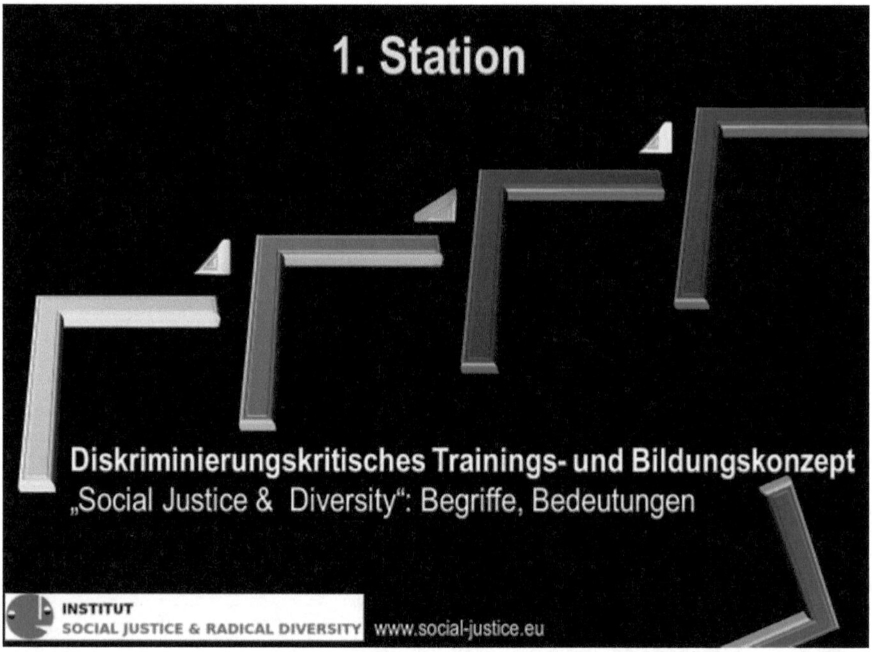
1. Station
Diskriminierungskritisches Trainings- und Bildungskonzept
„Social Justice & Diversity“: Begriffe, Bedeutungen
INSTITUT
SOCIAL JUSTICE & RADICAL DIVERSITY
www.social-justice.eu

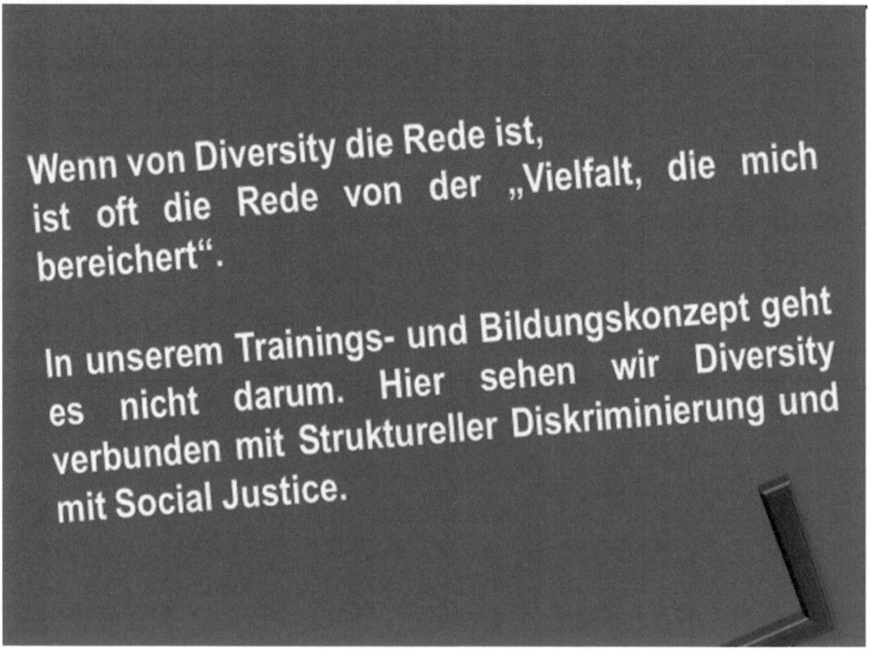
Wenn von Diversity die Rede ist,
ist oft die Rede von der „Vielfalt, die mich bereichert“.
In unserem Trainings- und Bildungskonzept geht es nicht darum. Hier sehen wir Diversity verbunden mit Struktureller Diskriminierung und mit Social Justice.

Social Justice

Ausgangspunkt
Analyse und kritische Infragestellung von Macht- und Herrschaftsverhältnissen in Bezug auf die Praxis (Diskriminierungsformen).

Intention
Inklusion, Partizipation aller Menschen: ungeachtet ihrer Diversitykategorien und ihrer vermeintlichen Nützlichkeit.

(inspiriert durch Young 1996 und Nussbaum 2010; Czollek/Perko/Kaszner/Czollek 2019

Social Justice

Verteilungsgerechtigkeit
Umverteilung. Gleichverteilung. Für Alle: ungeachtet ihrer Nützlichkeit, Leistung, ihres So-Seins.

Anerkennungsgerechtigkeit
Teilhabe und Partizipation: Bildung, Kunst, Kultur, Gesundheitswesen – alle gesellschaftlichen Felder, in denen sich die Pluralität von Menschen widerspiegeln soll.

Befähigungs- und Verwirklichungsgerechtigkeit
Perspektivenwechsel: Institutionen stellen zur Verfügung und befähigen zur Partizipationsmöglichkeit.

Social Justice & Diversity
Social Justice ist
Ausgangspunkt und Zielsetzung im Hinblick auf das Radical Diversity (als konkrete Utopie).
Diversity bedeutet
Vielfalt, radikale Verschiedenheit von Menschen ernst zu nehmen.

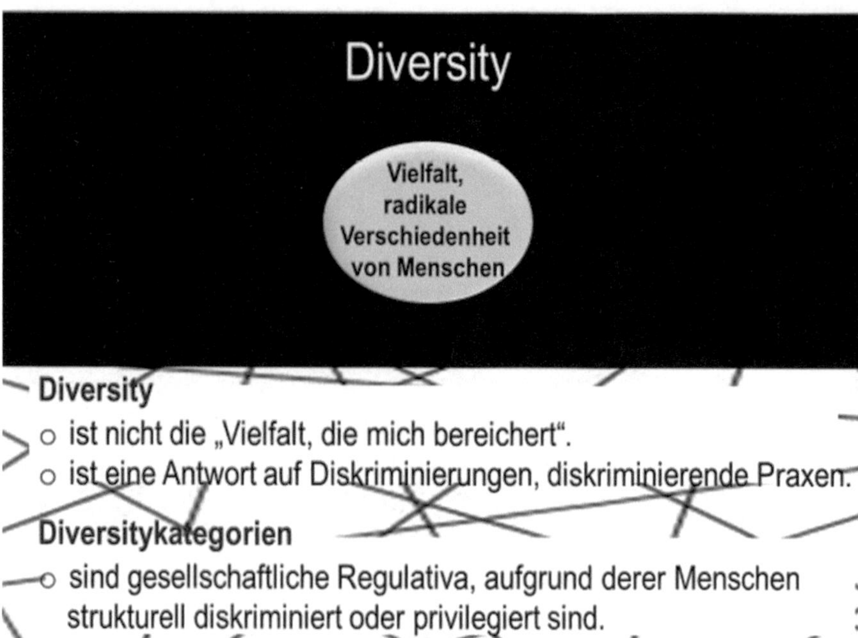
Diversity
Vielfalt, radikale Verschiedenheit von Menschen
Diversity
o ist nicht die „Vielfalt, die mich bereichert“.
o ist eine Antwort auf Diskriminierungen, diskriminierende Praxen.
Diversitykategorien
o sind gesellschaftliche Regulativa, aufgrund derer Menschen strukturell diskriminiert oder privilegiert sind.

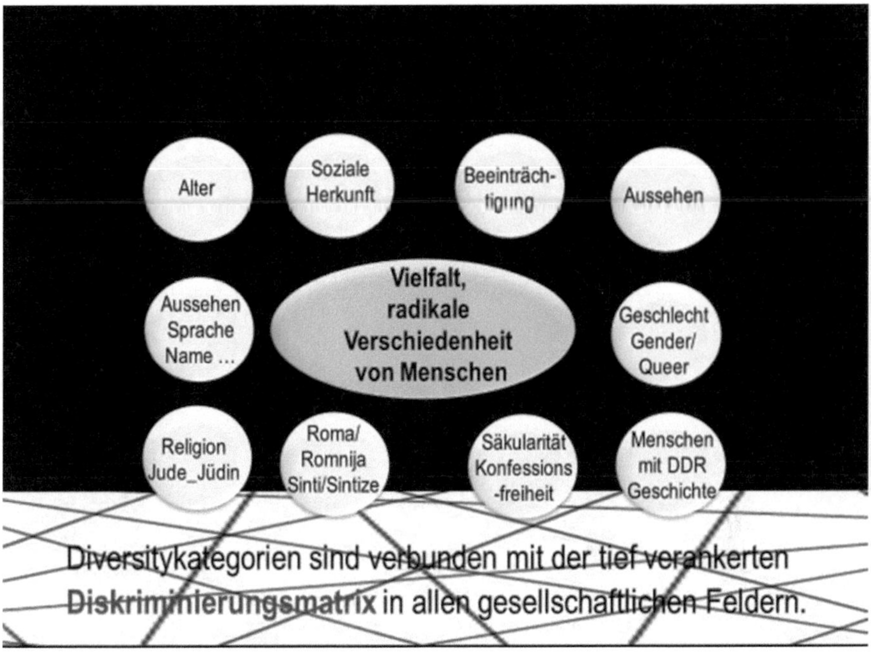
Alter
Soziale Herkunft
Beeinträch-tigung
Aussehen
Aussehen Sprache Name ...
Vielfalt, radikale Verschiedenheit von Menschen
Geschlecht Gender/ Queer
Religion Jude_Jüdin
Roma/ Romnija Sinti/Sintize
Säkularität Konfessions -freiheit
Menschen mit DDR Geschichte
Diversitykategorien sind verbunden mit der tief verankerten Diskriminierungsmatrix in allen gesellschaftlichen Feldern.

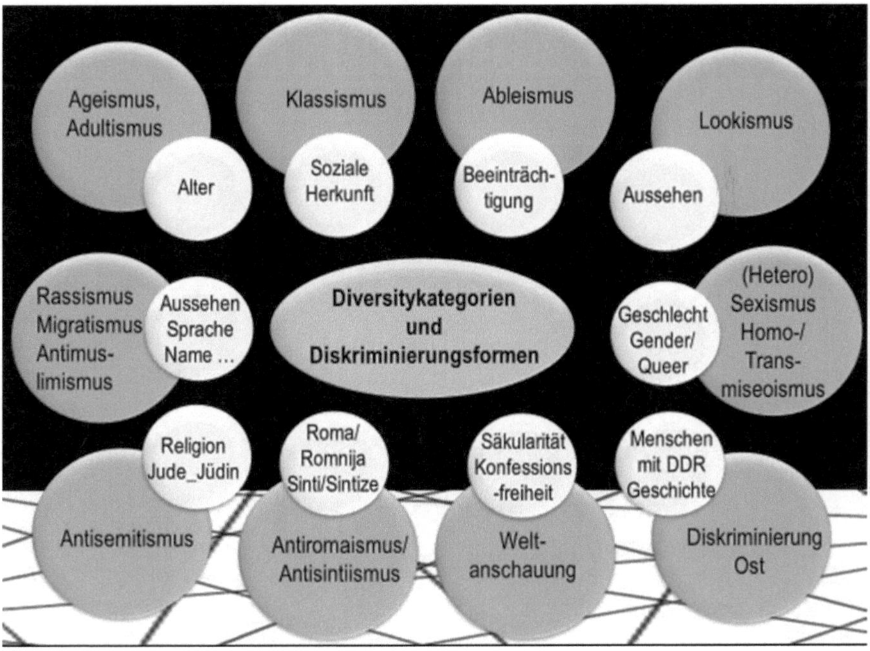
Ageismus, Adultismus
Klassismus
Ableismus
Lookismus
Alter
Soziale Herkunft
Beeinträch-tigung
Aussehen
Rassismus Migratismus Antimus-limismus
Aussehen Sprache Name ...
Diversitykategorien und Diskriminierungsformen
Geschlecht Gender/ Queer
(Hetero) Sexismus Homo-/ Trans-miseoismus
Religion Jude_Jüdin
Roma/ Romnija Sinti/Sintize
Säkularität Konfessions -freiheit
Menschen mit DDR Geschichte
Antisemitismus
Antiromaismus/ Antisintiismus
Welt-anschauung
Diskriminierung Ost

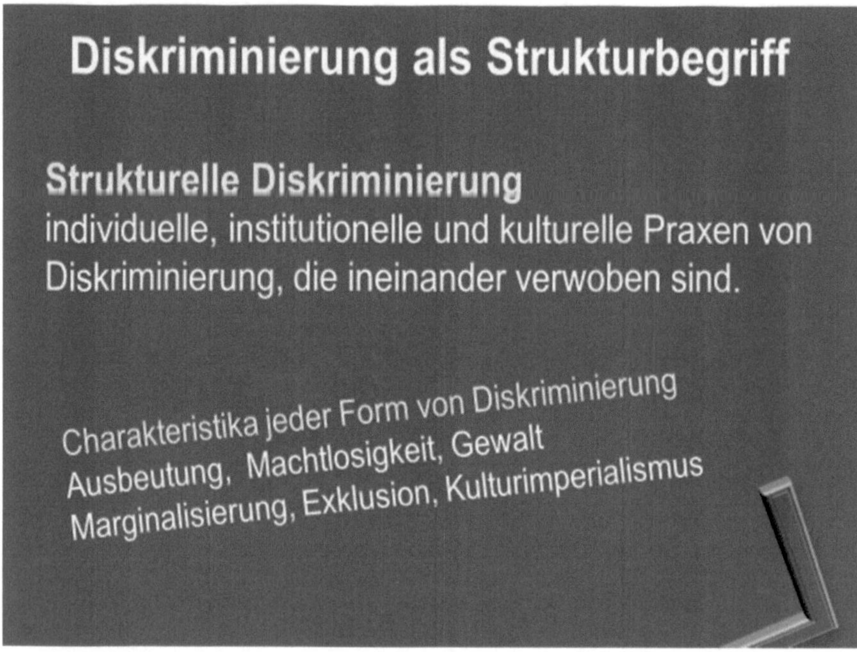
Diskriminierung als Strukturbegriff
Strukturelle Diskriminierung
individuelle, institutionelle und kulturelle Praxen von Diskriminierung, die ineinander verwoben sind.
Charakteristika jeder Form von Diskriminierung
Ausbeutung, Machtlosigkeit, Gewalt
Marginalisierung, Exklusion, Kulturimperialismus

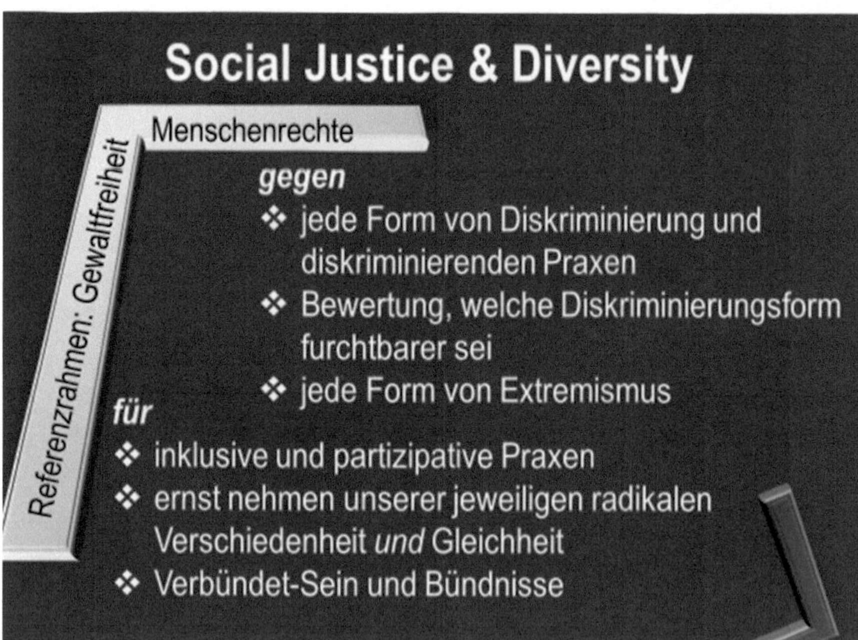
Social Justice & Diversity
Menschenrechte
Referenzrahmen: Gewaltfreiheit
gegen
❖ jede Form von Diskriminierung und diskriminierenden Praxen
❖ Bewertung, welche Diskriminierungsform furchtbarer sei
❖ jede Form von Extremismus
für
❖ inklusive und partizipative Praxen
❖ ernst nehmen unserer jeweiligen radikalen Verschiedenheit und Gleichheit
❖ Verbündet-Sein und Bündnisse

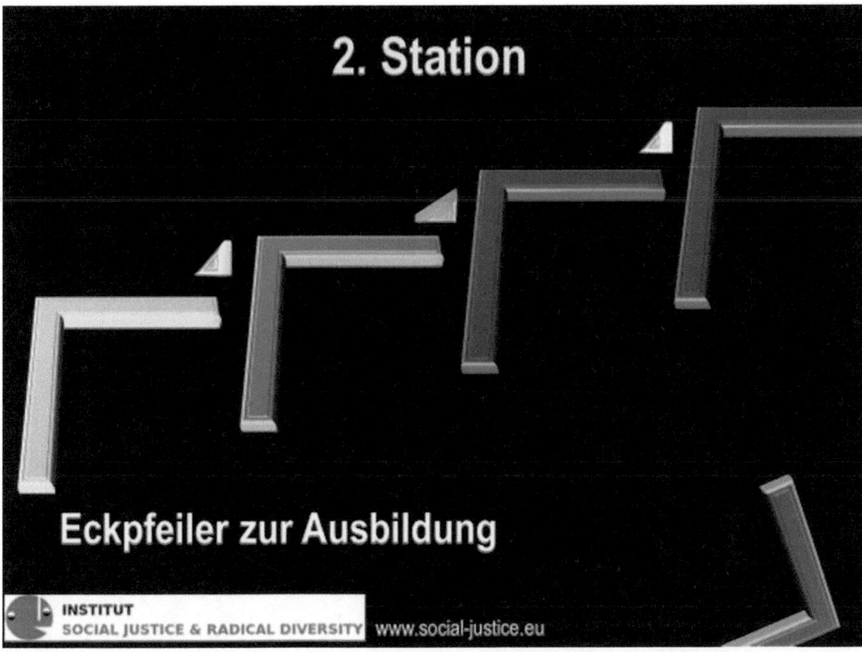
2. Station
Eckpfeiler zur Ausbildung
INSTITUT
SOCIAL JUSTICE & RADICAL DIVERSITY
www.social-justice.eu

Themenschwerpunkte
Antisemitismus
Rassismus
Klassismus
Ageismus
Ableismus
DiskriminierungOst
Gender/Queer
Sexismus, Homo-/Transmiseoismus
Perspektivenverschiebung,
Empowermentstrategien

Wie sieht ein Modul aus?

Sie als Teilnehmende am SJDT

Diskriminierungsformen: Geschichte, Aktuelles

Strukturelle Diskriminierung und Charakteristika von Diskriminierung

Systemische Intersektionalität

Diskriminierungskritisches Diversity und seine Umsetzung

Analyse zur Herstellung Struktureller Diskriminierung

Themen- und handlungsbezogene (Selbst)Reflexionen (z.B. Biographiearbeit)

Handlungsoptionen (Sprach/Handlungen, Verbündet-Sein ...)

Mahloquet als Methode

Sie als SJD-Trainer_innen

Metaort für Trainer_innen Fragen

Haltung und Rolle als Trainer_in

Kritische Reflexion von Methoden

Gruppendynamisches im Training

Umgang mit Konflikten in der Gruppe

Fragen der Teilnehmenden

Inputs und Durchführungen von Übungen

Was wird vermittelt?

In der Ausbildung geht es um:

- die Analyse und Kritik von Macht- und Herrschaftsverhältnissen,
- das Verstehen von Struktureller Diskriminierung,
- die Auseinandersetzung mit der Diskriminierungsmatrix, den Diskriminierungsformen und der Systemischen Intersektionalität,
- ein Verständnis des diskriminierungskritischen Diversity,
- die Vorstellung des Radical Diversity als Handlungshorizont.

Sie qualifizieren sich u. a. für:

- die Anwendung diskriminierungskritischer Konzepte,
- das Praktizieren einer neuen Methode (Mahloquet),
- die Entwicklung von Handlungsoptionen und das Konzept des Verbündet-Seins,
- die Fähigkeit, Social Justice und Diversity in Institutionen, Unternehmen und Projekten zu implementieren.

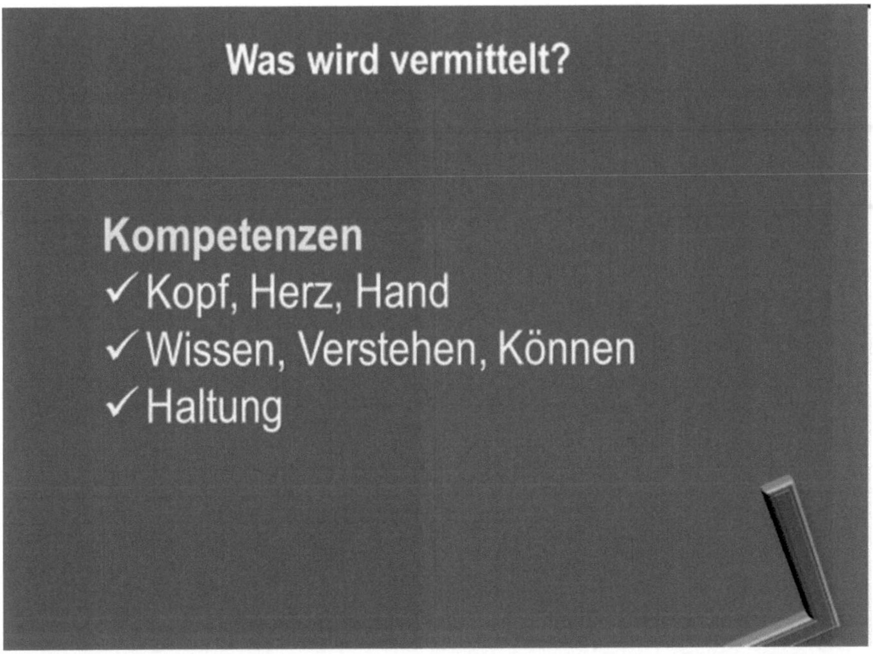
Was wird vermittelt?
Kompetenzen
✓ Kopf, Herz, Hand
✓ Wissen, Verstehen, Können
✓ Haltung

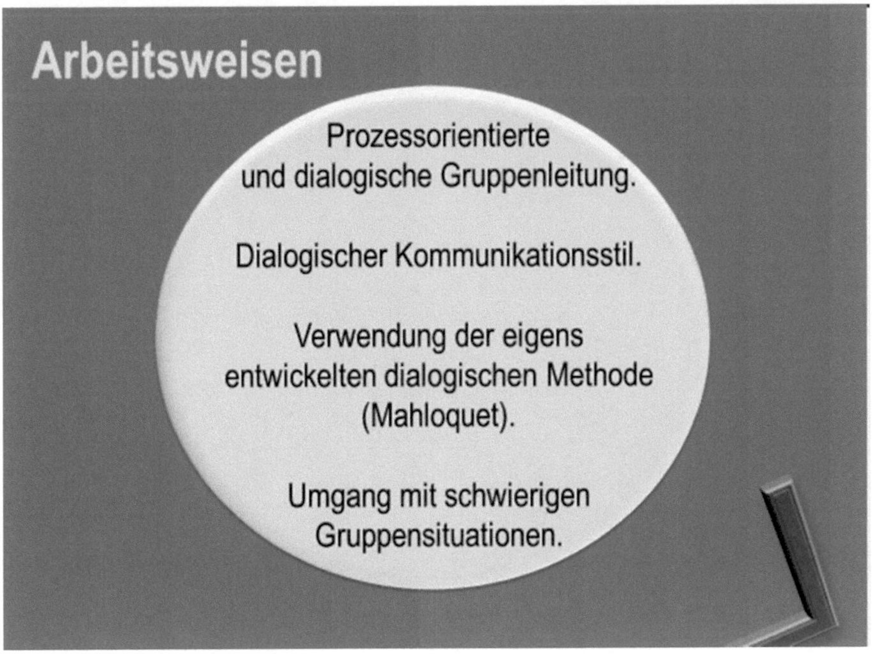
Arbeitsweisen
Prozessorientierte
und dialogische Gruppenleitung.
Dialogischer Kommunikationsstil.
Verwendung der eigens
entwickelten dialogischen Methode
(Mahloquet).
Umgang mit schwierigen
Gruppensituationen.

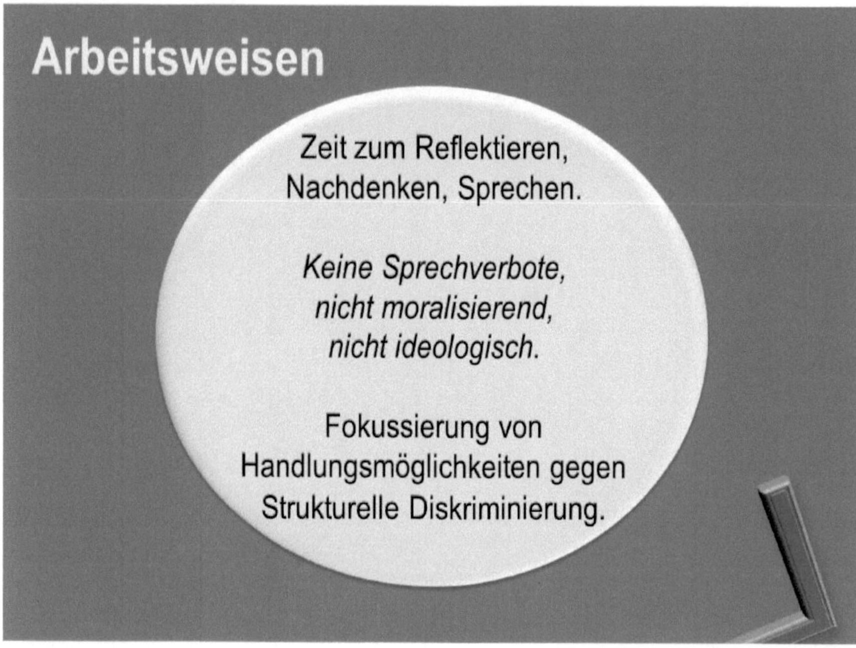
Arbeitsweisen
Zeit zum Reflektieren, Nachdenken, Sprechen.
Keine Sprechverbote, nicht moralisierend, nicht ideologisch.
Fokussierung von Handlungsmöglichkeiten gegen Strukturelle Diskriminierung.

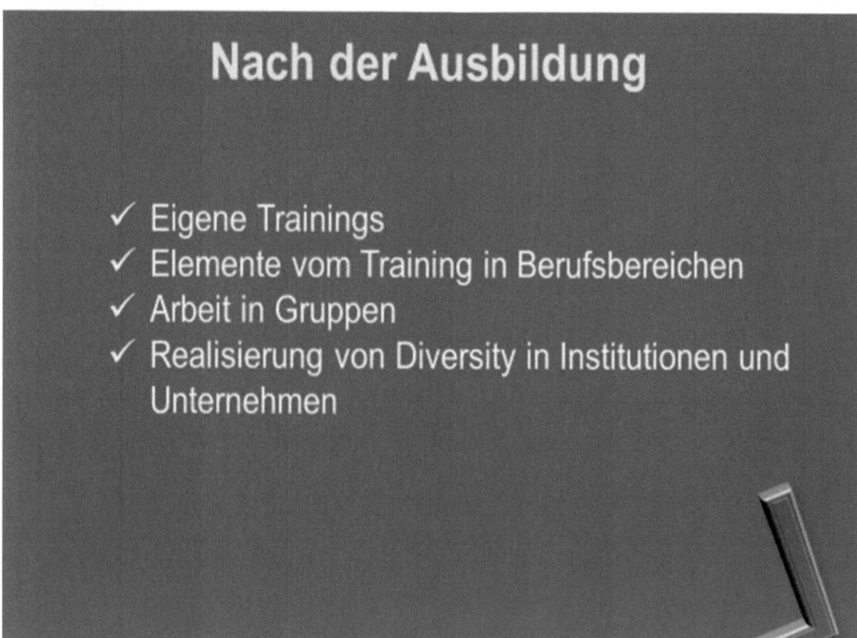
Nach der Ausbildung
✓ Eigene Trainings
✓ Elemente vom Training in Berufsbereichen
✓ Arbeit in Gruppen
✓ Realisierung von Diversity in Institutionen und Unternehmen

10.2 Wissenschaftliche Beiträge: Historische Genese zum Konzept Social Justice und Diversity

Wie in der Einleitung des Buches beschrieben, haben wir bei dieser Neuauflage zugunsten der Lesbarkeit darauf verzichtet, eigene Publikationen zu zitieren, welche die Entwicklung des Social Justice und Diversity Konzeptes aufzeigen. Zur Nachvollziehbarkeit listen wir hier einige davon in chronologischer Reihenfolge auf.

Basisliteratur

CZOLLEK, LEAH CAROLA/PERKO, GUDRUN (2016): Verbündet-Sein im Konzept „Social Justice und diskriminierungskritisches Diversity". In: Polat, Ayça (Hg.): Migration und Soziale Arbeit. Heidelberg: Kohlhammer, S. 130–140.

CZOLLEK, LEAH CAROLA/PERKO, GUDRUN/WEINBACH, HEIKE (2012): Praxishandbuch Social Justice und Diversity. Theorien, Trainings, Methoden, Übungen. Weinheim/Basel: Beltz Juventa.

CZOLLEK, LEAH CAROLA/PERKO, GUDRUN (2012): Social Justice als soziales und politisches Projekt. Quer – denken lesen schreiben [Zeitschrift]. Mhg. gem. mit dem Frauenrat und der Frauenbeauftragten der Alice-Salomon-Hochschule für Soziale Arbeit/Sozialpädagogik und Pflege/ Pflegemanagement, 18/12. Berlin.

CZOLLEK, LEAH CAROLA/WEINBACH, HEIKE (2008): Lernen in der Begegnung. Theorie und Praxis von Social Justice-Trainings [Zeitschrift]. Hg. Informations- und Dokumentationszentrum für Antirassismusarbeit e. V. (IDA). Düsseldorf.

Weiterentwicklungen und Spezifizierungen des Konzeptes, u. a.

CZOLLEK, MAX/KASZNER, CORINNE/CZOLLEK, LEAH CAROLA/PERKO, GUDRUN (2017): Radical Diversity und Desintegration. Bausteine eines künstlerisch-politischen Projekts. In: Jalta. Positionen zur jüdischen Gegenwart, 02/17, S. 71–77.
Englisch unter: http://red-thread.org/en/article.asp?a=78 [letzter Zugriff: 11.2.2019].
Türkisch unter: http://red-thread.org/tr/makale.asp?a=78 [letzter Zugriff: 11.2.2019].

PERKO, GUDRUN/CZOLLEK, LEAH CAROLA (2012): Social Justice und Diversity Training: Intersektionalität als Diversitymodell und Strukturanalyse von Diskriminierung und Exklusion. In: Portal Intersektionalität. Forschungsplattform und Praxisforum für Intersektionalität und Interdependenzen. Online unter: http://portal-intersektionalitaet.de/theoriebildung/ueberblickstexte/perkoczollek/ [letzter Zugriff: 12.2.2019].

PERKO, GUDRUN/CZOLLEK, LEAH CAROLA (2012): Anerkennende Sprache. Ein politisches Essay. In: Stimme. Zeitschrift der Initiative Minderheiten, 82/12, S. 18–19.

CZOLLEK, LEAH CAROLA/PERKO, GUDRUN/WEINBACH, HEIKE (2011): „Radical Diversity" im Zeichen von Social Justice. Philosophische Grundlagen und praktische Umsetzung von Diversity in Institutionen. In: Castro Varela, Maria do Mar/Dhawan, Nikita (Hg.): Soziale (Un)Gerechtigkeit. Kritische Perspektiven auf Diversity, Intersektionalität und Antidiskriminierung. Berlin: Lit, S. 260–277.

Bezugnahme auf Soziale Berufe (wie Soziale Arbeit) und Institutionen, u. a.

PERKO, GUDRUN (2017): Social Justice im Zeichen von Diversity, Pluralität und Perspektivenvielfalt: Philosophische Grundlagen für eine diskriminierungskritische Soziale Arbeit. In: Dies. (Hg.): Die Bedeutung der Philosophie in der Sozialen Arbeit. Weinheim/Basel: Beltz Juventa, S. 48–69.

PERKO, GUDRUN (2016): Pluralität – Konfliktpotentiale – Chancen. Leitfaden für die Umsetzung von Diversity an Hochschulen. Reihe: Atmosphäre der Anerkennung [Broschüre]. Hg. Gleichstellungsrat der Fachhochschule Potsdam. Potsdam.

CZOLLEK, LEAH CAROLA/PERKO, GUDRUN (2015): Eine Formel bleibt eine Formel... Gender/Queer und Diversity gerechte Didaktik an Hochschulen: Ein intersektionaler Ansatz. Überarbeitete Neuauflage (Erstveröffentlichung 2008). Wien: FH-Campus.

PERKO, GUDRUN (2015): Das „Social Justice und Diversity Konzept" zugunsten einer politisierten pädagogischen Praxis – unter besonderer Berücksichtigung von Gender/Queer. In: Lücke, Martin/Huch, Sarah (Hg.): Sexuelle Vielfalt im Handlungsfeld Schule. Konzepte aus Erziehungswissenschaften und Fachdidaktik. Berlin: transcript, S. 70–92.

PERKO, GUDRUN/KITSCHKE, DOROTHEA (2014): Kompetenzmessung in der Hochschullehre? Eine Studie über die Vermittlung und Einschätzung von Gender/Queer- und Diversity-Kompetenzen für soziale Berufe im Hochschulkontext. Weinheim/Basel: Beltz Juventa.

Über die Autor_innen

Leah Carola Czollek

Leiterin des Instituts Social Justice und Radical Diversity, Berlin; Studium der Rechtswissenschaften und der Sozialen Arbeit, Mediatorin und Supervisorin in eigener Praxis, freiberufliche Trainerin, Begründerin und Ausbilderin für Social Justice und Diversity und Gründerin von *czollek consult. diversity & dialoge.* Lehrbeauftragte u. a. an der Alice-Salomon-Hochschule Berlin und der Fachhochschule Potsdam. Forschungs- und Lehrschwerpunkte: Social Justice und Diversity, Mediation, Dialog, Interkulturalität, Intersektionalität, Rassismus, Antisemitismus, Gender/Queer.

Gudrun Perko

Professorin für Sozialwissenschaften mit den Schwerpunkten Gender, Diversity und Mediation an der Fachhochschule Potsdam (Fachbereich Sozial- und Bildungswissenschaften); Studium der Philosophie an der Universität Wien und der Sozialen Arbeit an der Akademie für Soziale Arbeit in Wien; Philosophin, Mediatorin, Begründerin und Ausbilderin für Social Justice und Diversity. Lehr- und Forschungsschwerpunkte: Sozialwissenschaften, Sozialphilosophie und Politische Philosophie, Ethik, Gender/Queer, Diversity, Social Justice, Mediation.

Corinne Kaszner

Politikwissenschaftlerin und Soziologin mit Schwerpunkt Geschlechtertheorie, Politische Philosophie und Ideengeschichte. Studium an der Freien Universität Berlin, der Boğaziçi University Istanbul sowie am Goldsmiths College, University of London. Aktuell Arbeit an der Promotion im Fach Philosophie an der Technischen Universität Darmstadt (kritische Betrachtung der Rezeption der Philosophie Martin Heideggers in der französischen poststrukturalistischen Philosophie) sowie Wissenschaftliche Mitarbeiterin an der Universität zu Köln. Seit 2013 Trainerin und Ausbilderin für Social Justice und Diversity.

Max Czollek

Politikwissenschaftler, Promotion zur interdisziplinären Antisemitismusforschung in Berlin und London. Studienschwerpunkte: Friedens- und Konfliktforschung, Subjekttheorie, Arbeiten an der Schnittstelle von ästhetischer Praxis und politischen Diskursen. Mitherausgeber des Magazins „Jalta – Positionen zur jüdischen Gegenwart“. Gemeinsam mit Sasha Marianna Salzmann Initiator von *Desintegration. Ein Kongress zeitgenössischer jüdischer Positionen* (2016) sowie der *Radikalen Jüdischen Kulturtage* (2017) am Maxim Gorki Theater Berlin, Studio Я. Seit 2011 Trainer und Ausbilder für Social Justice und Diversity.